_____ 님께

_____

_____

_____ 드립니다.

**일의 미래 :** 무엇이 바뀌고, 무엇이 오는가

# 일의 미래 :
# 무엇이 바뀌고,
# 무엇이 오는가

선대인 지음

INFLUENTIAL
인 플 루 엔 셜

나는 올해 고등학교 1학년, 초등학교 4학년이 되는 아이 둘을 키우고 있다. 아이들이 크면서 나 자신의 미래뿐 아니라 우리 아이들이 살아갈 미래에 대해서도 훨씬 더 많은 관심을 갖게 됐다. 그런데 요즘 아이들은 중학교만 들어가도 앞으로 뭘 해야 하고, 또 어떻게 먹고 살아야 하는지에 대해 상당한 불안을 느끼는 것 같다. 그저 장래 직업에 대해서 고민하는 게 아니라, 생계 또는 생존 자체를 걱정한다. 물론 지금의 성인들도 청소년기에 미래에 대한 불안에 사로잡히곤 했을 것이다. 하지만 지금 아이들이 겪는 불안은 과거와는 전혀 다른 차원으로 느껴진다. 나만 하더라도 고성장기에 청소년기를 보낸 탓인지 미래를 그렇게 불안해한 적은 없었다. 포도 농사를 짓는 우리 집 살림살이도 계속 좋아졌다. 미래는 현재보다 좋아지는 게 당연했고, 미래에 뭘 해서 먹고살지에 대한 걱정 자체를 그다지 해본 기억이 없다.

그런데 요즘 청소년들은 일자리를 갖고 생계를 꾸릴 수 있을지 걱정하는 기색이 역력하다. 노년층이 노후 빈곤을 겪는 것을 지켜보는 30∼40대가 노후에 대한 예기불안을 겪는 것과 비슷하다. 청소년들조차 주변에서 일자리 불안에 시달리는 어른들을 보면서 일자리에 대한 예기불안에 시달리는 것 같다. 빅데이터 분석을 바탕으로 사람의 마음을 읽어내는 작업을 하는 다음소프트 송길영 부사장은 "고성장기를 거쳐 온 부모들과 달리 아이들은 이미 저성장기 모드로 살고 있다"고 말한다. 더구나 요즘 청소년들은 타고난 디지털 세대이기 때문에 '알파고 사태'와 같은 파장이 일자리에 어떤 영향을 미칠지 더욱 직감적으로 깨닫는다. 실제로 2016년에 발표된 서울시 산하 서울연구원의 연구 결과를 보면, 청소년이 성인보다 미래에 대해 더 비관적이면서도, 자율주행차와 같은 각종 기술이 현실이 될 가능성을 훨씬 더 높게 내다본다.

그런 아이들에게 과거 수십 년간 기성세대가 하던 대로 문제풀이식 공부만 열심히 하라고 말해도 될까. 어른들 스스로 이미 세상이 빠르게 달라지고 있다는 것을 알면서, 아이들은 여전히 과거와 똑같은 방식으로 키우고 있다. 아이들이 미래를 준비하는 데 필요한 시간, 에너지, 자원을 엉뚱하게 쓰지 않게 해야 한다. 미래의 기술변화로 우리의 일자리가 어떻게 바뀔지, 그에 필요한 능력과 자질이 무엇이고 어떻게 키워줘야 하는지 그리고 우리 아이들이 좀 더 행복하게 살아갈 수 있는 사회 시스템은 어떻게 만들어가야 하는지 등에 대한 고민과 논의가 필요하다. 이것이 아이들의 아빠로서 이 책을 쓰게 된 가장 근본적인 이유다.

하지만 이 책을 쓰게 된 직접적인 계기는 따로 있다. 최근 몇 년간 기술변화의 양상을 보면서 이것이 우리 산업과 일자리 그리고 삶에 미칠 영향이 심상찮게 느껴졌다. 이런 흐름을 많은 사람들과 함께 이해하고 공유하고자 2014년부터 매년 한 차례 선대인경제연구소 주최로 〈미래의 기회는 어디 있는가〉라는 주제의 대규모 특강을 개최하고 있다. 관련 분야 전문가들의 강의를 통해 기술변화의 최신 흐름을 이해하고 어떻게 대비할지 알아보는 자리다. 이 특강에 대한 뜨거운 관심을 보면서, 많은 이들이 기술변화를 단순히 자녀들만의 문제가 아니라 자신에게도 곧 닥칠 문제로 받아들이고 있음을 알게 됐다.

그런 가운데 2016년 특강을 앞두고 많은 이들이 기술변화의 흐름이 우리의 일자리나 노후에 어떤 영향을 미칠지 그리고 어떻게 대비해야 좋을지 알려주는 강의도 있으면 좋겠다는 의견을 보내왔다. 매우 당연하고 필요한 요청이었다. 그런데 생각보다 이 주제를 맡을 적임자를 찾기 어려웠다. 세부적인 기술 분야의 흐름을 소개할 분들은 있지만, 개인과 가계가 가장 고민하는 일자리와 노후 문제와 연관 지어 설명할 이를 찾기 어려웠다. 거꾸로, 전통적으로 노동 문제를 연구하는 분들은 기술변화가 일자리에 미칠 영향에 대해서는 다소 민감도가 떨어지는 듯했다. 기술변화와 일자리 문제가 연결되는 부분에 대한 구체적 연구가 비어있다는 느낌이었다.

고심 끝에 부족하더라도 내가 직접 이 주제를 소화하기로 했다. 몇 달 동안 열심히 준비했지만 강의 후 아쉬움이 컸다. 몇 개월간의 공부로는 부족하다는 느낌이 스스로 들었고, 한편으로는 특강 참석자들 말고도 좀 더 많은 분들에게 다가가고 싶었다. 그런 생각으로 강의 이후 8개월여 동안 더 공부하고 관련 전문가들과 의견을 나누며 생각을 발전시켰다. 그 결과물이 바로 이 책이다.

이 책이 얼마나 많은 이들의 고민에 답할 수 있을지는 의문이다. 과거처럼 '정해진 정답'이나 '손쉬운 공식'을 제시할 수 없는 시대다. 나 역시 마찬가지다. 이 책의 내용이 모두 '정답'이라고 섣불리 자신하지 못한다. 다만 이 책을 읽는 독자들이 현재를 성찰하고 미래를 조망하는 데 조그만 참고라도 될 수 있다면 만족이다. 오늘 우리가 어떤 고민을 하고, 어떤 선택을 하느냐에 따라 미래는 충분히 달라질 수 있다고 믿는다. 모쪼록 이 책이 우리와 우리 아이들 앞에 놓인 일의 미래를 좀 더 밝히는 데 도움이 되기를 바란다.

차례

저자의 말　　　　　　　　　　　　　　　　　　　005

프롤로그 **당신이 지금 서 있는 곳은 어디인가**　　013
경제학의 관점에서 일의 미래를 본다는 것　　014
이미 시작된 변화에 눈감지 마라　　　　　　　021
사라질 것인가 살아 남을 것인가　　　　　　　026


**1부　일의 미래를 전망하다**
**：네 가지 변화를 함께 보라**


**1 저성장 시대에 들어서면 일은 어떻게 변하나**　　038
저성장 시대, 무엇이 무너지는가　　　　　　　040

패스트 팔로워 전략은 한계에 달했나     045

보호무역주의 바람이 불면 어떻게 되나     054

**2 인구 마이너스, 이미 정해진 미래**     058

인구 감소가 경제에 미치는 영향     061

왜 인구절벽은 소비절벽을 동반하나     067

가구 형태의 변화와 기업의 변화     079

**3 기술 빅뱅, 산업 재편이 시작됐다**     086

하나의 기업이 아니라, 산업 구조가 통째로 흔들릴 때     091

전기자동차 하나에 수십만 개의 일자리가 바뀐다     100

기술발전이 바꾸는 제조업의 풍경     109

**4 로봇화와 인공지능의 시대,**

**왜 한국의 일자리가 가장 취약한가**     116

세계에서 로봇밀도가 가장 높은 나라, 한국     120

중간층 직업이 사라진다     124

어떤 직업이 '더' 위험할까     129

2부    어떤 일을 가질 것인가

  :   기업·개인·사회의 로드맵

**1 기업은 어떻게 변할까**     149

기업이 성장해도 일자리는 늘어나지 않는다     149

어떤 산업과 기업이 부상할까: 미래형 일자리는 어디에          163

자원이 남아 있을 때 다음 단계로          174

기존 역량의 활용 가능성을 충분히 탐색하라          178

강자의 전략이 아닌 약자의 전략으로          182

2 개인이 바꿔야 할 것, 가져야 할 것          190

직장이 아닌 직업을 찾아라          192

미래 사회에 필요한 일의 DNA          197

여러 번의 생애전환기에 대비하라          201

오로지 '나'이기에 가능한 능력          207

자산구조와 소득구조를 바꾸고, 금융지능을 키우라          216

3 한국 사회가 준비해야 하는 것들          228

대한민국에 필요한 기업 생태계 전략          229

불평등 사회에서는 일자리가 만들어지지 않는다:          239

조세제도 개혁, 공공이전소득, 기본소득제와 로봇세 도입,

기본자본 또는 공유자본 도입

일의 미래를 바꾸려면 교육 분야에 투자하라          260

PROLOGUE

# 당신이 지금 서 있는 곳은 어디인가

---

한국의 일자리 불안은 이미 오래된 이야기다. 특히 1997년 외환위기 이후로는 만성화되다시피 했다. 일자리 불안과 관련된 신조어들은 매년 수없이 쏟아진다. 계속 일자리 문제가 악화되고 있다는 말이다. 청년들은 이미 일자리 문제로 가장 크게 고통받는 세대가 되었다. 과거에는 은퇴 후 여유로운 생활을 계획하던 노년층도 노후 생계를 위한 일자리를 고민한다. 법정 정년이 60세로 정해졌지만, 한국 사회의 정년은 사실상 50대 초중반이다. 지금도 정규 직장을 나온 뒤 소득 없이 살아야 하는 기간이 세계 어느 나라보다 긴 편인데, 일자리 불안과 수명 연장으로 이 시기가 더욱 길어지고 있다. 이렇게 청년은 청년대로, 한창 일하는 사람들은 그들대로, 노인은 노인대로 일자

리 문제로 고통받고 있다. 새로 생겨나는 일자리의 질도 대부분 상당히 낮다. 직업의 보람을 찾으며 일하기보다, 단지 생계를 위해 밤늦게까지 과로노동을 하는 이들이 대부분이다.

지금도 이미 일자리가 불안하지만, 향후 10~20년 안에 일자리 문제는 과거와는 다른 엄청난 변화를 맞이할 전망이다. 과거 우리가 일에 대해 전통적으로 고려했던 요인들 외에도, 급격한 기술 발전으로 우리의 산업과 고용, 노동의 양상이 엄청나게 바뀔 것이다. 게다가 한국의 상황은 더욱 심각하다. 지금 우리 경제의 구조적 변화가 급속하게 진행되고 있다. 여러 경제 지표들을 살펴보면 한국 사회가 매우 크고도 급격한 변화들을 겪게 될 가능성이 아주 높아 보인다.

이 변화의 소용돌이 속에서 우리의 생존과 관련해 가장 중요한 문제는 다름 아닌 일자리다. 지금도 일자리 문제가 이렇게 심각한데 앞으로 다가올 미래에는 어떻게 될까? 더 나빠질까 아니면 새로운 희망을 찾을 수 있을까? 일자리를 둘러싼 변화들은 얼마나 빠를까? 또 어떻게 변할까? 과연 그 변화에 우리는 제때 제대로 대비할 수 있을까?


■          경제학의 관점에서 일의 미래를 본다는 것          ■


현실의 경제학은 이런 질문에, 이런 사람들의 고민에 답해야 한다. 많은 사람들이 '경제학'을 마치 돈 버는 기술처럼 생각하거나 복잡한 수식과 그래프로 점철된 어려운 학문으로 인식하지만, 사실 경제학의 본령은 그게 아니다. 우리가 일해서 소득을 얻고, 그 소득으로 자신에게 필요한 재화와 서비스를 구입해 삶을 더 윤택하게 하는 방법을 찾는 학문이다. 즉, 가급적 많은 사람의 삶의 질을 높여 사회 전체의 행복도를 끌어올리는 것이 경제학의 본령이자 목적이 되어야 한다. 어떻게 인간의 삶을 더 충만하고 윤택하게 할 수 있느냐에 초점을 맞추는 게 경제학의 진짜 주제이고, 경제를 공부하는 사람이라면 그 해답을 찾기 위해 고민해야 한다. 그렇다면 인간이 자신의 능력을 발휘해 자아를 실현하는 한편 필요한 소득을 올리는 방편으로써 일자리 문제는 매우 중요하다. 즉 일자리와 소득이 경제학의 핵심 문제이자, 경제발전의 핵심 지표가 돼야 한다. 그런 점에서 집값이나 주가가 마치 경제 상황을 대표하는 것처럼 여겨지는 현실에는 상당히 문제가 있다.

우리가 미래를 예측하려고 노력하는 이유도 여기에 있다. 닥쳐올 위험에 대비하고, 더 나은 미래를 위한 해답을 찾기 위해서다. 그런 점에서 최근 많이 나오는 미래예측서들, 인공지능 기술이나 로봇 기술 등과 관련한 주제를 다룬 책들을 보면 아쉬운 점이 있었다.

기술빅뱅 시대를 맞아 미래 일자리가 어떻게 변할지 다룬 책들이 시중에 많이 나와 있다. 대부분 과학기술이나 ICT^Information and Communication Technology (정보통신기술) 등 공학 분야의 전문가들이 쓴 책이다. 그와 같은 책을 통해 기술 변화가 만들어낼 새로운 세상의 모습을 가늠해볼 수 있다. 하지만 그런 기술 변화가 우리의 산업 지형을 어떻게 바꾸고, 고단한 현실을 살아가는 사람들의 일자리 문제에 어떤 영향을 미칠지에 대한 분석은 대체로 빈약했다. 이는 관심사의 차이이거나 전문 분야의 차이 때문일 수 있다. 아무래도 공학적인 접근만으로는 기술 발전이 현실 경제와 산업, 일자리 등에 미칠 영향을 깊이 고민하기도, 알기도 쉽지 않다.

반면 경제전문가가 미래의 일자리 문제에 접근하는 방식은 조금 다르다. 이 책에서도 물론 기술의 급속한 발전으로 사라질 직업과 새로 생겨날 직업이 무엇일지 언급하겠지만, 그것만으로는 불충분하다. 어떤 직업이 생겨나고 사라질지도 중요하지만, 일하는 기간과 일하는 방식이 어떻게 변할지, 일의 안정성은 어떻게 변할지도 중요하다. 또 미래의 일을 통해 우리가 어떻게 소득을 얻게 될지, 소득은 어떻게 배분될지도 중요하다. 무엇보다 평범한 일반인으로서는 근본적으로 변하는 일자리 상황에 맞춰 어떻게 인생을 계획하고, 새롭게 학습하고, 노후를 대비해야 할지도 매우 중요한 관심사다. 자신뿐 아니라 더 먼 미래를 살아갈 자녀들을 어떻게 교육할지 그리고 그런 자녀 교육에 어느 정도로 돈을 써야 할지도 중요한 관심사다.

이처럼 현실을 살아가는 사람들의 고민에 기존의 논의들이 충분히 답하고 있지 못하다. 이 때문에 현실경제의 흐름을 끊임없이 추적해야 하는 내가 할 수 있는 역할이 있다고 생각했다. 단순히 기술발전의 궤적과 그 여파를 전망하는 차원을 넘어, 사람들이 가진 일자리 문제에 대한 다양한 고민들에 답할 필요가 있다. 특히 한국 경제의 현실적 맥락 속에서 일자리 문제를 이해하고 설명하는 노력이 필요하다.

사실 일자리만이 아니라 다른 문제에서도 이와 비슷한 일들이 벌어진다. 부동산 문제도 그렇다. 도시공학이나 도시계획, 건설 관련 연구를 주로 한 이들은 부동산을 개발의 관점에서만 접근하는데, 부동산 문제는 금융 현상으로 함께 이해해야 한다. 반면 금융경제의 관점에서 접근하는 이들은 부동산 시장의 특성과 흐름을 잘 모르는 경우가 많다. 이렇다 보니 한국 사회에서 부동산 문제는 주로 개발의 관점에서 접근하는 전문가들이 논의를 주도하고, 부동산 문제의 금융경제적 측면이나 부동산이 가지는 사회경제적 파급 효과 등에 대해서는 논의가 소홀하다. 그런 탓에 부동산 문제에 관한 종합적이고 체계적인 접근이 이뤄지기 어렵다. 이처럼 부동산 문제도 여러 접근법을 통합해서 보는 노력이 필요하다.

일자리 문제도 마찬가지다. 일자리는 전통적으로 노동의 영역에서 많이 논의된 주제이다. 정년, 비정규직 문제, 임금피크제, 파트타임제 운용 등등 주로 노동시장의 규칙과 제도에 관한 관점에서 다루어졌다. 당연히 이런 논의는 매우 중요하다. 하지만 우리의 일자리에 더욱 크고 근본적인 충격을 가져오는 건 제도나 규칙이라기보다는 경제의 구조적 변화이다. 어떤 산업이 몰락하고, 어떤 산업이 급부상하는지와 같은 변화들이 일자리에 더 큰 충격을 가져온다.

지금 국내 조선업이 경쟁력을 잃고 있다. 이로 인해 대규모 정리해고가 줄을 잇는다. 이러한 대량실업 사태가 우리 사회에 미치는 충격은 상당히 크다. 조선업과 같이 특수한 분야만의 문제일까. 지금은 굳건해 보이는 기업들은 어떨까. 지금까지 삼성전자는 한국의 대표 기업이지만, 앞으로 삼성전자가 수출 경쟁력을 잃고 상시적인 구조조정과 정리해고가 벌어지지 말라는 법이 있을까? 설사 삼성전자가 계속 수출 경쟁력을 유지한다 해도 일자리에는 상당한 충격이 발생한다. 실제로 2013년 4분기에 사상 최고 실적을 찍고 난 뒤 악화했던 삼성전자 실적이 회복돼온 최근 몇 년 동안에도 삼성전자의 임직원 수는 크게 줄었다. 국내 대표기업이며 여전히 상당한 대외 경쟁력을 유지하고 있는 삼성전자에서도 이럴진대, 이미 가라앉고 있는 다른 주력기업들은 어떨 것인가. 그런 점에서 기술 변화가 국내 산업 경쟁력과 산업 구조의 변화에 어떤 영향을 미치고, 이것이 다시 일자리 문제에 어떤 영향을 미칠 것인지 주목해야 한다.

일자리 문제는 특히 정부 정책에 큰 영향을 받는데, 한국의 관료들이나 정치인들은 미래에 불어닥칠 변화에 대한 이해가 대체로 부족하다. 대표적인 전기자동차 제조업체인 '테슬라'조차 잘 몰라 "테슬라가 어느 자동차 회사에서 만드는 자동차냐?"고 묻는 이들도 있다. 전기자동차로 인해 산업의 변화가 극심해질 수도 있는데 이와 같은 문제에 예민하지 못하다. 이제는 일자리 문제를 전통적인 노동 문제뿐 아니라 기술변화에 따른 경제와 산업의 변화와 맞물려서 이해하고 이에 대한 개인적, 사회적 해법을 모색할 필요가 있다.

더구나 앞으로 펼쳐질 미래에는 기술발전으로 산업구조가 더욱 빠르게 급변한다. 기술발전으로 순식간에 사라지는 산업과 기업이 생겨나는 한편 혜성처럼 새롭게 부상하는 산업과 기업도 많아진다. 그러나 신흥 산업과 기업이라고 해서 무작정 희망적으로 보아서만은 안 된다. 신생산업이 뜬다고 하여 과연 일자리도 새롭게 창출될까? 그런 일자리들이 기존 산업과 기업에서 사라지는 일자리를 충분히 상쇄할 수 있을까? 이런 질문들에 대해서도 제대로 된 접근이 필요하다. 또 그런 변화에 어떤 대처가 필요할지도 고민해야 한다.

일부 기술 전문가들은 기술발전이 불러오는 일자리 변화를 부차적이고 불가피한 것으로 생각하는 경향이 있다. 예컨대 점점 더 늘어나는 O2O<sup>Online to Offline</sup> 서비스도 일자리의 관점에서 생각하면 보이는 지점이 다르다. 모바일 차량공유 서비스 업체인 우버의 한국 진출이 좌절됐지만, 이들이 국내에 진출한다면 어떻게 될까? 기존 택시기사들이나 대리운전 기사들의 일자리가 줄고 이들의 소득에 상당한 타격이 있을 것이다. 또한 우버 기사로 일하는 사람들의 노동이나 여가 패턴, 이들에 대한 법적 보호 양상은 기존의 택시기사들과는 상당히 다를 것이다. 우버 기사들은 과연 어떤 방식으로 일하게 될까? 그들이 일하는 방식은 과연 더 좋은 것일까?

이렇듯 어떤 새로운 기술의 부상으로 새로운 제품이나 서비스가 등장하면, 그 자체로 끝나는 게 아니라 노동 환경의 변화와 직결된다. 우리가 신기술을 채택한 새로운 제품이나 서비스에 환호하는 사이에 우리의 일자리는 매우 큰 영향을 받는다. 이런 일자리의 변화를 경제가 효율적으로 작동하는 과정에서 파생되는 어쩔 수 없는 결과로 보아서는 안 된다. 간혹 특정 기술이 등장했을 때 그 기술이 사회경제적으로 어떤 파급효과를 일으킬지 깊이 고민하지 않고 성급히 산업과 기업을 키우자고 하는 경우가 있다. 전 세계에 기술혁신 경쟁이 불고 있는 상황에서 그 같은 조급함을 이해하지 못하는 건 아니다. 하지만 그러면 그럴수록 기술의 파급효과가 사람들에게 어떤 영향을 미치는지도 함께 짚어야 한다.

예를 들어, 국내 언론에서 생산과정을 스마트하게 자동화하는 '스마트 공장'을 소개하고 이를 빨리 도입하자는 취지의 기사나 프로그램을 자주 접한다. 그들은 스마트 공장이 진전될 경우의 효율성 증대와 경제적 효과를 주로 언급한다. 하지만 기존의 생산업체들이 스마트 공장으로 진화할 때 일자리에 미치는 충격은 필연적이다. 스마트 공장에서는 기존 노동자들의 일자리가 대폭 줄어들고 그 빈자리를 컴퓨터 제어 시스템과 산업용 로봇이 채우는 경우가 다반사다. 하지만 국내 언론이 그런 측면까지 제대로 짚어내는 경우는 많지 않다. 기술혁신과 생산의 효율화를 통해 궁극적으로 달성하려는 목표가 대다수 사람들의 삶의 질을 향상하는 것이라면, 우리 삶의 질을 크게 좌우하는 일자리에 미치는 영향을 결코 간과해선 안 된다. 기술 변화가 미치는 영향에 우리가 어떻게 대응하느냐에 따라, 향후 전개될 양상은 상당히 달라질 수 있다. 결코 '경제의 효율화에 따르는 불가피한 충격' 정도로 치부해선 안 되는 이유다.

이렇듯 향후 일자리 문제는 다양한 측면에서 종합적으로 살펴야 한다. 그럴 때 변화를 올바른 방향으로 예측할 수 있고 개인과 기업, 정부 그리고 사회 전체 차원에서 대비할 수 있다.

## ■ 이미 시작된 변화에 눈감지 마라 ■

일의 '미래'라고 말하면, 아직은 당장 눈앞에 벌어지는 일이 아니라고 느낄 수 있다. 지금의 어른 세대는 과거와 비슷한 방식으로 살면 되고, 다음 아이들 세대부터의 문제라고 생각할 수도 있다. 하지만 미래를 지금과 완전히 뚝 떨어진 몇십 년 뒤 어느 날의 풍경이라고 생각하면 곤란하다. 결국 오늘이 쌓여서 미래가 된다. 이미 일자리를 둘러싼 상황들이 빠르게 변화하고 있다. 당장 오늘을 사는 사람도 매우 중요하게 들여다봐야 할 문제다. 어떤 일자리가 생겨나고 사라질지, 또는 같은 일을 해도 일의 방식과 내용이 어떻게 달라질지를 잘 들여다보아야 한다.

이미 곳곳에서 일자리가 없어지거나 없어질 가능성을 보이고 있다. 언젠가부터 인천국제공항에 가보면 자동출입국심사대가 설치돼 있다. 예전에는 출입국 심사관이 여권을 확인하고 스탬프를 찍는 과정이 필요했으나 이제는 자동화 시스템이 출입국 심사관의 일을 대신하고 있다. 자동출입국심사대 앞에서 시스템이 원활히 작동하는지 지겨보는 직원이 한두 사람 있을 뿐이다. 일처리도 빠르다. 기존에 출입국 심사관이 하던 일을 자동화 시스템이 대체하고 있는 것이다. 자동화 시스템을 구축한 나라는 한국뿐 아니라 영국과 호주 등 이미 여럿이다. 물론 아직은 상대적으로 소수의 나라들만 이런 시스템을 구축했지만, 앞으로 이런 자동출입국심사대가 세계 곳곳에 설치될 날도 머지않아 보인다.

자동출입국심사대뿐만 아니다. 기술이 발전할수록 이와 비슷한 자동화 시스템이 우리 생활 곳곳에 점점 더 많이 침투할 것이다. 그럴수록 우리 주변의 일자리들이 점점 더 사라질 것이다. 항공 분야만 보더라도 자동항법시스템 도입으로 항공기 조종석 승무원이 줄어들고, 항공기 발권 키오스크가 들어서면서 항공사 직원 수요도 그만큼 줄게 됐다.

또 다른 예를 들어보자. 자연어 처리와 인공지능 기술의 발달로 증권 시황 기사나 스포츠 기사는 이미 로봇이 쓰게 된 지 오래다. 로봇 저널리즘이라는 말이 나올 정도다. LA타임스, 로이터 등은 속보 기사의 일부를 로봇으로 대체했다. 아직은 몇 단락 수준의 짧은 스트레이트성 기사가 대부분을 차지하지만 이미 데이터에 기반해 정확한 기사를 작성해낸다. 기사 생산 속도는 1초에 몇 개씩을 생산해낼 수 있을 정도로 빠르다. 인간 기자가 따라잡을 수 없는 속도다.

기사뿐만이 아니다. 이 분야의 선두 업체인 '내러티브 사이언스'는 여기에서 그치지 않고, 증권가에 필요한 금융 분석 보고서를 생산해낼 정도다. 국내에서 빅데이터 분석과 자연어 처리에서 상당한 수준을 자랑하는 다음소프트도 선대인경제연구소가 2016년 개최한 제3회 〈미래의 기회는 어디 있는가〉 특강에서 로봇이 쓴 여행 추천 보고서를 선보여 청중들을 놀라게 한 적 있다.

물론 당장은 이런 기술이 도입된다 해서 기자나 증권업계의 애널리스트 등이 눈에 띄게 사라지지는 않을 것이다. 하지만 그럴 잠재적 가능성은 상당히 크다. 언론계 종사자라면 대다수가 인정할 것이다. 정보 전달만을 하는 스트레이트 기사의 대부분은 정형화된 기사 작법만 익히면 누구나 쉽게 쓸 수 있다는 점이다. 이런 기사들은 어쩌면 인공지능 로봇이 훨씬 더 빠르고 정확하게 양산할 수 있다. 그런데 이런 스트레이트성 기사가 차지하는 비중이 상당하다. 언론사로서는 하나의 인공지능 로봇을 채택하면 기자 수십 명 몫의 일을 처리할 수 있다. 더구나 국내 언론사들은 다양한 온라인 채널과 SNS 등의 발달로 구조적인 불황에 시달리고 있다. 언론사의 비용 구조에서 상당 부분을 차지하는 기자의 인건비를 줄일 유인에 얼마든지 노출돼 있다는 뜻이다. 물론 현장 기자의 관찰과 분석, 통찰, 감성 등을 담아야 하는 르포 기사나 심층 기획기사, 또는 오피니언란의 칼럼 등은 향후에도 인공지능 로봇이 대체하기 어려울 것이다. 하지만 각 언론사별로 차별성이 크게 없는 스트레이트성 기사들은 '로봇 기자'에게 맡기고 해당 언론사의 차별성을 드러낼 수 있는 심층 기획기사 등만 '인간 기자'에게 맡기게 될지도 모른다.

그뿐인가. 이제는 부동산 중개를 인근의 중개업소에 의뢰하지 않고도 온라인 사이트와 직방, 다방과 같은 모바일 앱을 통해 전국의 부동산 매물을 다 찾아볼 수도 있다. 법률 서비스도 달라지고 있다. 이제까지 변호사가 하는 많은 일 중의 하나가 자신이 맡은 사건에 적용할 판례나 법조문을 찾는 것인데, 순식간에 이를 찾아주는 서비스가 이미 상용화돼 있다. 물론 변호사가 하는 일의 모든 부분을 대체하지는 않더라도 업무의 상당 부분을 대체하게 될 것이다.

의사의 일도 그렇다. IBM의 인공지능 컴퓨터인 '왓슨'은 온갖 최신 의학지식, 논문 등을 섭렵하여 가장 적절한 진단과 처방을 하고 약을 조제할 수 있는 단계까지 와 있다. 이런 변화는 빠르게 현실로 다가오고 있다. 2016년 가천대학교 길병원은 국내 의료업계에서 최초로 왓슨을 도입해 본격적으로 암 진단과 치료에 활용하기 시작했다. 길병원에 이어 부산대학교병원도 왓슨을 도입한다고 밝혔다.

이런 일은 과학 기술의 발달로 인해 지금 당장 우리 눈앞에서 벌어지고 있는 변화들이다. 여기에 한국의 저성장 기조가 더해지면 더 많은 변화가 더 빠르게 일어날 수 있다. 대표적인 예가 최근에 있었던 변호사와 부동산 공인중개사들과의 분쟁이다. 일명 '복덕방 변호사'라고 불리는 이 사건은, 한 변호사가 2016년 3월 '트러스트 부동산'이라는 상호명과 '최대 거래 수수료 99만 원'을 내세워 개업한 데서 시작했다. 변호사가 부동산 중개업자의 일을 뺏으려는 꼴이 된 것이다. 이에 변호사는 공인중개사법 위반으로 고발되었지만, 결국 법적으로 전혀 문제가 없다는 판결이 1심에서 나왔다. 부동산 중개도 법률 규정에 따라서 하는 행위이니 변호사가 부동산 중개와 관련된 법률 자문을 하고 계약서를 쓸 수 있다는 것이다.

1심 법원의 판단에 따른다면, 국내 변호사들은 예전부터 부동산 중개 업무를 할 수 있었다. 하지만 그동안에는 부동산 중개 업무는 거들떠도 보지 않았다. 법적으로 가능하다고 해도 예전에는 변호사가 하는 일과 부동산 중개업자가 하는 일이 사실상 나뉘어 있었던 셈이다. 그런데 왜 이제는 경계가 허물어질까. 한국의 저성장 기조가 지속되면서 일거리가 부족해지자 전문직의 하향 이동이 일어나고 있기 때문이다. 변호사가 이제는 공인중개사 업무도 눈독 들이게 된 것이다. 데이터 분석 기술이 발달한 덕분에 부동산 중개를 광역적으로 더욱 쉽게 진행할 수 있게 된 것도 다른 한 요인이다.

이렇게 새로운 직업이 등장할 뿐 아니라, 일의 성격이 변하거나 일의 경계가 무너지는 경우가 늘어나고 있다. 일자리를 둘러싼 우리 주변의 풍경이 빠르게 바뀌고 있다. 하나하나 개별적인 사안으로 떼어놓고 보면 나에게 어떤 영향을 미칠까 싶을 것이다. 하지만 이런 변화들이 우리 사회 전체 일자리의 종류와 수, 일의 내용과 방식, 임금 수준 등을 야금야금 바꿔놓을 것이다. 새로운 제도가 생겨날 것이고, 그로 인해 또 다른 변화가 일어날 것이다. 이미 우리가 기존에 갖고 있던 일자리 구조와 직업 체계가 바뀌고 있는 것이다.

그런데도 여전히 한국 사회의 많은 사람들이 과거와 같은 방식으로 일자리 문제에 접근한다. 아직도 많은 부모들이 엄청난 사교육비를 들여서 자녀를 좋은 대학에 보내고, 의사나 변호사를 시키려고 한다. 전문직이 되면 자연히 안정된 미래가 보장될 거라고 생각한다. 물론 이런 전문직이 모두 컴퓨터 알고리즘이나 인공지능 로봇으로 대체되지는 않을 것이다. 당연히 변호사로서, 의사로서, 인간만이 할 수 있는 능력과 업무가 있다. 그러나 전반적으로는 이런 전문직이 수행하던 많은 업무조차 시간이 갈수록 기계가 대체할 가능성이 높아지고 있다.

대기업 입사에서도 스펙의 효용성이 점점 떨어진다는 말이 나온다. 아무리 고학력이고 수많은 자격증이 있어도, 그것은 모두 과거의 능력일 뿐이라는 것이다. 이제는 이전에 배웠던 내용보다 앞으로 배워야 할 내용이 더 많은 시대가 되었다. 게다가 기업이 겪는 변화가 격심해서 이미 갖춰진 능력보다는 향후 변화에 대응하는 능력이 갈수록 더 필요해지는데, 그런 능력이 고스펙과 일치하는 것은 아니다.


■　　　　　　　　사라질 것인가 살아 남을 것인가　　　　　　　　■


2013년 옥스퍼드 대학의 칼 프레이 베네딕트와 마이클 오스본 교수 팀이 〈고용의 미래 The future of employment〉라는 보고서를 발표했다. 이 보고서에 있는 '향후 10~20년 안에 사라지는 직업과 남는 직업' 리스트는 우리나라에서도 큰 화제가 되었다. 이들은 컴퓨터 기술 발전으로 20년 이내에 지금 있는 직업의 약 47%가 사라질 가능성이 크다고 밝히고 있다.

이 리스트를 보면 사라질 가능성이 높은 직업 1위에 텔레마케터가 있다. 이제는 누구나 이 직업이 왜 사라질 가능성이 높은지를 길게 설명하지 않아도 이해한다. 하지만 10여 년 전만 하더라도 텔레마케터가 유망 직종에 속했고, 당시에는 향후 텔레마케터 수가 늘어날 거라고 전망됐다는 사실은 많은 이들이 잊고 있다. 한때는 향후 크게 늘어날 것이라고 여겨졌던 직업이 이제는 사라질 가능성이 가장 높은 직업으로 꼽히고 있는 것이다. 그만큼 우리의 직업을 둘러싼 상황이 빠르게 변하고 있다는 뜻이다. 이처럼 한때 유망하거나 수요가 늘어날 것이라고 여겨졌던 직업도 사라질 수 있는 시대를 우리는 살고 있다.

이 리스트가 100% 맞을 리는 없다. 우리가 주목해야 할 것은 이 리스트에서 언급한 직업들이 정말로 사라지느냐 아니냐가 아니다. 왜 어떤 직업은 살아남고 어떤 직업은 소멸할 것으로 예측하는지, 그 이유를 파악하는 것이 중요하다.

사라지는 직업들의 공통점을 찾아보면, 쉽게 말해 '자동화'될 확률이 높은 직업들이다. 컴퓨터 프로그래밍으로 쉽게 대체될 가능성이 있는 직업들이라는 뜻이다. 반면에 임상심리사, 상담사, 학교 카운슬러, 정신건강 상담사 등은 살아남을 직업에 들어가 있다. 이런 직업은 자동화하기 어렵다. 레크리에이션 치료사, 교육 코디네이터, 심리학자,

■ 향후 10~20년 안에 사라지는 직업과 남는 직업

| 10~20년 후까지 남는 직업 상위 25 | 10~20년 후에 사라지는 직업 상위 25 |
|---|---|
| 1 레크리에이션 치료사 | 1 전화 판매원(텔레마케터) |
| 2 정비·설치·수리 일선 감독자 | 2 부동산 등기의 심사·조사 |
| 3 위기관리 책임자 | 3 손바느질 재단사 |
| 4 정신 건강·약물 관련 사회복지사 | 4 컴퓨터를 이용한 데이터의 수집·가공·분석 |
| 5 청각 훈련사 | 5 보험업자 |
| 6 작업치료사 | 6 시계수리공 |
| 7 치과교정사·의치 기공사 | 7 화물 취급인 |
| 8 의료사회복지사 | 8 세무신고 대행자 |
| 9 구강외과 | 9 필름사진 현상 기술자 |
| 10 소방·방재의 제일선 감독자 | 10 은행 신규계좌 개설 담당자 |
| 11 영양사 | 11 사서 보조원 |
| 12 숙박시설의 지배인 | 12 데이터 입력 작업원 |
| 13 안무가 | 13 시계 조립·조정 공학 |
| 14 영업 엔지니어 | 14 보험 청구 및 보험 계약 대행자 |
| 15 내과·외과 | 15 증권회사의 일반 사무원 |
| 16 교육 코디네이터 | 16 수주계 |
| 17 심리학자 | 17 (주택·교육·자동차 대출 등)대출 담당자 |
| 18 경찰·형사의 제일선 감독자 | 18 자동차 보험 감정인 |
| 19 치과의사 | 19 스포츠 심판 |
| 20 초등학교 교사(특수교육 제외) | 20 은행 창구계 |
| 21 의학자(역학자 제외) | 21 금속·목재·고무의 에칭 판화 업체 |
| 22 초·중학교의 교육 관리자 | 22 포장기계·기계필링 운영자 |
| 23 다리(발) 관련 의사 | 23 구매 담당자 |
| 24 임상심리사·상담사·학교 카운슬러 | 24 화물 배송 수신계 |
| 25 정신건강 상담 | 25 밀링·플래너(금속·플라스틱 가공용 기계) 조작원 |

칼 프레이 베네딕트·마이클 오스본, 〈고용의 미래〉

일의 미래 :

정신건강·약물 관련 사회복지사와 같은 직업들도 살아남을 것이다.

즉, 이 리스트는 일자리의 많은 부분이 기술발전에 따라서 얼마나 쉽게 자동화되고 대체될 수 있는지를 보여준다는 점에서 유용하다. 그중에서도 특히 육체적 노동이든 인지적인 노동이든, 정형화된 일을 반복적으로 하는 직업의 경우 쉽게 대체될 수 있음을 보여준다.

한 걸음 더 나아가 이런 질문을 던질 수도 있다. 기술로 대체 가능한 일자리라고 해서 모두 다 사라질까? 그렇지 않다. 기술적으로 대체 가능하다고 해서 그것이 사회적으로, 문화적으로 곧바로 어떤 사회에 수용될 수 있다는 뜻은 아니다. 핵심은 인간을 대체하는 그 기술을 사람들이 받아들일 것인가에 있다.

예를 들어, 대체될 가능성이 높은 직업 중에 스포츠 심판이 있다. 물론 인간 심판보다 기계가 훨씬 더 정확하게 판독할 것이다. 지금도 타자가 친 공이 파울인지 아닌지는 비디오판독기가 훨씬 더 잘 가려낸다. 그런데 기계가 훨씬 잘 판단할 수 있다고 해서 심판이 없는 경기를 사람들이 보고 싶어 할까? 아마 그렇지 않을 것이다. 또는 로봇이 발레를 잘할 수 있게 된다고 하여, 사람들이 로봇이 추는 춤을 보고 싶어 할까? 그렇지도 않을 것이다. 그러므로 이 리스트와 같은 자료를 볼 때에도, 맹목적으로 믿을 게 아니라 우리의 미래를 좌우할 다양한 요인들과 결합해서 판단하는 태도가 필요하다. 이런 시각이 우리가 일자리의 미래를 생각할 때 가져야 하는 태도 가운데 하나이기도 하다.

# 1

일의 미래를 전망하다
:

네 가지 변화를 함께 보라

:

'어떤 미래가 오고 있다'라고 말할 때, 그 미래는 잠깐 동안 일어날 변화이거나 아예 없던 일이 갑자기 새롭게 벌어지는 것을 뜻하지 않는다. 비교적 일관되게 지속되는 큰 흐름의 방향이 있을 때, 그 방향이 이어져서 향후에 펼쳐질 때, '어떤 미래가 오고 있다'고 말할 수 있는 것이다. 그 흐름의 방향을 정확하게 살펴보는 것이 결국 미래를 대비하는 가장 중요한 첫걸음이다. 이 책에서는 대한민국 일자리의 미래를 바꾸는 결정적인 흐름을 크게 네 가지로 정리하고자 한다. 저성장, 인구 마이너스, 기술 빅뱅, 로봇화와 인공지능이 그것이다.

첫째, 저성장 시대를 살펴보자. 사실 일시적인 저성장 국면은 예전에도 있었다. 하지만 지금의 저성장 기조는 구조적으로 고착화되고 있다는 점에서 과거와 다르다. 2008년 세계 경제위기 이후로 전세계가 저성장 흐름을 이어가고 있다. 경기회복기에 들어섰다고 하는 미국조차도 경제위기 이전에 비해서는 상대적으로 저성장 기조를 이어가고 있다. 중국처럼 고성장기에서 중성장기로 접어드는 흐름이 확연한 국가도 있고, 유럽이나 일본처럼 경기회복이 미약한 경제권도 있다. 이런 상황에서 한국의 저성장 기조도 매우 뚜렷하다.

이는 과거처럼 2~3년 정도 버티면 회복할 수 있는 일시적인 경기 후퇴가 아니다. 향후 수십 년 동안 저성장이 고착화될 가능성이 높다. 물론 그 사이에도 특정 시기에 경기가 일정하게 회복될 수도 있겠지만, 그 회복의 정도는 과거 고성장 시대에 비하면 상당히 약할 것이다. 때문에 경기가 회복되거나 좋아지더라도 사람들이 확연하게 좋아졌다고 체감하기 어려운 경제 흐름이 지속될 것이다. 이런 장기적인 저성장 기조는 일시적으로 큰 충격이 오는 것보다 훨씬 더 고통스럽다. 1997년 외환위기 때 한국 경제는 큰 충격으로 고통받았지만 적어도 곧 회복할 거라는 기대가 있었기 때문에 버틸 수 있었다. 그런데 저성장이 구조적으로 고착된다는 건 사람들에게 이전과는 완전히 다른 새로운 모드로 살아갈 것을 요구하는 것이다.

문제는 아직 우리 사회 구성원 중 많은 이들이 고성장 시대의 기억을 갖고 있고, 그 시대에 몸에 익힌 방식대로 살아야 '잘사는 것'이라고 생각하고 있다는 점이다. 기성세대에게는 아직 고성장의 추억이 고스란히 살아 있다. 이들이 활발히 경제활동을 하던 시절에는 웬만한 장사를 하면 망하지 않았고, 웬만큼 투자하면 성공할 확률이 높았다. 즉 성공의 기회가 많았다. 그뿐 아니라 삶의 패턴도 안정적이었다. 학교를 졸업하고 직장에 들어가 월급이 좀 쌓이면 아파트를 청약하고, 두세 번 평수를 넓혀가며 살다가 50대 중후반에 퇴직해서 퇴직금으로 살면 되었다. 노후자금이 필요하면 그 아파트를 팔아서 다시 생활자금으로 삼았다. 기대수명이 짧았기 때문에 그렇게 살다가 10~20년 뒤에 삶을 마감할 수 있었다.

하지만 이제는 달라졌다. 다시는 이와 같은 방식으로 살아갈 수 없다. 우선 변변한 일자리를 잡기도 쉽지 않거니와 일하는 동안에도 일자리가 매우 불안정하다. 서성상 시대에는 이직이 매우 잦아질 수밖에 없고, 퇴직하는 시기도 과거보다 더 빨라진다. 창업도 비슷하다. 과거에는 창업 초기에 몇 년 고생해서 자리 잡으면 이후 사업을 확장하는 것도 쉽고 빨랐다. 경제 전체가 고성장하고 있었기에 그 흐름을 타면 됐다. 그러나 지금은 그렇지 않다. 무엇보다 창업을 해서 오히려 손해 보기 십상이다. 그런데 전반적으로 저성장 시대이기 때문에 하던 사업을 접으면 다른 대책이 없다. 어쩔 수 없이 계속 손해를 보면서도 울며 겨자 먹기로 사업을 유지해야 하는 경우가 많다. 이렇게 저성장이 장기화되는 시대에는 일자리와 생애주기에 대한 대비에서도 과거와 전혀 다른 패러다임을 요구하고 있다.

두 번째 흐름은 인구 마이너스다. 우리는 지금까지 인구 보너스 시대를 살아왔다. 늘 인구가 늘어났고, 이들이 생산활동에 활발히 종사해서 소득을 벌고 소비한 덕분에 경제가 활발하게 성장했다. 주택 수요 연령대 인구가 늘면서 주택시장도 계속 성장해왔다. 그런데 이제는 그 흐름이 바뀌는 전환기에 들어섰다.

한국은 2016년에 생산가능인구가 정점에 도달했고, 2017년부터 줄어드는 시대로 들어간다. 문제는 그 증감의 폭이다. 생산가능인구가 줄어드는 낙폭이 2020년대 중반까지 매우 가파르다. 이렇게 되면 한국 사회 전반의 소비가 엄청나게 위축된다. 소비가 감소함에 따라 일자리 구조에 미치는 여파도 매우 커진다.

한창 한국의 경제개발이 진행될 때에는 생산가능인구가 한 해 60만에서 70만 명씩 늘어난 적도 있었다. 불과 몇 년 전인 2011년만 해도 한 해 38만 명이 늘어났다. 그런데 머지않아 2021년에는 생산가능인구가 한 해에만 28만 명이나 줄어들게 된다. 그로부터 3~4년 더 지나면 매년 30만~40만 명씩 줄어드는 시기가 닥친다. 이러한 추세가 한두 해에 그치지 않고 수십 년간 지속될 것이다.

우리가 앞으로 겪을 인구 감소가 마치 절벽처럼 가파른 양상을 보이기에, 이를 인구절벽이라고 표현하기도 한다. 생산가능인구가 가파르게 줄어드는 인구절벽은 소비절벽으로 이어지고, 이는 한국 경제 전반과 일자리에도 큰 영향을 미친다. 이 또한 한국 경제가 이제까지 겪어보지 못한 새로운 상황이다.

지금까지는 한국에서 인구라는 변수는 경제 흐름에 보너스 역할을 해왔다. 하지만 이제는 경제에 부담이 되는 상황이다. 이 현상을 가리켜 인구 보너스$^{bonus}$에 반대되는 인구 오너스$^{onus}$라고 하는데, 오너스는 짐, 부담이라는 뜻이다. 다만 오너스라는 표현이 일반인들에게 익숙하지 않기 때문에 이해하기 쉽게 여기서는 '인구 마이너스'라고 표현하겠다. 인구가 경제에 마이너스 역할을 하는 시대로 들어간다는 뜻이다. 특히 인구는 장기적으로 예측 가능성이 매우 높으면서 그 파급효과가 매우 큰 지표이기에, 미래의 흐름과 관련하여 더욱 중요하게 살펴봐야 한다.

셋째, 기술 빅뱅이다. 정보처리의 용량과 속도가 비약적으로 발전하면서 과거에는 상상하기 어려웠던 변화가 매우 빠르게 일어나고 있다. 플랫폼과 하드웨어, 소프트웨어가 궤를 같이하면서 급속히 발전하고, 이들이 결합된 첨단기술산업이 발전하면서 빅뱅처럼 전방위적으로 확산되는 효과를 낳고 있다. 과거와 달리 어떤 새로운 제품과 서비스가 등장하는 데 걸리는 시간이 굉장히 짧아졌고, 그 파급효과도 산업의 경계를 넘어설 만큼 매우 커졌다. 즉 새로운 일자리가 빨리 생겨나기도 하지만, 그만큼 일자리의 지속성이 매우 짧아질 수 있음을 뜻한다. 이렇게 기술변화로 인한 산업 지형의 변화가 굉장히 빠른 속도로 일어나기 때문에, 당연히 그 산업과 기업 하나하나에 속한 일자리에도 큰 변화가 빠르게 일어나고 있다.

일의 미래를 바꾸는 네 번째 결정적 흐름은 로봇화와 인공지능, 알고리즘 기술 등의 발달이다. 이미 일자리를 로봇이 대체한다는 두려움이 사회 전체에 가득하다. 특히 2016년의 '알파고 사태' 이후 그같은 우려를 많은 이들이 체감적으로 느끼고 있다. 물론 로봇이 1대 1로 인간을 대체하지는 않겠지만, 로봇화와 인공지능 기술의 발달 속도가 하루가 다르게 빨라진 것은 분명한 사실이다. 로봇화와 인공지능은 기술 빅뱅과 연결되면서 우리 일자리에 매우 지속적이고 큰 파장을 일으킬 것이다.

이미 자동화와 기계화로 우리 주변의 일자리가 많이 사라졌다. 이제 은행의 창구 직원을 통해 돈을 찾고 송금하는 업무는 거의 하지 않는다. 이미 이런 일들은 ATM기, 웹, 모바일을 통해 상당 부분 이루어진다. 은행 직원들은 예전보다 훨씬 더 복잡한 일을 한다. 기업에서 일하는 사람이라면 누구나 접해본 CRM, ERM, ERP 시스템도 그렇다. 이미 이런 시스템을 통해 인사나 재무 등 많은 부분이 자동화되고 있다.

자동화와 기계화는 이 정도에서 끝나지 않는다. 우리가 마주하는 '제2의 기계시대'는 한 차원 더 나아간다. 제1의 기계시대는 산업혁명 당시처럼 인간의 신체적 능력을 기계가 대체했던 시대를 말한다. 그러나 이제는 인간의 육체적 능력뿐 아니라 정신적 능력과 인지적 능력까지 대체하는 로봇과 인공지능이 등장한다. 이미 공장 자동화에 따라서, 또는 컴퓨터 프로그래밍에 의한 자동화 서비스에 따라서 우리 일자리의 성격이 많이 변하고 있다. 앞으로는 그 변화의 속도가 엄청나게 빨라질 수 있다. 이런 제2의 기계시대에 기계들과 협력하는 동시에 한편으로는 경쟁해야 하는데 그 흐름에 맞춰 어떤 준비를 해야 할지 고민해야 한다.

이 네 가지 흐름은 분리해서 생각할 수 없다. 서로 맞물려서 영향을 주고받으며 향후 일자리의 변화를 추동할 것이다. 일의 미래를 생각한다면 이 네 가지 큰 흐름을 함께 살피면서 종합적으로 인식해야 한다. 그러면 본격적으로 각각의 네 가지 큰 변화에 대해 살펴보자.

# 1

## 저성장 시대에 들어서면 일은 어떻게 변하나

미국 경제의 일정한 회복세에도 불구하고 2008년 경제위기 이후 세계 경제는 과거와 같은 성장세를 회복하지 못하고 있다. 저성장과 저고용이 새로운 정상 상황인 '뉴 노멀new-normal'이 지속되고 있다. 이런 가운데 한국 경제가 활력을 잃어가고 장기 저성장 국면에 진입했다는 신호가 곳곳에서 감지된다. 장기화된 내수 침체와 수출 부진으로 성장률이 떨어지고 있다. 소비심리는 급격히 위축되고 있으며 기업 경기도 크게 악화되는 가운데 투자 위축과 고용 감소로 이어지고 있다. 가계는 일자리 불안과 경기 부진으로 소득이 정체된 가운데, 1344조 원에 육박하는 가계부채 부담에 허덕이고 있다. 이는 지금껏 한국 경제가 구조조정과 기술혁신을 통해 기초체력을 키우지 않고 가계부채 급증을 조장해서라도 부동산 시장을 부양하고 재벌기업 위주의 경제정책을 펼친 결과다. 이러한 방식으로는 더 이상 경제가 성장하지 못할 뿐 아니라 양극화만 심화되는 등 질적으로 악화될 뿐 이라는 사실이 명백해지고 있다.

이런 흐름은 과거와 어떻게 달라진 것일까. 한국 경제를 큰 흐름에서 요약하면 다음과 같다. 1980년대 말까지 한국 경제는 10%대를 넘나드는 고성장을 경험했다. 1990년대 초중반 6~7%대 중성장 시대를 지나 외환위기 충격을 겪고 나서는 4~5%대의 중저성장 시대로 접어들었다. 그나마도 2008년 세계 경제위기를 계기로 성장률이 한 단계 더 떨어져 2~3%대 성장률이 고착화되고 있다. 1980년대부터 지금까지 한국 경제의 성장률은 지속적으로 떨어져 이제 저성장 기조가 확연해졌다. 10%를 넘던 경제성장률이 30년도 안 돼 2%대로 뚝 떨어진 것이다.

드라마 〈응답하라 1988〉을 보면 은행 예금 금리 15%를 오르내리던 시절이 그려진다. 그 시절에 성장기를 보낸 사람들이 지금 40대를 맞이했다. 40대는 한창 일할 나이인데, 그 사이에 겪은 한국 경제의 변화 폭이 너무도 크다. 다른 세대들도 마찬가지다. 사람들은 지금 상황에 잘 적응하지 못한다. 아직도 50~60대 이상 세대는 고성장에 대한 미련을 버리지 못하는 경우가 많다. 지금 겪고 있는 저성장도 구조적 요인 때문이라기보다는 정부가 성장 위주의 정책을 펴지 않기 때문이라고 생각한다. 즉, 정부가 성장 드라이브를 걸면 여전히 과거와 같이 상당한 수준의 성상세를 회복할 수 있다는 믿음을 가지고 있다.

물론 정부의 정책적 노력에 따라 일정하게 성장률이 높아질 수 있다. 그러나 수십 년 전과 같은 방식으로 해서는 효과가 없다. 자동차가 평지를 달릴 때와 언덕길을 오를 때 주행 모드가 달라져야 하듯이, 시대 흐름에 맞게 성장 방식 또한 달라져야 한다. 하지만 성장 방식을 바꾸는 것 또한 쉽지 않다. 수십 년간 재벌 의존적 성장이나 수출 및 건설 투자 중심의 성장을 지속하면서 형성된 기득권 구조와 정책적 관성이 있기 때문이다. 그 같은 기득권 구조와 정책적 관성을 바꾸는 것이 개혁 과제이지만, 쉽지만은 않다. 꼭 기존의 강력한 기득권 세력의 반발이나 저항 때문만은 아니다. 평범한 개인이나 조직이 달라진 현실을 받아들이지 못하는 경우도 많다. 여전히 더 성장할 수 있고, 성장률이 높아지면 자연스레 일자리가 늘어나고 불평등 문제도 완화될 것이라는 기대를 가지고 있다. 그러나 그 기대가 실현되기에는 한국 경제의 상황이 너무나 달라졌다.

## 저성장 시대, 무엇이 무너지는가

가깝게 지난 5~6년의 경제 지표만 확인해도 이 저성장 기조가 얼마나 빠르게 진행되고 있는지를 알 수 있다. 우선 한국의 기업들은 성장하고 있을까. 2016년 한국은행이 발표한 〈금융안정보고서〉를 바

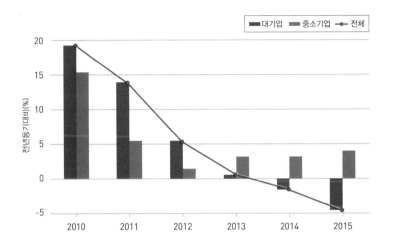

2015년 기준 전체 상장기업 및 일부 비상장기업 대상(금융보험업은 제외) | 한국은행 〈금융안정보고서〉(2016년 6월)에서 인용

탕으로 한국 기업들의 매출액 증감 추이를 살펴보자. 금융·보험업을 제외하고, 2015년 사업보고서를 제출한 전체 1892개 상장기업과 232개 일부 비상장기업을 포함한 선체 2124개 기업의 매출액 증감 추이를 나타낸 그래프다.1-01

1-01그래프를 보면 2010년 이후 굉장히 가파르게 기업의 매출이 떨어지고 있다. 특히 2013년까지 매출액 증가율이 감소세를 보이던 데서 그치지 않고 2014년과 2015년에는 매출액이 아예 마이너스 성장을 기록했다. 특히 그래프에서 가장 최근인 2015년에는 2014년에

이미 매출액이 감소했는데도 거기서 다시 감소했다. 이처럼 기업의 외형 규모를 대표하는 매출액이 지속적으로 감소하는 현상은, 한국 경제가 1960년대에 본격적인 경제개발에 나선 이후로 처음 있는 일이다. 더욱 주목할 점은 대기업의 외형이 크게 쪼그라들고 있다는 점이다. 중소기업 매출액이 2012년 이후 조금씩이나마 증가하고 있는 반면 대기업 매출액은 최근으로 올수록 확연한 감소세를 보이고 있다. 이는 한국의 주력산업과 대표 기업들이 가라앉고 있다는 의미다.

이와 함께 사실상 파산 직전 상태인 기업의 수도 늘고 있다. 1-02그래프를 참고로 한계기업의 추이를 살펴보자. 흔히 언론에서 '좀비기업'이라고 부르는 한계기업은 영업이익으로 금융부채의 원금은커녕 이자도 갚지 못하는 상태가 3년 이상 지속될 정도로 한계에 이른 기업을 말한다.

1-02그래프는 2016년 6월 한국은행 〈금융안정보고서〉에 실린 자료를 바탕으로 한국의 한계기업 개수와, 전체 기업 중 한계기업이 차지하는 비중을 나타낸 것이다. 2010년부터 우리나라의 한계기업 수는 빠르게 늘어나고 있다. 한계기업이 늘어나는 것이 혹시 금리가 높아지면서 기업의 이자 부담이 커져서 그런 것은 아닐까? 그렇지 않다. 다들 기억하겠지만 그동안 국내 금리는 큰 흐름에서 점차 낮아져왔다. 그렇다면 한계기업의 정의상 금리가 낮아지면 기업들의 이자 부담이 줄어드는 게 정상일 텐데도, 영업이익으로 이자를 갚지 못하는 기업들이 계속 늘어난 것이다. 한계기업의 개수뿐 아니라 전

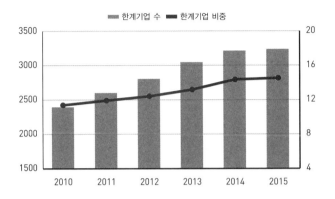

한국은행 〈금융안정보고서〉(2016년 6월)에서 인용

체 기업에서 한계기업이 차지하는 비중도 계속 늘어나 2015년에는
15%에 육박했다. 이는 미국에 비하면 세 배 정도 높은 수준이다. 한
국의 부실기업이 얼마나 늘어나 있는지를 단적으로 보여주는 자료
다. 이와 같은 자료들을 통해 확인할 수 있는 것은, 국내 주력산업이
빠르게 가라앉고 있는 한편 한계선상에 이른 부실기업은 계속 늘고
있다는 사실이다.

　국내 주력 산업과 기업들이 무너지고 있다는 사실은 시가총액 100대
종목들의 주가등락률을 살펴보면 더 확실하게 알 수 있다.1-03 큰 흐
름에서 기업의 실적이 좋아지면 그 실적이 반영되어 주가가 올라가

하락 종목들

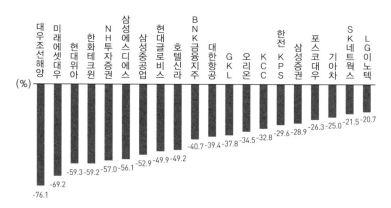

상승 종목들

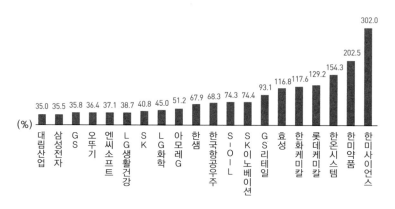

한국거래소 자료를 바탕으로 선대인경제연구소 작성

일의 미래 :

고, 반면에 실적이 나빠지면 주가는 떨어지게 마련이다. 2015년부터 2016년까지 2년간 상위 100대 종목의 주가등락률을 나타낸 1-03그 래프를 보면, 하락한 종목 중에 대우조선해양, 미래에셋대우, 현대위아, 한화테크윈, NH투자증권, 삼성에스디에스, 삼성중공업, 현대글로비스 등이 눈에 띈다. 이 기업들의 이름을 모르는 사람이 거의 없을 것이다. 그만큼 다들 알만한 대기업이고, 한국의 주력산업을 이 끌던 기업들이다. 이런 주요 대기업들의 주가가 실적 정체나 악화를 반영해 하락한 것이다. 왜 이렇게 되었을까.

### ■ 패스트 팔로워 전략은 한계에 달했나 ■

한국은 지난 수십 년 동안 해외 선진국의 선진 기업들이 먼저 시장을 개척하면 그 뒤를 맹추격하는 '패스트 팔로워fast follower' 전략으로 고성장한 대표적인 국가다. 패스트 팔로워 전략은 어떤 제품이나 서비스에 의해 새로운 시장이 만들어졌을 때, 그 시장을 선도하는 1위기업의 제품이나 서비스를 빠르게 추격해 그와 비슷하거나 능가하는 제품을 만들어 시장의 파이를 차지하는 전략이다.

그동안에는 이 전략이 상당히 유효했다. 예를 들어 삼성전자는 애플이 스마트폰 시장을 키우자 갤럭시폰으로 이를 추격하며 스마트폰 시장이 확대되는 흐름을 타서 성장 폭을 키웠다. 현대자동차 등도 각 분아에서 유사한 전략으로 성장했다. 그렇게 하여 많은 국내 기업이 1등 기업으로 성장하거나, 1등은 아니라고 해도 각 산업 분야의 주요한 플레이어로 성장했다. 한국의 기업들은 세계 시장에서 상당히 높은 수준의 스마트폰, 반도체, 자동차 제품을 만들면서 시장을 점유하고 있다.

문제는 이러한 성장 방식이 한계에 도달했다는 것이다. 앞에서 본 것처럼 최근 국내 주력기업들은 크게 위축되고 있다. 매출액 자체가 줄어들 정도다. 조선, 해운, 철강, 건설 등은 말할 것도 없고, 2~3년 전까지 선전해오던 현대자동차나 기아자동차도 실적 부진의 늪에 빠져들면서 위기감이 커지고 있다.

2013년 4분기에 실적의 정점을 찍었던 삼성전자가 그나마 갤럭시 7 단종 등의 여파에도 불구하고 실적을 회복하고는 있다. 하지만 전 세계 스마트폰 시장의 성장률이 둔화된 상태에서 애플의 경쟁력이 회복되는 한편 중국 스마트폰 업체들의 추격이 거세지면 삼성전자의 호조가 지속될지 장담하기 어렵다. 물론 삼성전자의 또 다른 주요 사업분야인 반도체 분야에서의 기술 경쟁력은 여전히 상당히 앞서 있다. 하지만 여기에서도 중국 업체 등이 따라붙고 있는 데다 경기 사이클에 따라 부침이 큰 시장이어서 지속적으로 실적이 성장하는 데는 한계가 있다. 삼성전자가 새로운 미래 먹거리를 마련하지 못하면 과거와 같은 영화를 누리기 쉽지 않다는 뜻이다.

물론 삼성전자는 미국 전장부품업체 '하만'을 인수하며 자동차 전자장비 사업을 강화하고, 다양한 사업 재편을 통해 구조개혁을 감행하고 있다. 하지만 아직까지는 뚜렷한 미래 먹거리를 창출하지 못하고 있다. 5년 전까지만 해도 삼성전자의 향후 성장성을 걱정하거나 현대자동차가 실적 악화로 위기를 맞을 거라고는 상상하지 않았다. 그런데 그런 우려가 현실이 되고 있다.

많은 경제전문가들이 경고하기는 했지만, 실제로 이토록 빠르게 국내 주력산업의 위기가 진행되리라고 생각한 이들은 별로 없었을 것이다. 이 위기가 세계적인 경기침체에 동반하는 현상일까? 아니다. 이를 단순히 세계 경기침체 탓으로만 돌리기는 어렵다. 대외 경기의 침체가 문제였다면 최근 몇 년간 미국 경제가 회복되는 동안 대미 수출액이 증가했어야 정상이다. 그러나 경기가 회복되는 미국을 향한 수출액조차 감소세를 보였다. 이는 대부분이 수출기업인 국내 주력기업들의 경쟁력이 구조적으로 악화했음을 뜻한다.

여기에는 한국 경제가 크게 의존하고 있는 중국 경제의 구조적 전환, 중국 경쟁업체의 부상, 국내 기업들의 혁신 능력 약화 등의 요인이 복합적으로 작용하고 있다.

우선 중국 경제의 구조적 전환이 한국 경제에 어떤 영향을 미치고 있을까. 2014년 시진핑 국가주석은 중국 경제가 그동안의 고도성장을 끝내고 '신창타이新常態(새로운 상태)'로 이행하고 있다고 선언했다. 중국판 '뉴 노멀'이라고 할 수 있는 신창타이란 중국이 이전의 고속 성장에서 중속 성장으로 전환한다는 것을 의미한다. 성장의 외형적인 규모와 속도는 줄이면서, 다음 단계로 도약을 준비하겠다는 것이다. 그동안 중국은 한국만큼은 아니어도 수출 의존도를 높여왔고, 대규모 건설이나 설비 투자를 중심으로 고속 성장을 추구해왔다.

그러나 이제 수출 제조업 중심의 성장이 한계에 다다르자, 중국 정부는 수출보다는 내수 중심의 성장을 꾀하고 서비스 산업을 키우는 전략을 구사하고 있다. 이것이 중국의 신창타이 전략이다. 지금 중국은 내수 소비를 키우기 위해 중국 근로자들의 소득을 가파르게 올리고 서비스업 중심으로 일자리를 창출하는 전략을 쓰고 있다.

고성장 단계에서 중성장 단계로 접어들면, 언뜻 볼 때는 중국 경제가 위기에 처한 것처럼 보인다. 그러나 그 내용을 들여다보면 중국 정부가 전략적으로 경제구조를 전환하려는 의도가 있음을 알 수 있다. 기존의 수출과 투자 중심의 양적 성장 방식으로는 향후 지속적인 성장을 꾀할 수 없다는 사실을 직시하고, 당장에는 '전환의 고통'이 따르더라도 질적 성장으로 전환하겠다는 것이다.

문제는 이러한 중국 경제의 성장률 하락과 구조적 전환으로 가장 큰 타격을 받는 곳이 한국이라는 점이다. 중국은 우리나라 수출 비중의 약 25% 정도를 차지한다. 미국과 EU에 대한 수출액을 합한 정도로 크다. 그런데 대중수출의 약 70%가 중간재나 자본재 수출이다. 그간 중국은 한국의 중간재나 각종 설비 등 자본재를 수입한 다음, 그것을 완제품으로 조립해 미국이나 EU 시장에 파는 가공무역에 주력해왔다. 즉, 한국은 '중국을 통한 우회 수출'을 해왔던 셈이다. 그러나 중국 경제가 수출 의존도를 낮추고 이제는 내수 소비시장을 키우고 있다. 이렇게 되면 중국에 중간재와 반제품 등을 수출하던 한국 기업들이 타격을 입게 된다.

현재 중국의 소비재 시장은 **빠르게** 성장하고 있고, 슈퍼컨슈머도 **빠르게** 증가하고 있다. 1950년대부터 1970년대까지 미국의 슈퍼컨슈머들이 세계 소비재 시장의 지형을 바꾼 것처럼, 중국의 슈퍼컨슈머들이 오늘날 세계 소비시장의 지형도를 바꿀 만큼 **빠르게** 부상하고 있다. 그렇다면 우리나라 기업들도 중국 소비재 시장의 성장에 맞추어 수출 전략을 바꾸어야 하는데, 여전히 중국을 향한 중간재와 자본재 수출에 치중하는 반면 소비재 수출은 약한 편이다. (중간재는 완제품을 생산하기 위해 사용되는 제화로, 철강판이나 새시가 자동차의 중간재다. 자본재는 최종 소비재를 생산하기 위해 소비되는 재화를 말하는데, 기계 설비와 같은 고정 자본재와 원료나 부품 등 일회성으로 사용하는 유동 자본재로 나뉜다.) 이미 한국의 내수 침체가 고착화되고 있는 상태에서 그나마 한국 경제를 버텨온 수출 주력기업들의 실적이 악화되고 경쟁력이 약화되면서 위기의 경고등이 커지고 있다.

게다가 이제는 분야를 막론하고 중국의 기업들이 우리를 추격하고 있다. 중국 기업이 급부상하는 이유는 간단하다. 중국은 어느 나라보다 패스트 팔로워 전략을 잘 쓸 수 있는 나라이기 때문이다. 과거에는 우리가 1등 기업을 쫓아가는 입장이었다면, 이제는 추격을 받는 입장으로 바뀌었다. 이런 상황에 더해 글로벌 경기침체가 진행되었다. 경기가 침체된다는 것은 곧 소비 수준에 비해 공급이 과잉이라는 의미다. 이렇게 전반적으로 공급 과잉 상태인 세계 시장에서 중국의 기업이 우리와 굉장히 치열한 경쟁을 벌이고 있는 것이다.

스마트폰이 대표적이다. 삼성전자의 갤럭시폰은 애플 아이폰보다 조금 아래쪽의 중고가 스마트폰 시장을 겨냥해왔다. 그런데 이제 가격이 더 낮은 중국의 스마트폰들이 쏟아지고 있다. 게다가 중국 스마트폰의 품질이 빠르게 향상되고 있어 가격 대비 성능 면에서 삼성전자를 강하게 압박하고 있다. 생산 규모도 압도적으로 많다. 우리는 팬택을 포함해도 삼성전자와 LG전자 등 세 개 업체인 반면 중국은 300개 이상의 업체들이 스마트폰을 만든다. 물론 그중에 주요한 업체는 화웨이나 오포, 비보, 샤오미 등으로 한정된다 해도 절대적인 숫자가 많고 이들의 제품 혁신 속도도 굉장히 빠르다.

이런 상황에서 우리가 언제까지 우위를 확보할 수 있을까? 지금의 삼성 갤럭시폰이 자신의 자리를 지킨다 하더라도 다음 제품, 다다음 제품에서 중국이 우리를 뛰어넘을 가능성은 점점 커지고 있다. 또한 우리가 품질 경쟁에서 앞서고 있다 해도 중국의 수많은 경쟁 기업들이 등장한 이상, 시장 점유율은 줄어들 가능성이 높다. 이 말은 과거처럼 패스트 팔로워 전략을 통해 한국 기업의 일자리를 확산하는 일이 더는 불가능해졌다는 말이다.

이렇게 한국 기업들이 고전하는 더 큰 이유는 기술혁신의 속도가 너무 빨라졌기 때문이다. 예전에는 하나의 시장이 만들어지면 그 시장이 오랫동안 지속되었다. 하지만 이제는 시장이 한번 만들어져도 지속되는 기간이 짧고, 아예 그 시장이 충분히 확대되기도 전에 새로운 시장으로 진화해가는 경우가 많다. 스마트폰도 2008년 애플을 통해 본격적으로 시장이 형성되어 커졌지만, 2013년 말에 정점을 찍은 뒤로 성장 속도가 주춤해졌다. 예전에는 스마트폰 시장이 한 해에 30~40%씩 성장했다면 이제는 성장률이 한 자릿수대로 떨어졌다. 불과 10년도 안 됐는데 이 시장이 포화 상태로 접어든 것이다.

이제는 스스로 새로운 시장을 형성할 능력이 없다면 맹추격 전략으로 기존 시장에서 충분한 수익을 올릴 시간이 점점 짧아지고 있다. 물론 과거에도 기업의 혁신은 언제나 중요했다. 그러나 기존에 형성된 시장을 잘 유지하는 것만으로도 기업의 이익을 상당 부분 지켜낼 수 있었다. 하지만 이제는 그와 같은 전략이 통하지 않는다.

그렇다면 다른 나라의 기업들은 어떤가. 지금 미국을 호령하는 대기업 대부분이 혁신 능력이 뛰어난 업체들이다. 이들은 어떻게 혁신할 수 있었을까.

이들의 전략은 간단하다. 한 기업이 모든 분야에서 자체적인 능력만으로 획기적인 혁신을 이루어내기란 쉽지 않다. 혁신이란 과거를 버리고 새로워지는 것을 의미하는데, 기존에 해왔던 방식에서 스스로 벗어나기란 매우 어렵기 때문이다. 이 때문에 외부에서 새로운 기업을 인수합병하는 전략을 쓴다. 자신들과 시너지를 낼 수 있는 유망 분야에서 기술적 잠재력이 있는 스타트업이나 혁신 역량이 뛰어난 다른 기업들을 인수해 새로운 혁신과 사업 확장의 자양분으로 삼는다. 그리고 이를 바탕으로 미래의 먹거리를 만들어낸다.

그러나 지금 한국의 주력기업들은 이런 방법을 잘 쓰지 않는다. 최근 삼성전자 등 일부 기업이 다른 모습을 보이고 있지만, 대체로 내부 조직을 통해 새로운 시장에 도전하려고 한다. 그렇게 진행된 내부적 혁신은 이미 다른 기업이 만들어놓은 시장의 선두 제품을 쫓아가는 전략일 때가 많다. 외부 투자가 없다는 것은 인력에 대한 투자도 매우 인색하다는 것을 의미한다. 그러나 이와 같은 방식으로 성장을 지속할 수는 없다. 이제 한국은 선발기업의 뒤를 쫓아가는 전략으로 성장을 이끌 수 없는 단계에 들어섰다.

하나의 시장이 형성되고 유지되는 기간이 짧아졌을 뿐 아니라 시장이 점점 세분화되면서 하나의 시장의 크기가 줄고 있다는 것도 문제다. 과거에는 시장 크기가 충분히 커서 꼭 1등을 하지 않아도 후발업체인 2, 3등 기업들이 나눠먹을 파이가 충분했다. 하지만 시장이 세분화되어 규모가 작으면 선도 업체가 시장을 장악하고 난 뒤 후발업체가 차지할 부분이 많이 남지 않는다. 이런 측면에서도 패스트 팔로워 전략은 점점 더 유효성을 잃어가고 있다. 과거에 패스트 팔로워 전략을 바탕으로 대규모 설비 투자를 통해 고성장을 추구하던 국내 기업의 성공 공식이 더 이상은 통하지 않는다. 이에 따라 국내 기업들의 성장이 정체되면서 이들 기업들이 만들어내던 일자리가 더 이상 생겨나기 어렵게 되었다.

또 하나의 문제는 소득 정체로 소비가 축소되고 있다는 점이다. 한국에서는 재벌 독식 구조가 아주 작은 영역까지 파고들면서, 중견기업과 중소기업, 자영업자들의 소득원을 위협하고 있다. 소득은 늘지 않는데 높은 부동산 가격 등으로 고비용 구조가 지속되고 있어 가계의 소비 여력이 위축될 수밖에 없다. 내수시장을 활성화하기 위해서는 소비가 늘어야 하는데, 정부의 '빚내서 집 사는' 정책 등으로 주택담보대출을 중심으로 한 가계부채만 잔뜩 늘었다. 즉, 무리한 부동산 매입으로 증가한 부채 때문에 소비를 못 하는 상황이다. 중산층 대부분이 은행에 월세를 내듯이 이자를 내고 있다. 예를 들어, 한 달에 500만 원을 벌던 가정이 예전에는 500만 원을 다 쓰거나 일부를 저축했다면, 이제는 은행에 100만 원을 이자로 내고 남은 400만 원으로 생활하며 저축해야 한다. 여기에 원금 상환 부담까지 커지면 저축과 소비의 규모는 더 줄어든다.

저성장과 소비 위축의 문제는 닭이 먼저냐 달걀이 먼저냐의 문제일 수 있다. 하지만 저성장 기조가 지속된다 해도 가계부채 규모가 어느 정도냐에 따라 소비 규모는 충분히 달라질 수 있다. 그런데 한국의 경우 가계부채가 지나치게 커진 상태에서 소득이 정체돼 소비할 여력이 크게 줄어든 상황이다. 그러니 저성장 기조에 있는 다른 나라에 비해 실제 소비 위축이 더욱 극심한 것이다.

문제는 이렇게 소비가 위축되면 내수기업들의 성장은 다시 제약받는다는 점이다. 최근 몇 년간 국내 백화점과 대형마트 업계 매출이 정체되거나 감소하는 상황이 이를 단적으로 보여준다. 그런데 이들 업체들의 성장이 정체되면 이들이 만드는 일자리 또한 줄어들 수밖에 없다. 세계적 저성장에 더해 한국 경제의 구조적 요인들 때문에 일자리 위축 양상이 더욱 문제가 되고 있는 것이다.


## ▪ 보호무역주의 바람이 불면 어떻게 되나 ▪

현재 시점에서 저성장 기조와 관련하여 중요한 문제가 또 하나 있다. 새로 출범한 미국 트럼프 행정부는 보호무역주의를 강화할 것임을 예고하고 있다. 보호무역주의가 강화되면 대미 수출 의존도가 높은 한국 경제에 타격을 줄 것이다. 미국 경제가 회복되고 있다지만 2015년 하반기부터 오히려 한국의 대미 수출은 마이너스 성장을 기록하고 있다. 한국 정부는 미국 경기가 회복되면 중국, 일본, 유럽 쪽의 수출은 줄어도 미국 쪽 수출은 늘어날 거라고 생각했지만 이는 잘못된 판단이었다. 대미 수출의 규모가 줄고 있다는 것은 한국의 경쟁력이 전반적으로 떨어졌다는 사실을 보여준다.

대미 수출뿐만이 아니다. 한국의 전체 수출이 마이너스 성장을 지속하고 있다. 2015년에 이어 2016년에도 한국의 수출은 마이너스 성장세를 기록했다. 2년 연속으로 수출이 줄어든 것은 1958년 이후 처음 있는 일이다. 수출이 감소하면 한국 경제의 버팀목인 제조업의 생산과 고용이 위축될 수밖에 없다. 특히 그나마 양질의 안정적 일자리를 많이 창출하는 전자, 자동차, 철강, 조선 등 제조업의 고용 여건이 악화되면 가계소득과 소비 역시 줄어 기업 제품과 서비스에 대한 수요가 줄어든다. 악순환이 거듭될 수 있는 것이다. 한국의 수출은 글로벌 수급 상황에 영향을 많이 받는 경기 민감 품목이 주를 이루고 있는데, 세계 경기 회복이 지연되면 이들 품목의 수출은 부진에서 벗어나기 어렵다. 억지로 수출한다고 해도 수출 단가 하락으로 수익성이 떨어질 가능성이 높다.

지금도 이런 상황인데, 트럼프 정부가 보호무역주의를 강화하면 한국의 대미 수출은 더욱 위축된다. 실제로 미국 상공업과 대외무역 등을 관장하는 상무부는 한국산 전기강판에 37%의 반덤핑 관세를 부과한 데 이어 포스코의 열연강판에도 57%의 반덤핑 관세를 부과했다. 또 중국에서 생산한 삼성전자와 LG전자의 세탁기에 대해 고율의 반덤핑 관세를 부과하기도 했다. 특히 트럼프는 대선공약으로 환태평양경제동반자협정 TPP 폐지, 북미자유무역협정 NAFTA과 한·미 FTA 재협상, 환율조작국 감시 강화 등을 내놓은 바 있다. 이러한 정책 중 일부만 현실화한다고 할지라도 대미 수출은 상당한 타격을 받을 수 있다.

이렇게 유무형의 장벽을 세울 경우, 직접적인 대미 수출도 위축되지만, 한편으로 중국을 통한 우회 수출도 어려워진다. 미국은 중국에 대해서도 강력한 무역 제재와 보호무역 조치를 취할 것을 예고하고 있다. 미국이 중국을 환율조작국으로 지정하는 등 여러 조치를 취할 수도 있다. 앞에서 말했듯 한국의 대중 수출의 약 70%가 중간재·자본재다. 이는 곧 우리의 제품이 중국 소비자에게 직접 팔리는 게 아니라, 중국이 우리가 수출한 자본재를 조립해서 완성품으로 만든 다음 이를 미국이나 유럽으로 수출하는 우회 수출 방식임을 의미한다.

이미 중국 기업들이 성장하면서 한국 기업의 직접적인 대중 수출은 줄어들고 있다. 여기에 미국이 보호무역주의를 강화해 중국의 미국 수출이 줄어들면, 중국을 통한 우회 수출도 줄어든다. 지표상으로 보면 대미 수출도 줄고 대중 수출 또한 줄면서 경기가 더욱 위축되는 이중의 충격이 발생할 수 있다.

보호무역주의만이 문제가 아니다. 트럼프 정부 아래에서 미국의 기준금리 인상 속도가 빨라질 가능성이 높다. 트럼프는 대대적인 감세 정책과 경기부양책을 동시에 쓰겠다고 예고했다. 재정부양책을 쓰려면 세수를 확보해야 하는데, 트럼프는 도리어 감세 정책을 쓰겠다는 것이다. 기업의 법인세율을 기존 35%에서 15%로 낮추고, 미국 기업이 해외 자산을 자국으로 이전할 때 적용하는 세율도 10~20% 수준으로 낮추고, 상속세는 아예 폐지하겠다고 한다.

그러면 세금을 걷지 않고 재정부양에 필요한 자원을 무엇으로 마련하겠는가. 미국채 발행을 통해 확보하겠다고 한다. 국채란 결국 정부가 빚을 내어 돈을 시장에 푸는 것이다. 시장에 돈이 많아지면 물가가 오를 수밖에 없다. 그러면 미국 연방준비제도이사회(연준)는 경기가 회복되는 상황에 물가까지 오르니 기준금리를 올려야 하는 요인이 훨씬 커진다. 이렇게 미국의 기준금리가 오르면 한국의 금리도 일정한 시차를 두고 오를 가능성이 높다. 설령 미국이 기준금리를 인상하지 않는다 하더라도 트럼프 등장 이후에 미국이 국채 발행을 늘릴 것을 예상하고 미 국채금리가 급등했다. 이에 따라 한국의 채권금리도 함께 오르고, 채권금리를 기반으로 하는 신용대출 및 주택담보대출 금리도 오를 수 있다. 실제로 트럼프 당선 이후 국내 채권금리와 주택담보대출 금리 등이 꾸준히 오르고 있다. 이렇게 기준금리가 오르지 않는다 하더라도 시장에서의 금리가 먼저 반응하여 오를 가능성도 있다.

지금 한국은 금리가 낮은 상황에서도 한계기업이 늘어나고 있는데, 금리가 본격적으로 오르는 상황이 되면 기업들의 부채 부담이 증가할 것이다. 특히 부채 비율이 높은 한진그룹이나 동부그룹 계열사들은 상당히 위험한 상황에 처할 수 있다. 이들 기업의 경영 상태가 더 악화되면 신규 채용이 일어나지 않는 것은 물론 해고를 통한 구조조정이 이루어질 수도 있다. 또한 폭발 직전까지 늘어난 가계부채의 이자 부담이 크게 늘어 주택 공급 과잉과 맞물릴 경우 주택시장이 빠른 속도로 가라앉을 수도 있다. 이 경우 하우스푸어가 급증하면서 금융 시스템에 상당한 충격을 줄 수도 있다. 이처럼 한국 경제는 현재 일어나는 세계 경제의 변동 상황에 매우 취약한 구조를 갖고 있다. 이런 일들이 현실화할 경우 경기가 추가적으로 하락하고 고용 상황이 더욱 악화될 가능성이 매우 높다.

# 2

## 인구 마이너스, 이미 정해진 미래

저성장 기조 다음으로 일자리 문제에서 살펴봐야 할 흐름은 바로 인구 문제다. 20세기 가장 영향력 있는 경영학자이자 사상가인 피터 드러커는 "인구구조는 미래를 예측하는 가장 정확한 지표다"라고 말했다. 그는 미래를 예측하기 위해 단 하나의 지표만 봐야 한다면 자신은 인구지표를 볼 것이라고 말하기도 했다. 미국의 '채권왕'으로 불리는 빌 그로스 핌코 회장 역시 "나에게 앞날을 예측할 수 있는 단 한 가지 지표를 무인도에 들고 가라고 한다면 인구지표를 들고 가겠다"라고 했다. 그만큼 인구구조는 현실에 미치는 영향이 크고 예측가능성이 높은 지표다. 왜냐하면 오늘의 인구구조는 이미 20~30년 전에 결정되어 있기 때문이다. 20~30년 전에 태어난 아이들이 지금 사회에

첫발을 내딛는다. 2030 세대가 10~20년 지나면 주택수요 세대가 되고, 거기서 다시 10~20년이 지나면 주택을 팔고 노후생활을 하는 세대에 들어선다. 이미 20~30년 전 출생한 아이들의 숫자에 따라 미래의 흐름이 어느 정도 정해져 있는 것이다.

15세에서 64세 사이의 노동 가능한 인구를 일컫는 생산가능인구가 2016년에 정점을 찍고 2017년부터 줄어들게 된다. 그러면 생산가능인구가 빠른 시일 안에 다시 늘어날 수 있을까? 그렇게 예측하는 사람은 아무도 없다. 출생인구가 이미 줄어들고 있었고, 지금도 줄고 있고, 앞으로도 줄어들 것이기 때문이다. 이렇게 과거에 이미 일어난 상황으로 미래에 일어날 상황을 추산하는 작업을 추계라고 한다. 인구는 비교적 정확하게 추계할 수 있는 매우 중요한 지표다.

또한 인구구조는 경제를 움직이는 가장 중요한 변수로, 생산과 소비 그리고 일자리에도 굉장히 큰 영향을 미친다. 한국의 경제구조에서는 인구 문제가 특히 중요하다. 한국의 인구구조 변화가 굉장히 급격하게 일어날 것이기 때문이다. 우선 생산가능인구가 줄어들고 고령화가 급격하게 진행된다.

먼저 한국의 생산가능인구 증감 추이를 살펴보자.1-04 1970~1980년대에는 한 해에 60만~70만 명 가까이 생산가능인구가 늘어났다. 생산가능인구는 생산활동에 종사해 활발하게 돈을 벌고 소비하는 인구, 즉 경제활동이 활발한 인구다. 이들이 늘어나면 돈을 버는 사람도 많고 쓰는 사람도 많으므로 생산활동과 소비활동의 규모가 커진다.

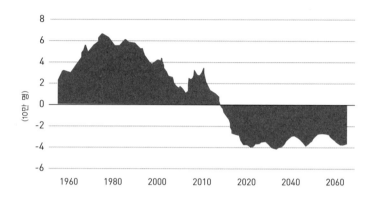

**1-04**                      **생산가능인구 증감 추이**

통계청 인구추계자료를 바탕으로 선대인경제연구소 작성

    인구가 증가하면 상대적으로 경제가 활성화될 가능성이 커진다. 늘어난 인구로 인해 소비가 늘면 경제가 활성화되고 일자리와 임금소득이 늘어난다. 이런 연쇄적인 상승효과가 일어나면 경제가 빠른 속도로 성장한다. 그래서 이처럼 생산가능인구가 증가하면서 경제 성장의 촉진제 역할을 하는 것을 '인구 보너스' 효과라고 앞에서 설명했다. 생산가능인구가 경제활동에 플러스 요인이 되어 마치 보너스를 주는 것처럼 작용한다는 뜻이다.

    여기서 한 가지 중요한 점이 있다. 인구가 늘어나는 것 자체가 중요하다기보다는, 생산활동을 활발히 하는 생산가능인구가 늘어나야

일의 미래 :

경제에 보너스로 작용한다는 점이다.

생산가능인구가 늘어나 주택을 필요로 하는 연령대 인구도 늘어나면 주택시장도 꾸준히 상승세를 보인다. 지금까지 한국의 주택시장이 지속적인 상승세를 보인 데는 생산가능인구가 늘어난 것이 매우 큰 영향을 미쳤다. 그런데 앞으로도 그럴까? 그렇지 않다. 한국의 생산가능인구는 2017년부터 줄어들기 시작해 앞으로는 갈수록 줄어드는 폭이 점점 커진다. 2024년 정도가 되면 생산가능인구가 한 해에 38만 명씩 감소한다. 이러한 흐름이 단기간에 끝나지 않고 이후로도 수십 년 동안 30만~40만 명가량 줄어드는 흐름이 계속된다. 이제 인구 보너스 시대와는 정반대로 인구구조의 변화가 경제활동에 마이너스 요인으로 작용하는 '인구 마이너스' 시대에 접어들게 되는 것이다.

## ▪ 인구 감소가 경제에 미치는 영향 ▪

그렇다면 인구 마이너스의 영향은 어느 정도일까? 일례로 주택시장에 미치는 영향을 살펴보자. 최근 몇 년간 주택시장 경기가 다소 꺾였다가 살아나는 흐름을 보였다. 그 이유 중의 하나는 생산가능인구가 계속 줄어들다가 최근 4~5년 전까지 조금 늘었기 때문이다. 그러면 생산가능인구에 따라 주택수요는 얼마나 생겨나고 줄어들까?

예를 들어, 생산가능인구가 38만 명 늘어나는 것을 가구 단위로 바꾸어 생각해보자. 수도권의 가구원 숫자가 약 2.7명이므로 가구 호수로 생각하면 15만 호 정도다. 그러니까 매년 15만 호의 주택 신규 수요가 늘어났다고 볼 수 있다.

지금까지 한국은 계속해서 생산가능인구가 늘어났고, 이제 막 정점을 찍은 단계다. 이 때문에 생산가능인구 감소로 인해 주택수요가 줄어드는 현상을 아직 한 번도 느껴보지 못했다. 생산가능인구는 최근까지 계속 늘어나고 있었기 때문에 많은 이들이 인구변화의 충격을 잘 가늠하지 못하고 있다. 가장 활발하게 생산하고 소비하는 인구의 수가 정점인 상태이기 때문에 생산가능인구가 줄어들었을 때의 충격이나 여파를 가늠하기 어려울 것이다.

그런데 2021년경에는 생산가능인구 감소로 인해 매년 10만 호 정도의 주택수요가 줄어든다. 그 이후 2~3년 더 지나면 매년 15만 호씩 주택수요가 줄어든다. 이런 흐름이 1~2년에 그치지 않고 향후 30년 이상 동안 매년 최소 10만 호에서 15만 호가 줄어드는 시기를 겪게 된다. 이렇게 한 해에 주택수요가 10만 호씩 줄어드는 일이 30년간 지속되면, 30년 후에는 주택수요가 300만 호가 줄어든다. 2015년 기준 전국 주택수가 1956만 가구로 추산되는데, 전체 주택의 약 15%에 해당하는 수요가 감소하는 것이다.

일본이 부동산 폭락 후 20여 년간 장기 침체를 겪으며 빈집이 계속 늘어난 데에도 바로 생산가능인구의 감소가 큰 영향을 미쳤다.

일의 미래 :

1991년에 일본의 부동산 거품이 붕괴하고, 일본 정부의 부동산 부양책으로 잠시 회복됐다가 2차 부동산 거품 경기가 붕괴한 시점이 1997년이다. 이후 일본의 부동산 경기는 회복되지 못했는데, 일본의 생산가능인구가 감소하기 시작한 시점이 바로 그 무렵이다. 이후 일본은 새로 집을 짓지 않는데도 계속 빈집이 늘어났다. 주택을 필요로 하는 사람의 수가 계속 줄어들었기 때문이다.

한국이 겪을 인구구조의 문제는 생산가능인구의 감소만이 아니다. 고령인구가 빠르게 늘어나는 것도 중요한 문제다. 일본은 65세 이상 노인인구 비중이 20%를 넘는 초고령사회로 진입하는 데 36년이 걸렸지만 한국은 26년이 걸릴 것으로 추정된다. 2020년대 중반이 되면 65세 이상 노인인구가 한 해에만 50만 명가량 증가하게 된다. 2040년에 이르면 한국은 일본에 이어 노인인구 비중이 가장 큰 나라 중 하나가 될 것이다.

과거에는 생산가능인구가 40만~50만 명씩 늘어났기 때문에 고령인구가 조금 늘어나더라도 크게 부담이 되지 않았다. 2000년대 초만 하더라도 생산가능인구 10명이 고령인구 1명을 부양하면 됐다. 그러나 몇 년 후에는 생산가능인구 5명이 고령인구 1명을 부양해야 한다. 심지어 2060년이 되면 생산가능인구 1.2명이 고령인구 1명을 먹여 살려야 하는 시대가 온다.

비중만이 아니라 증가 속도도 문제다. 1-05그래프를 보면 2010년부터 2040년에 이르는 30년 동안 노인인구 증가율이 세계 어떤 나라

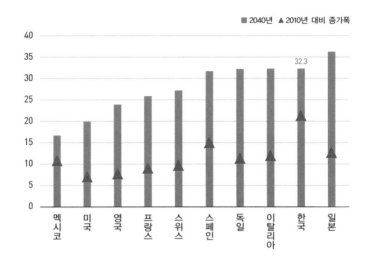

OECD 자료를 바탕으로 선대인경제연구소 작성

보다 압도적으로 높다. 그만큼 고령화로 인한 충격이 크고 빠르게 진행될 것이다. 다른 나라들은 인구구조 변화에 따른 충격을 어느 정도 흡수할 수 있는 시간적 여력을 가지는 반면 한국은 그렇지 못하다.

  고령인구 증가의 영향을 다시 주택시장에 적용해 설명해보자. 잘 알다시피 고령인구는 집을 구매하기보다는 매도하려는 성향이 강하다. 이를 달리 말하면 노인인구는 주택 수요자가 아닌 공급자 역할을 한다. 지금까지 주택을 공급하는 주체가 건설업체들이었다면, 앞으로는 건설업체가 집을 짓지 않아도 노인인구가 주택을 공급하게 된다는 뜻이다.

예를 들어 노인인구가 한 해에 50만 명 증가하면 이는 주택 수 약 16만 호에 해당하는 수준이다. 그런데 이들 가운데 3분의 1 정도가 어떤 식으로든 집을 내놓는다고 가정하면 한 해에 주택 5만여 호가 공급되는 효과가 발생한다. 이는 과거와 매우 다른 양상이다. 생산가능인구가 감소하면서 주택수요가 매년 10만~15만 호가량 줄어들고, 동시에 노인인구가 증가하면서 5만 호의 주택이 공급되면, 가만히 있어도 매년 20만 호의 주택 과잉 효과가 생기는 셈이다. 이 주택들을 누군가 사주지 않는다면 빈집이 된다.

반면 저연령층 인구의 추이는 어떻게 될까? 한국의 학령기 인구 추이를 나타낸 1-06그래프를 살펴보자. 초등학교에 다니는 인구수가 가파르게 줄어들고 있다. 6년 시차를 두고 중학교 인구도 줄어든다. 다시 3년 시차를 두고 고등학교 인구가 줄어들고 약 4년 시차를 두고 대학교 인구도 줄어든다. 이렇게 저연령층 인구가 줄어들면 어떻게 될까? 쉽게 생각하면 당장 교육 시장 전체에 영향을 미칠 것이다. 교사, 교직원, 학원뿐 아니라 학생들을 상대로 하는 업종과 학교를 중심으로 하는 지역 공동체의 모든 일자리에 영향을 미칠 것이다. 이 외에도 다양한 산업과 분야에서 저연령층 인구가 감소할 때 어떤 변화가 닥칠지를 예상해볼 수 있다.

이런 상황에서 저출생 추세가 지속되고 있다. 1960년대만 하더라

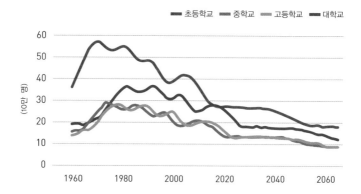

■ 초등학교　■ 중학교　■ 고등학교　■ 대학교

통계청 인구추계자료를 바탕으로 선대인경제연구소 작성

도 0~4세 인구수가 400만~500만 명 수준이었으나, 2000년대 이후 200만 명이 조금 넘는 수준으로 반 토막 났다. 그리고 앞으로는 더 줄어들어 2040년 이후에는 150만 명 수준이 될 것으로 보인다. 실제로 출생아 수와 합계출산율이 꾸준히 하락하고 있다. 정부는 고령화가 진행되고 있으니 출생아 수를 늘려서 만회하면 된다고 말해왔다. 그러나 당장 출생아 수를 늘린다 하더라도 이들이 제대로 된 노동인력으로 자리 잡는 데는 최소 20년이 걸린다. 사실 한국에서 일반적으로 제대로 된 일자리를 잡으려면 25세가 되어야 한다.

　문제는 앞으로 저출산으로 인해 문제가 더 심각해질 수 있다는 점

　　　　　　　　　　　　　　　　　　　　　　일의 미래 :

이다. 지금까지는 결혼 직후 30대 전반 여성의 출산이 가장 활발하다. 그런데 2020년대 후반이 되면 결혼 적령기 남녀 인구수가 매우 가파르게 줄어든다. 이에 따라 출산율은 더 떨어질 가능성이 높다. 이렇게 본다면 현재 정부의 대응은 너무나 안일하기 짝이 없다. 대통령이 남녀를 빨리 결혼시켜야 한다는 정도의 말을 했을 뿐 실질적인 정책은 없고, 정작 집값과 전셋값 상승과 일자리 부족 등으로 미혼 남녀가 결혼할 여건은 더욱 악화되고 있다.

## ■ 왜 인구절벽은 소비절벽을 동반하나 ■

앞에서 한국 사회가 맞이하게 될 인구절벽 현상에 대해 살펴보았다. 구체적인 양상은 다를 수 있지만, 인구절벽이 오면 소비절벽이 뒤따라온다. 활발하게 돈을 벌고 소비하는 생산가능인구는 줄고, 소득이 부족해 소비를 줄이는 노인인구의 비중이 늘어나기 때문이다. 이 때문에 사회 전체의 소비 여력이 줄어들게 된다.

산업화된 국가들에서 사람들의 생애주기는 비슷한 패턴을 보인다. 생애의 특정 시기에 집중해서 일하고, 이후에는 쉬면서 노후를 보내는 게 보편적이다. 물론 고령화가 진전되면서 이와 같은 생애주기에 조금씩 변화가 올 수 있다. 생산가능인구라는 개념도 바뀔 수 있다. 현재 15~64세라는 생산가능인구의 범위는 오래전에 설정해놓은 것이다. 수명이 갈수록 늘면서 생산가능인구의 연령대를 높여야 한다는 견해도 있다. 그러나 현재까지 국내의 각종 통계를 살펴보면 65세 이상으로 생산가능인구의 연령 범위를 높이는 것이 큰 의미가 없어 보인다. 보통 50대까지는 경제활동을 통해 벌어들이는 소득이 점점 증가하는 추세를 보인다. 그러나 60대 이상이 되면 50대 소득의 절반으로 줄어든다.

더구나 한국의 경우 실질적인 정년은 대개 64세보다 10년 정도 빠른 50대에 이루어진다. 다른 나라에 비해 교육 기간이 길고, 남성의 경우 군복무 등으로 사회 진출이 늦은데 정년은 빠르기 때문에 소득을 벌 수 있는 기간이 다른 나라보다 5~10년가량 짧다. 이 때문에 전 생애에 걸쳐 벌 수 있는 소득인 생애소득이 더 적을 수밖에 없다. 더구나 소득을 버는 시기에도 일자리가 불안해 비정규직이나 영세 자영업에 종사하는 경우가 많아 임금소득의 안정성도 떨어진다. 대부분의 OECD 국가들의 정년은 대략 60~67세로 정해져 있고, 실제로 이 기준에 따라 각종 연금 수혜 자격 등이 정해져 있다. 한국의 경우 법적 정년이 60세로 연장되었지만 국내 대부분의 기업에서 실질적인 정년은 여전히 늘어나지 않았다. 실질 정년은 늘어나지 않는데 법적 정년 연장을 빌미로 한 임금피크제가 적용될 경우 50대 이상의 소득은 오히려 줄어들거나 정체될 가능성이 높다.

이처럼 한국의 경우, 정년은 빠르고 비축한 자금은 적은데 복지는 취약하고 정년 이후 받게 되는 연금소득 등도 빈약하기 짝이 없다. 국내 노후

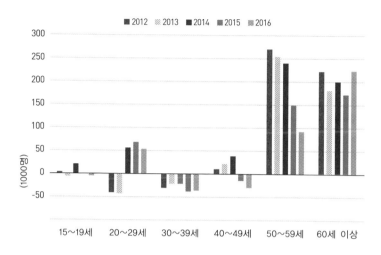

**연령대별 취업자 증감(2012~2016)**

■ 2012 ▨ 2013 ■ 2014 ■ 2015 ▧ 2016

(1000명)

15~19세  20~29세  30~39세  40~49세  50~59세  60세 이상

통계청 자료를 바탕으로 선대인경제연구소 작성

세대들은 이른 정년을 맞고 나서도 소득이 필요하기 때문에 영세 자영업이나 허드렛일을 하게 되는 경우가 많다. 이런 경우 64세부터 7~10년 정도를 더 일하게 된다. 그렇다 해도 이런 일자리에서 나오는 소득은 매우 낮은 편이다. 벌어놓은 돈이 부족하니 노후자금을 뒤늦게라도 마련하기 위해 늦은 나이까지 저임금 노동을 하고 있는 것이다.

이처럼 급속한 고령화 속에 노후자금이 부족한 노후세대가 쏟아져 나오면서 1-07그래프에서 보는 것처럼 최근 몇 년간 늘어난 일자리의 대부분은 50~60대 이상의 노후세대 일자리들이다. 특히 최근으로 올수록 50대의 일자리 증가도 줄고 60세 이상 노인인구 일자리가 급증하고 있다.

　참고로 20대 취업자 수가 늘어난 것은 경기회복에 따른 것이라기보다 에코붐 세대인 이들 연령대의 인구가 늘어난 영향이 크다. 청년층 인구가 늘면서 취업자 수가 늘어난 것처럼 보이지만, 일자리 부족은 여전히 해소되지 않고 있는 것이다. 2016년 11월 기준 청년층(15~29세) 실업률은 8.2%로, 같은 달 기준으로 보면 2013년 11월 8.2% 이후 가장 높은 수치를 기록했다. 주요 기업들이 구조적 저성장기에 접어들면서 신입사원 채용 규모를 줄이고 있어 청년실업 문제는 더욱 악화될 가능성이 크다.

　60대 이상의 평균소득은 50대 평균소득의 절반 정도밖에 안 되고, 70~80대로 가면 더 줄어든다. 그런데 생산가능인구가 줄고 고령화가 진행되면, 소득을 많이 버는 인구가 줄고 소득을 적게 버는 인구의 비중이 늘어난다. 소득이 적은 인구가 더 적게 쓰게 되어 있으니 당연히 소비가 줄어드는 현상이 생긴다. 이렇게 소비 위축이 일어나는 현상을 소비절벽이라고 표현한다. 이제 한국은 곧 소비절벽을 맞게 된다. 물론 선진국을 중심으로 한 대부분의 국가들이 고령화되고 있으므로 소비가 줄어드는 흐름은 대부분의 나라에서 어느 정도 나타날 수 있다. 하지만 한국의 경우에는 급속한 고령화와 앞에서 본 기간별 생애소득구조 때문에 다른 어떤 나라보다 소비절벽이 극심하게 나타날 가능성이 높다.

그런데 인구절벽에 이은 소비절벽 현상이 한국에서는 이미 시작되고 있다 해도 과언이 아니다. 최근 몇 년간 소비지출은 빠르게 줄어들고 비소비지출만 늘어나는 추세이다. 비소비지출은 세금이나 각종 보험료, 연금, 은행에 빚 갚느라 내는 이자 등과 같이 가계가 소비성으로 쓰지는 않지만 지출해야 하는 성격의 돈을 말한다. 이런 비소비지출이 증가한다는 것은 그만큼 가계의 소비 여력이 줄어들게 된다는 의미이다. 소득은 크게 늘지 않는데 고정적 지출 성격이 강한 비소비지출 규모만 늘고 있는 것이다. 그만큼 소비가 위축될 수밖에 없다.

그러면 비소비지출을 제외하고 소비에 쓸 수 있는 돈은 국내 가계들이 충분히 쓰고 있을까. 그렇지 않다. 1-08그래프에서 보는 것처럼 가계의 처분 가능한 소득 가운데 소비액의 비중을 나타내는 평균소비성향이 2011년부터 지속적으로 낮아지고 있다. 그것도 모든 연령대에서 낮아지고 있다. 고령화가 빠르게 진전되면서 앞에서 설명한 이유로 노후세대의 삶이 매우 불안한 가운데, 이를 보고 예기불안을 느끼는 젊은 세대들까지 소비를 줄이고 있기 때문이다. 그래서 모든 연령대에서 전반적으로 평균소비성향이 낮아지고 있는 것이다. 즉 생산가능인구 감소와 고령인구 증가가 본격화되기도 전에 이미 소비절벽 현상의 조짐이 나타나고 있는 것이다. 고령화 흐름이 본격화되면 이러한 추세가 더 가파르게 진행될 것임은 말할 나위 없다. 그나마 국내의 복지 체계가 탄탄하다면 이 같은 소비 위축을 완화할 수 있겠지만, 현재 수준에서는 그 같은 기대를 하기 어려운 게 현실이다.

연령별 평균소비성향 추이

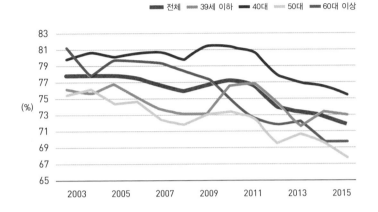

통계청 가계동향조사 자료를 바탕으로 선대인경제연구소 작성

한국의 소비절벽 현상이 다른 나라에 비해 더 심해질 수 있는 또 다른 이유는, 한국의 노인빈곤율이 매우 높기 때문이다. 2015년 기준 한국의 노인빈곤율(중위소득의 50% 미만인 인구가 차지하는 비율)은 46.9%로, 노인 두 명 가운데 한 명꼴로 빈곤한 수준이다. 이는 OECD 국가들의 평균인 12.4%에 비해 네 배 정도 높은 수준이다. 이것도 그나마 기초노령연금 실시 등으로 정부의 공적이전소득이 증가해 몇 년 전에 비해 개선된 수준인데도 이렇다. 노인빈곤율이 20%인 일본의 경우에도 《노후파산》이나 《2020 하류노인이 온다》와 같은 책들이 나와서 큰

파장을 일으킬 만큼 노인빈곤 문제가 심각하다. 그런데 한국은 일본만큼 고령화가 진행되지 않았는데도, 노인빈곤율이 이미 일본보다 두 배 이상 더 심각한 상황이다.

참고로 정부의 공적이전소득을 받기 전의 시장소득을 기준으로 할 때 2015년 기준 노인빈곤율은 61.7%에 이를 정도다. 이 시장소득 기준 노인빈곤율은 2013년 59.8%를 기록한 뒤 계속 상승추세다. 고령화가 진행되면서 정부의 소득 지원이 없을 경우 노인빈곤이 갈수록 심각해질 가능성이 높음을 시사한다.

한편 국내 20~50대의 연령대별 빈곤율은 2015년 시장소득 기준으로 대략 10%대 전후에 그친다. 그런데 65세 이상 노인들의 빈곤율이 61.7%이니 제대로 된 일자리를 갖지 못할 경우 그 여파가 얼마나 클지 짐작할 수 있다. 그만큼 국내 노인들의 소득이 열악하고, 그에 따른 노인빈곤 문제가 심각하다는 뜻이다. 2부에서 자세히 설명하겠지만, 한국 노인들의 경우 복지 등을 통해 공적으로 이전받는 소득이나 금융투자 등을 통해 얻게 되는 자본소득이 적은 것이 주요한 원인이다. 그러다 보니 일자리가 없어지는 노후세대가 되면 소득이 확 줄어들고 소비 여력도 확 줄어든다. 이런 점을 감안할 때 여느 나라보다도 한국의 노인인구가 가파르게 늘어난다는 것은 다른 나라보다 소비절벽 현상이 훨씬 심각해진다는 것을 의미한다.

그러면 이렇게 고령화가 진행됨에 따라 소비절벽 현상이 언제 얼마나 심각해질지 추정해 보자. 인구절벽Demographic Cliff이라는 개념은 미국의 인구경제학자이자 투자전문가인 해리 덴트가 처음 제시한 것이다. 인구절벽은 생산가능인구가 빠르게 줄어들면서 경기 하강 및 자산가격 하락, 소비 위축 등이 가파르게 진행되는 현상을 의미한다. 해리 덴트는 본인의 저서 《2018 인구절벽이 온다》 한국어판 서문에서 한국의 소비 규모가 2020년까지는 성장하고 이후부터는 수십 년간 내려갈 것이라고 전망하고 있다. 전반적인 전망의 방향은 맞으나, 해리 덴트의 진단과 분석은 주로 미국 가계의 연령별 경제활동 패턴과 소비지출 자료에 의존하고 있어 한국의 상황에 그대로 적용하기에는 다소 무리가 있다. 한국은 미국에 비해 취업 연령, 초혼 연령이 높고, 생애소득기간은 짧으며, 사실상의 정년은 더 빠르다. 이러한 생애주기적 특징은 소비지출에서도 미국과 다른 양상을 보인다. 예를 들어 주택을 구입하는 시기와 양태도 미국과 한국의 경우는 매우 다르다. 그렇기 때문에 미국 가계의 연령대별 부동산 소비 패턴을 한국 상황에 그대로 대입하면 주택시장 침체 시기 등을 전망하는 데 상당한 오차가 발생할 수 있다. 따라서 한국의 연령별 소비지출 자료에 근거하여 인구절벽으로 인한 소비절벽 효과를 추정해야 할 것이다.

하지만 아직 한국은 미국처럼 연령별로 세부적인 소비 행태를 조사한 통계가 없다. 대신 현대경제연구원이 통계청 가계동향조사의 마이크로데이터를 바탕으로 2013년 기준 연령대별 품목별 소비지출 비중을 조사한 자료가 있다. 이 자료를 바탕으로 선대인경제연구소가 2000년부터 2035년까지 연령대별로 통계청 가계동향조사에

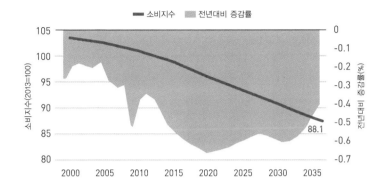

소비지수 ▬▬ 전년대비 증감률 ▨

통계청 가계동향조사와 현대경제연구원 자료를 바탕으로 선대인경제연구소 추정, 작성

나타난 품목별 소비지출 규모가 어떻게 흘러갈지 추정해보았다.

이 추정에 따르면 이미 한국은 소비절벽 현상을 맞고 있다. 해리 덴트의 예측처럼 2020년까지 소비 흐름이 성장하기는커녕 이미 소비 규모가 위축되는 단계에 들어가 있다는 뜻이다.

1-09그래프에서 보는 것처럼 2010년대 중반 이후로 소비지수가 급격히 줄기 시작해서 2030년 무렵까지 매년 소비감소 폭이 상당히 클 것으로 추정된다. 즉 올해에 소비가 줄었다면 그다음 해에는 더 줄고, 또 그다음 해에는 더 줄어드는 흐름이 지속된다는 뜻이다.

이 추이를 보면 현대경제연구원이 분석한 2013년의 소비지수를

100으로 잡았을 때, 2035년에는 소비지수가 88.1 정도가 된다. 단순히 숫자로 보면 줄어드는 소비지수가 12%p 정도이므로 크지 않다고 느낄 수 있다. 하지만 자료가 없어서 추정이 어려운 2000년대 이전까지는 한국 경제의 전체적인 소비지수가 꾸준히 증가하는 시대를 지나왔을 것임을 감안한다면, 향후 우리가 체감할 소비지수의 감소 폭은 실로 엄청날 수 있다.

이런 소비지수 감소는 생산가능인구가 줄어드는 2010년대 중후반부터 2020년대 초반까지 가장 가파르게 진행될 것이다. 우리는 이미 이 시기에 들어서 있다. 일례로 2010년 이후부터 국내 백화점과 대형마트와 같은 큰 규모의 유통업들은 매출이 정체하거나 감소해왔는데 이 현상도 소비지수 감소와 연관돼 있다. 흔히 불경기니까 사람들이 돈을 쓰지 않는다고 말할 때, 사람들은 이 불경기를 일시적인 현상으로 생각하는 경향이 있다. 그러나 우리 연구소의 추정에 따르면 지금으로부터 20여 년 뒤인 2035년까지 소비지수는 쭉 감소할 것이라는 점을 염두에 두어야 한다. 물론 인구구조 변화에 따른 소비지수의 변화를 추정한 것이므로 경기나 가계소득 등에 영향을 미치는 다른 요인들에 따라 소비지수 흐름은 어느 정도 달라질 수 있다. 다만 인구구조 변화에 따른 소비절벽 효과만 놓고 보면 앞서 설명한 흐름이 나타난다는 뜻이다.

이렇게 소비가 줄면 기업의 제품과 서비스에 대한 수요도 줄어들므로 가뜩이나 활력을 잃은 국내 기업들의 정체나 쇠퇴를 가속화할 수 있다. 그렇게 되면 이들 기업에서 새롭게 일자리를 창출하기는커녕 오히려 있던 일자리도 줄이는 방향으로 진행할 가능성이 높아진다. 그런 점에서 소비절벽 현상은 저성장 구조의 가속 요인이 될 뿐 아니라 일자리 증가를 더욱 어렵게 하는 요인이 된다.

하지만 품목별로 소비가 증감하는 양상이 다를 수 있기 때문에 모든 산업 부문의 일자리가 줄어드는 압력을 받게 된다는 뜻은 아니다. 소비지수의 변화에 따라 분야별로 그 영향은 다를 것이다. 이를 예측하려면 품목별 소비지수를 살펴보는 것이 도움이 된다. 전체적으로 소비가 위축되는 흐름 속에서도 어떤 부분의 소비가 더 많이 줄어들고, 어떤 부분의 소비가 더 늘어나는지를 알 수 있다.

약 20년 후인 2035년의 품목별 소비지수를 추정해본 1-10그래프를 보면, 보건 품목을 제외하고는 교통, 통신, 오락문화, 음식, 숙박, 교육 등 대부분의 영역에서 소비가 줄어드는 것으로 나타났다. 이는 관련 산업들의 제품이나 서비스 판매가 줄어들 가능성이 높음을 시사한다. 당연히 관련 산업의 일자리도 늘어나기 쉽지 않을 것이다. 예를 들어서 교육 연령대의 아이 수가 줄면 사교육 시장이 줄어들 수밖에 없다. 최근 몇 년간 메가스터디 등 학원 사업체들의 실적과 주가가 정체되거나 악화된 것도 이를 반영하는 흐름이다. 학교 교사에 대한 수요도 줄어들 것이다. 당장 학생 수에 따라 교사의 행정업무를 지원하기 위해 배정했던 행정실무사 숫자가 줄어들고 있다. 또한 유행에 덜 민감한 노인인구가 증가하면 의류신발 산업은 전반적으로

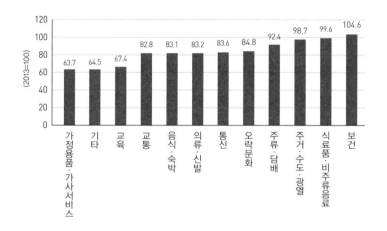

통계청 가계동향조사와 현대경제연구원 자료를 바탕으로 선대인경제연구소 추정, 작성

위축될 것이고, 오락문화 산업도 상대적으로 위축될 가능성이 높다. 장거리 이동을 선호하지 않게 되므로 교통 수요도 줄어들 것이다. 이런 맥락에서 관련 산업은 전반적으로 위축될 가능성이 높고, 이들 업종의 일자리 창출도 활발하지 않을 것이다.

반면 유일하게 소비지수가 증가하는 것으로 나타나는 보건과 관련된 산업은 성장할 가능성이 높다. 지금도 바이오나 제약, 의료기기 관련 기업이나 건강식품 관련 기업은 상당히 빠르게 성장하고 있다. 향후에도 관련 기업들의 성장세가 상당 기간 지속될 가능성이

            일의 미래 :

높다. 인력에 대한 수요 역시 이들 산업 부문에서는 지속적으로 늘어날 가능성이 높다.

이처럼 소비지수만 살펴봐도 인구라는 요인이 우리의 산업이나 일자리에 미칠 영향이 얼마나 크고 장기적이며 뚜렷할지를 짐작할 수 있다. 또한 인구구조 변화와 이에 따른 소비절벽 현상이 일자리에 미칠 영향은 상당히 높은 예측력을 가질 것이다. 아직은 인구구조 변화가 일자리에 주는 충격이 본격화하지는 않았다. 하지만 앞으로 불과 5~10년 이내에 그 여파가 빠르게 커질 가능성이 크므로 이 흐름을 주시해야 한다.

### 가구 형태의 변화와 기업의 변화

인구와 관련하여 또 하나 살펴봐야 하는 측면이 있다면, 그것은 가구 형태의 변화다. 그중에서도 가장 중요한 변화 요소는 이제는 누구나 체감하고 있는 1인 가구의 증가다. 그러면 1인 가구는 도대체 얼마나 늘어날까? 지금과 같은 추세가 계속 유지된다면 2035년에는 1인 가구 34.3%, 2인 가구 34.0%로, 2인 이하 가구가 전체의 68%를 넘는 비중을 차지할 전망이다. 세 명 가운데 두 명이 혼자 또는 둘이 사는 사회의 풍경은 지금과 상당히 다를 것이다. 이러한 추세는 이미 여러 경제 지표를 통해 확인된다. 유통업태별 시장 성장률만 봐도 알 수 있다.1-11

■ 2010년 대비 2014년      ■ 2014년 대비 2015년

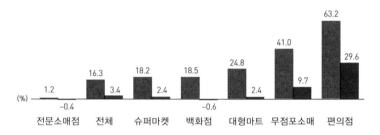

산업통상자원부와 대한상공회의소 자료를 바탕으로 선대인경제연구소 작성

 

1-11그래프를 참고로 2010년 대비 2014년 유통업태별 시장 성장률을 살펴보자. 백화점, 대형마트, 슈퍼마켓, 편의점, 전문소매점, 무점포소매 중 편의점의 성장률이 단연 높다. 예전에는 3~4인 이상이한 가구를 이루는 가족 단위가 많았다. 그러면 가구당 먹거리 소비량이 절대적으로 많기 때문에 한번 장을 보러 가면 미리 많이 사서냉장고에 채워놓고 먹었다. 이런 인구구조에서는 대형마트가 성장한다. 실제로 2011~2012년 국내 대형마트의 성장률이 꽤 높았다.그런데 2012년부터 흐름이 바뀐다. 매출이 마이너스 성장을 하거나정체됐다. 백화점도 비슷한 흐름을 보였다. 물론 대형마트도 점포수 자체는 늘어나고 있지만, 점포별 매출 추이를 보면 마이너스 성

장인 경우가 많다. 일부 언론은 대형마트에 대한 규제 때문이라고 보도하지만, 그 때문이라면 백화점이 비슷한 흐름을 보일 리가 없다. 물론 그런 영향도 전혀 없지는 않겠지만, 인구구조의 변화가 매우 큰 영향을 미치고 있다고 봐야 한다. 반면 온라인 쇼핑을 뜻하는 무점포소매와 편의점은 가파른 성장세를 보이고 있다. 특히 편의점의 상승률은 63.2%로, 다른 모든 유통업태의 성장률을 압도한다. 이 같은 추세는 최근으로 올수록 더욱 가속화하고 있다. 2014년 대비 2015년의 성장률을 보면 백화점은 -0.6% 성장했고, 대형마트는 2.4% 성장하는 데 그쳤지만, 편의점은 29.6%나 성장했다. 물론 편의점에서 소비가 많은 담뱃값이 인상된 것이 2015년의 높은 성장률에 큰 영향을 미치긴 했지만, 이후에도 꾸준한 성장 흐름은 지속되고 있다.

왜 이런 현상이 생길까. 1~2인 가구가 늘어나면 가까운 곳에서 소량으로 구매하는 수요가 늘기 때문이다. 1~2인 가구는 자동차가 없는 경우가 많아 대체로 주거지에서 떨어진 대형마트에 가서 많은 물건을 사들고 돌아오기가 불편하다. 먹는 양도 많지 않기 때문에 한꺼번에 많은 음식을 사둘 필요가 없다. 또한 1인 가구의 대부분은 소득이 전체 가구의 43% 정도에 불과해 구매력이 크지 않다. 대부분 저소득 20~30대이거나 홀로 사는 노인이기 때문에 가까운 곳에서 소량으로 소비하는 것이 편하다. 2인 가구는 1인 가구보다 사정이 조금 낫지만 역시 자녀 출가 후 부부끼리 사는 노후세대가 많아, 가까운 곳에 가서 조금씩 사는 소비 패턴이 자리 잡게 되는 것이다.

물론 한국 사회에서 1~2인 가구, 그중에서도 특히 1인 가구가 급속히 느는 요인들이 있고, 그 요인들이 완화될 수도 있다. 실제로도 통계청 추계상으로는 1인 가구 증가 폭이 2010년대 중반 이후로 조금씩 둔화되는 것으로 나타난다. 하지만 1인 가구의 절대 수는 2020년대 중반 이후에도 매년 10만 명 이상 계속 늘어날 것으로 전망된다. 특히 고령화가 진전될수록 홀로 사는 노인세대 1인 가구가 증가하는 흐름이 계속될 것이다. 이런 추세로 보면 유통업계 가운데 대형마트와 백화점은 갈수록 위축되고 편의점이나 온라인 쇼핑 업체들은 꾸준히 성장할 가능성이 높다. 그러면 이들 업체들에서 상대적으로 일자리가 더 많이 늘어나는 반면 대형마트와 백화점의 일자리 증가는 둔화되거나 오히려 줄어들 수도 있다.

그렇다면 대형마트에서 줄어드는 일자리를 편의점 일자리로 대체할 수 있지 않을까? 그러나 이렇게 쉽게 생각할 수는 없다. 편의점이 성장하긴 하겠지만, 이를 통해 증가하는 일자리와 소득이 다른 유통업에서 줄어드는 일자리와 소득의 폭을 상쇄하기는 어렵기 때문이다. 또한 산업으로서 편의점 업계가 성장한다고 해서 퇴직 후 편의점을 차리면 잘될 것이라고 장담하기도 어렵다. 지금까지 국내 편의점 업체들의 행태로 볼 때 편의점 체인 본사는 점포 수를 늘려 승승장구할 수 있지만, 편의점 점주가 큰돈을 벌기는 쉽지 않다. 시장이 커지는 만큼 계속 점포 수를 늘리면 편의점 한 점포당 벌어들이는 수익이 제한될 가능성이 높기 때문이다.

일의 미래 :

또한 편의점이 제공하는 일자리의 대부분은 최저임금 정도를 지급하는 단기 계약직 일자리일 가능성이 높아 일자리의 질이 높지 않다. 안타깝지만 편의점 업계가 성장한다고 해서 양질의 일자리가 양산되거나 고소득 점주들이 탄생할 가능성은 크지 않다. 현재로서 예측은 그러하지만, 편의점 업체들도 점주들과 그곳에서 일하는 사람들이 함께 성장할 수 있어야 자신들도 지속적으로 성장할 수 있다는 점을 깨닫기를 바랄 뿐이다.

인구구조의 변화가 미치는 영향은 이외에도 수도 없이 꼽을 수 있다. 3분 카레는 물론 다양한 간편식을 내놓는 기업들이 최근 성장하는 것도 그런 사례다. 1인 가구가 늘어나면 혼자서 쉽고 간편하게 섭취할 수 있는 식품들이 각광을 받기 때문이다. 아무래도 사람들이 혼자서 외식하러 가게 되지는 않는다. 혼자 살면 근처의 편의점에서 이런 즉석식품들을 구매하게 된다. 이렇게 본다면 1~2인 가구가 증가하는 추세에 맞춰서 이들을 대상으로 효과적으로 영업하는 기업들은 계속 성장할 가능성이 높다. 다른 사례로, 한국에서 고령화가 진행되면 임플란트 수요가 늘어날 수밖에 없다. 주요 임플란트 업체들의 매출이 성장하는 것에서 알 수 있듯이, 인구구조의 변화만 고려하더라도 해당 업체들의 실적 흐름을 어느 정도 가늠할 수 있는 것이다. 인구구조의 변화는 '메가트렌드megatrends'이기 때문이다.

1~2인 가구가 늘어나고 고령화가 지속되는 것은 1~2년 사이에 바뀌는 게 아니라 앞으로 최소 수십 년 동안 지속되는 추세다. 지금

이 기업이든 개인이든 이 같은 추세에 올라탈지 말지를 결정해야 할 때다. 물론 이러한 흐름 자체가 우리 경제·사회에 굉장히 부담이 되고 있지만, 동시에 새로운 기회를 만들어 내고 있는 것도 사실이다.

지금까지 인구구조 요인을 강조해서 설명한 이유는 장기 저성장을 추동하는 가장 중요한 요인이면서, 다른 어떤 나라보다 한국에 가장 큰 영향력을 발휘하는 요인이기 때문이다. 이런 요인에 주목해야 창업, 투자, 취업 등의 여러 분야에서 자기만의 기회를 만들어낼 수 있고, 리스크를 줄일 수 있다.

물론 모든 기업이 예외 없이 이와 같은 흐름에 휘둘리는 것은 아니다. 학령기 인구가 줄어들어 학원 업계가 전반적으로 위축된다고 해서 모든 학원이 없어지는 것은 아니다. 일부 학원 업체들이 시도하고 있듯이, 국내에서 축적한 '대량 사교육' 사업 경험을 바탕으로 인도나 베트남 등에 진출해 새로운 성장 동력으로 삼는 경우도 있다. 또한 기술변화와 경제적 변동이 자주 일어나므로 평생교육에 대한 수요는 커질 수 있어 기존의 사업 역량을 늘어나는 평생교육 수요에 대응하는 방향으로 전환할 수도 있다. 모바일 앱 등 새로운 기술을 도입하여 새로운 수요를 창출해낼 수도 있다. 웅진씽크빅이 방문판매를 통해 어린이책 전집을 팔던 영업 네트워크와 콘텐츠를 활용해 '웅진북패드'라는 새로운 기술환경에 맞는 사업을 만들어낸 것이 일례라 할 수 있다.

새로운 기회를 찾아내는 노력은 기업이든 개인이든 당연히 필요하지만, 앞으로 반드시 진행될 큰 흐름을 인지하는 것이 기본이다. 인구 구조의 변화로 해당 산업이 타격받을 가능성이 전반적으로 높다면, 단순히 과거에 잘나가던 분야라는 이유만으로 그곳에서 일자리를 찾으려 해서는 안 되기 때문이다. 미래는 과거의 단순한 연장이 아니다. 과거의 영광에 매혹되기보다는 미래를 형성하는 주요 요인들이 어떻게 작용하는지 면밀하게 주시하고 그 흐름에 올라타려는 노력이 필요하다.

# 3

## 기술 빅뱅, 산업 재편이 시작됐다

이번에는 기술 빅뱅으로 일어날 일자리의 변화를 살펴보자. 이전부터 기술은 꾸준히 발전해 왔는데 왜 지금을 굳이 '기술 빅뱅' 시대라고 표현할까. 기술발전은 계속 이루어져 왔지만, 이제는 그 변화 속도가 상상을 초월할 정도로 빠르다. 그간 누적된 기술발전이 어떤 임계점을 넘어서면서 그 발전의 정도와 속도가 확 달라지는 시점에 이르렀다.

예를 들어 보자. 〈아이, 로봇〉이라는 영화가 있다. 2004년 개봉할 당시만 해도 사람들은 이 영화에 나오는 미래를 '매우 먼 어느 날'로 생각했을 것이다. 그러나 영화에 나오던 많은 풍경들이 곧 실현을 앞두고 있다. 〈아이, 로봇〉에서는 자의식을 갖게 된 인공지능 로봇을 주인공인 형사가 고속도로에서 추격하는 장면이 나온다. 이때 고속도로를 질주하던 차들은 모두 자율주행차다. 주인공이 자율주행차의 자율주행 모드를 풀고 직접 운전할 수 있게 수동운전으로 전환하려 하니까 옆자리에 앉은 사람이 깜짝 놀라며 이렇게 말한다. "사람이 운전하는 건 법으로 금지돼 있어. 너무 위험하니까." 운전자가 기술발전의 도움으로 운전을 더 쉽게 하는 것과, 아예 사람이 운전을 안 하는 것과, 사람이 운전을 해서는 안 되는 시대는 전혀 다르다. 그러나 이미 상당 부분이 현실화됐거나 머지않아 대부분 현실이 될 정도로 이미 자율주행차 기술에 수많은 기업들이 투자하고 있는 상황이다. 그리고 2020년경이면 일반 판매용 자율주행차가 등장하리라는 전망이 나오고 있다.

이렇듯 로봇, 사물인터넷<sup>IoT</sup>, 드론, 자율주행차, 3D프린팅, 인공지능 등 미국과 중국을 중심으로 기술변화가 굉장히 빠르게 나타나고 있다. 이와 같은 기술들은 10년 전까지만 하더라도 SF 영화에서나 가능했다. 그러나 이제는 머지않아 대부분 충분히 현실화될 정도로 그 발전 속도가 굉장히 빠르다. 먼 미래에 운전기사라는 직업이 없어질지도 모른다고 생각했던 것이, 바로 지금 시대에 현실이 될 수도 있다.

기술발전이 급진전되는 바탕에는 크게 두 가지 배경이 있다. 막대한 양의 데이터가 생성되고, 이들 데이터를 처리할 수 있는 컴퓨터의 성능이 엄청나게 향상됐기 때문이다. 방대한 양의 빅데이터를 고성능 컴퓨터로 분석할 수 있는 알고리즘 기술의 발전으로 기계가 스스로 학습하는 것이 가능해졌다. 이런 기술들이 서로 다른 분야에 적용돼 기존의 산업을 근본적으로 재편하고 있다.

특히 이 같은 기술발전이 가능해진 데에는 컴퓨터 성능의 발전이 큰 기여를 했다. 컴퓨터 성능의 발전을 가장 단적으로 설명해주는 것으로 '무어의 법칙'이 있다. 컴퓨터 및 각종 전자기기에 쓰이는 메모리칩의 처리 용량이 18~24개월마다 두 배씩 늘어나는 것을 설명하는 말이다. 최근에 와서는 메모리칩의 처리 용량 증가 속도가 점차 한계에 이르고 있다는 주장도 나오지만, 컴퓨터 성능의 향상은 여전히 그칠 줄 모른다. 이에 따라 정보처리 속도가 엄청나게 빨라지는 반면 처리 비용은 오히려 낮아지고 있다. 그 결과 지금 우리는 1971년에 발사된 아폴로 14호에 탑재되어 있던 전산제어시스템의 성능을 능가하는 고성능 스마트폰을 손 안에 갖고 다닌다.

이렇게 메모리칩 성능이 급속도로 향상되고 가격은 낮아지다 보니 거의 모든 ICT 관련 산업에 그 효과가 파급되고 있다. 그 결과 산업과 사업, 제품의 변화와 재편이 상시적으로 매우 빠르게 일어나고 있다. 이 같은 변화는 당연히 일자리에도 급속한 변화를 가져온다. 스마트폰이 본격적으로 등장하기 전 노키아는 1998년부터 10여 년간 휴대폰 시장의 절대 강자였다. 그러나 애플의 아이폰이 등장한 이후 노키아가 무너지는 데까지 걸린 시간은 2년에 불과했다.

이런 식으로 새로운 기술에 의해 시장이 순식간에 재편되는 현상을 미국의 경영전략가인 래리 다운스와 폴 누네스 교수는 '빅뱅 디스럽션 Bigbang Disruption'이라고 설명했다. '디스럽션'은 파괴를 의미하는 '디스트럭션 destruction'과 달리, 근본부터 뒤흔들어서 무너뜨리는 것을 의

미한다. 그런 점에서 빅뱅 디스럽션을 '빅뱅와해'라고 옮기는 게 더 정확할 수 있겠으나 이미 '빅뱅파괴'라는 표현이 국내에서 주로 통용되고 있어 이 책에서도 빅뱅파괴라고 옮긴다.

빅뱅파괴는 말 그대로 새로운 기술을 채택한 제품이나 서비스가 시장에서 대폭발하듯 등장해 해당 산업뿐 아니라 경계의 구분 없이 관련 또는 비관련 산업까지 근본적으로 재편해버리는 현상을 말한다. 또한 이런 현상이 곳곳에서 수시로 일어나기 때문에 과거와는 달리 폭발적으로 등장한 새로운 제품과 서비스도 매우 빠른 속도로 소멸할 수 있으며, 이에 따라 기업과 제품의 수명이 매우 짧아진다.

이런 파괴 현상이 얼마나 빠른 속도로 일어나는지를 참고해볼 수 있는 자료가 있다. 새로운 기술이 적용된 제품이 5000만 명의 사용자를 확보하는 데 걸린 시간을 나타낸 1-12그래프를 살펴보면 전화기는 75년이 걸렸고 라디오는 38년, 텔레비전은 13년, 인터넷은 4년, 페이스북은 3년 반이 걸렸는데, 앵그리버드는 불과 35일밖에 걸리지 않았다. 전통적으로는 어떤 신제품이나 신기술이 나오면 처음에는 얼리어답터들부터 사용하기 시작하다가 점점 사용자가 늘어나면서 시장이 매우 커지고, 사용자가 포화상태에 이르면 점점 다른 것으로 교체되며 쇠퇴한다고 생각해왔다. 그러나 최근 ICT 기술의 발전으로 이 같은 양상이 크게 달라지고 있다. 안드로이드 등과 같은 개방형 OS 플랫폼, 모바일 서비스와 클라우드 컴퓨팅, 스마트 디바이스, 빅데이터 기술, 사물인터넷 기술 등의 보급과 확산으로 새로

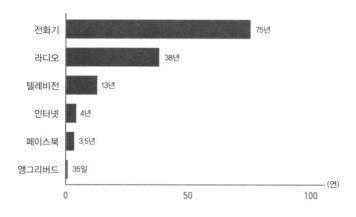

전화기　75년
라디오　38년
텔레비전　13년
인터넷　4년
페이스북　3.5년
앵그리버드　35일

0　　　50　　　100　(연)

미국 씨티그룹 디지털전략팀 자료 인용

운 기술을 채택한 제품과 서비스가 폭발적으로 성장했다가 붕괴하듯 사라지는 현상이 증가하고 있다. 지금은 소비자에게 입소문이 나기 시작해 모바일 기기와 SNS를 통해 어느 순간 폭발 지점을 통과하면 순식간에 수천만, 수억 명이 사용하는 시장으로 넘어갈 수도 있다. 그래프에는 없지만, 2016년 등장한 증강현실 게임 '포켓몬고' 열풍이 바로 그런 양상을 보였다.

포켓몬고는 2016년 7월 6일 출시된 지 한 달 만에 모바일 게임 중 가장 많은 매출을 기록하고, 출시 첫 달에 각국의 모바일 게임 다운로드 순위에서 가장 많이 정상을 차지한 게임이 됐다. 또한 모바일 게

일의 미래 :

임 가운데 가장 빠른 시간 내에 매출 1억 달러를 달성하는 등 다양한 분야에서 신기록을 세우며 증강현실이라는 새로운 기술이 대중적인 서비스로 자리 잡을 수 있음을 보여줬다.

그런데 이렇게 확장이 빠른 만큼 쇠퇴도 빠르다. 하나의 제품이나 기술이 계속 업그레이드되면서 생명력을 이어가는 경우도 있겠지만, 딱 그 제품, 그 기술 하나가 유지되는 기간은 엄청나게 짧아졌다. 모바일 게임 앵그리버드, 애니팡도 한때 엄청난 붐을 구가했지만 지금 그 게임을 하는 사람들의 수는 확 줄었다. 게임과 같은 소프트웨어 산업만 이에 해당되는 게 아니다.

또한 모든 새로운 기술이 이와 같은 파괴력을 가지는 것도 아니다. 기존 산업을 파괴할 정도로 신제품이나 신기술이 영향력을 가지려면, 성능이 굉장히 좋아졌음에도 가격은 어느 정도 유지되거나 오히려 내려가야 한다. 스마트폰이 대표적이다. 애플의 아이폰5 기종이 출시된 게 2012년인데, 지금 나오는 아이폰7도 그때와 비슷한 가격이다. 하지만 성능은 그때보다 월등히 좋아졌음을 누구나 알고 있다.


### ■ 하나의 기업이 아니라, 산업구조가 통째로 흔들릴 때 ■

이러한 빅뱅파괴는 거대 기업을 한순간에 몰락시키기도 한다. 애플 아이폰이 나오면서 기존 휴대폰 시장의 기준 자체를 스마트폰으로 바꿔버린 예가 그렇다. 이 여파로 휴대폰 시장의 절대 강자였던 노키아는 순식간에 몰락의 길을 걸었다. 최근 노키아가 2017년 스마트폰 시장에 복귀할 것을 발표하긴 했지만, 노키아가 예전과 같이 휴대폰 시장의 1위 기업이 될 수 있으리라 생각하는 사람은 아무도 없다. 그런데 스마트폰의 충격을 받은 회사는 노키아만이 아니다.

필름회사인 코닥이 왜 몰락했는가. 물론 디지털카메라가 나왔을 때부터 코닥은 쇠퇴의 길을 걸었다. 그런데 스마트폰이 등장하며 코닥의 몰락이 더욱 가속화됐다. 사람들은 스마트폰으로 전화만 거는 게 아니라 사진도 찍는다. 심지어 스마트폰의 사진기술은 너무나 빨리 발전해서 웬만한 디지털카메라보다 성능이 더 좋다. 이처럼 스마트폰의 등장으로 휴대폰과 전혀 상관이 없을 것 같던 필름회사가 망했다.

이렇게 살펴보면 무너진 산업이 하나둘이 아니다. 내비게이션 업체도 대표적인 예다. 예전에는 '아이나비'와 같은 내비게이션 제품을 썼으나 이제는 많은 이들이 '티맵'이나 '카카오내비'와 같은 스마트폰 앱을 사용한다. 자신의 스마트폰에서 무료 앱 하나만 깔면 되니 비싼 돈 주고 내비게이션 기기를 장착하는 사람이 현저히 줄어들었다. 이 때문에 기존의 내비게이션 업체들은 차량용 블랙박스를 개발해 판매하는 등 사실상 주력 제품을 바꿔야 하는 상황이 됐다. 이처럼 빅뱅파괴라는 것은 과거에는 상상할 수 없는 방식으로 산업간 경계를 허물어 버리고 산업 구도를 재편한다. 이것이 빅뱅파괴의 위력이다. 멀쩡하던 기업이 순식간에 망하거나 위기에 처한다.

일의 미래 :

이런 빅뱅파괴는 연쇄적으로 일어난다. 스마트폰이 등장하면서 스마트폰 앱 생태계가 만들어지고, 이 앱 생태계를 이용하여 새로운 서비스가 만들어진다. '배달의 민족'이나 '우버', '카카오택시' 같은 서비스들이 그렇다. 이들은 모바일 앱을 통해 온라인과 오프라인을 연결하는 O2O 서비스다. 이러한 새로운 서비스가 등장해 새로운 일자리가 만들어지기도 하지만, 이로 인해 기존 산업들도 굉장히 큰 변화를 겪는다. 스마트폰 속의 앱 서비스 하나가 오랫동안 공고하게 유지되던 오프라인의 산업과 기업, 일자리를 통째로 뒤흔드는 것이다.

스마트폰을 예로 들었지만 빅뱅파괴는 앞으로 다양한 분야에서 지속적으로 일어날 가능성이 크다. 이 가운데 가장 주목해야 할 분야가 바로 자동차 산업이다. 영국의 컨설팅 회사인 딜로이트는 빅뱅파괴와 관련해 변화하는 데 걸리는 시간의 길이(X축)와 변화에 따른 충격의 정도(Y축)를 기준으로 1-13과 같은 그래프를 제시했다. X축의 왼쪽으로 갈수록 빅뱅파괴에 이르기까지의 시간이 짧고, 오른쪽으로 갈수록 길어진다. 그런데 수송은 시간이 가장 오래 걸리는 부문으로 분류되어 있다. 전기차 혁신에 따른 빅뱅파괴가 다른 부문에 비해 상대적으로 느리게 진행될 수 있다는 것이다. 하지만 충격(Y축)의 정도를 보면 'ICT & 미디어', '소매 유통', '금융', '교육' 부문 다음으로 충격이 클 것으로 나타났다. 사실 이 그래프가 작성된 2012년 이후 수송 부문의 기술발전 흐름을 감안한다면, 실제 충격의 크기는 이 그래프에 나타난 것보다 더 클 수 있다.

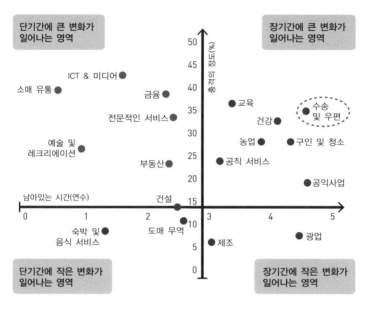

단기간에 큰 변화가
일어나는 영역

장기간에 큰 변화가
일어나는 영역

충격의 정도(%)

ICT & 미디어 ●

소매 유통 ●

금융 ●

전문적인 서비스 ●

● 교육

● 수송
및 우편

건강 ●

예술 및
레크리에이션 ●

농업 ●

● 구인 및 청소

부동산 ●

● 공직 서비스

남아있는 시간(연수)

건설 ●

● 공익사업

숙박 및 ●
음식 서비스

도매 무역 ●

● 제조

● 광업

단기간에 작은 변화가
일어나는 영역

장기간에 작은 변화가
일어나는 영역

딜로이트의 '디지털 디스럽션' 자료에서 인용

 

그러면 지금 자동차 산업 분야에서 어떤 기술 빅뱅의 조짐이 일고 있을까. 바로 전기자동차와 자율주행차의 등장이다. 자동차 산업에서 전기차와 자율주행차가 확산되면 스마트폰이 몰고 왔던 변화보다 관련 산업과 일자리에 미치는 충격이 더 클 것으로 예상된다.

이미 전기차 시장은 빠르게 성장하고 있다. 전기차 업계의 선두업체라고 할 수 있는 미국의 테슬라는 고급 전기차 모델로 미국 전기차

일의 미래 :

시장과 고급 승용차 시장을 석권한 모델 S와 모델 X에 이어 모델 3를 출시할 예정이다. 모델 3는 2017년 말부터 양산 예정인 보급형 전기차로, 2016년에 양산 계획을 발표했을 때 일주일 만에 32만 5000대가 사전예약될 정도로 폭발적 관심을 모았다.

이 같은 현상은 자동차 산업에서 빅뱅파괴의 서막을 알리는 조짐으로 보인다. 그 이유는 모델 3의 낮은 가격에 있다. 모델 3의 가격은 3만 5000달러, 즉 한화로 4000만 원 정도다. 우리나라에 들어와 있는 웬만한 외제차의 낮은 가격대가 4000만 원 정도이니, 그와 비슷한 수준까지 내려온 것이다. 미국의 경우 각종 보조금 등을 감안한 실제 구매가가 2만 5000달러 정도 될 것으로 예상돼 웬만한 미국 중산층은 살 수 있는 수준이 된다. 이전에 모델 S와 모델 X의 가격은 7만 달러 대였다. 한화로 8000만 원 정도였으니, 관심이 있다 해도 선뜻 구매하기가 쉽지 않았다. 그런데 이제 반값 이하의 전기차 모델이 나온 것이다. 미국의 소비자들 입장에서는 그다지 부담스럽지 않은 가격대의 전기차가 나온 것이다. 이렇게 내연기관 자동차와 전기차가 비슷한 가격대가 된다면 소비자들은 어떤 차를 타게 될까? 만약 전기차를 타고 다닐 수 있는 인프라가 잘 갖춰져 있어서 내연기관 자동차처럼 편하게 탈 수 있다면 성능, 연비, 유지비, 디자인 등 모든 면에서 우위를 보이는 차는 오히려 테슬라의 전기차다.

우선 전기차는 자동차 운행에 따른 에너지 비용이 적게 든다. 한국의 현실을 고려해도 한 달에 3만 원 정도의 전기료로 충전해서 탈 수 있다. 반면 휘발유차는 대략 15만~20만 원 정도 들어간다. 미국의 경우에는 전기차의 한 달 운행을 위한 전기료가 기름값의 10분의 1 수준으로 평가된다. 전기차의 에너지 효율이 훨씬 높기 때문이다. 내연기관의 경우 가솔린 에너지가 실제 동력으로 전달되는 비율이 20~25% 수준에 그치지만, 전기모터는 에너지 효율이 90~95% 수준이다. 또한 전기모터는 내연기관 엔진에 비해 훨씬 강력하고 안정된 회전력(토크<sup>torque</sup>)을 보인다. 연료를 태워 에너지를 얻고 이것을 차축에 전달하는 과정에서 발생하는 소음과 진동이 전무하다고 보면 된다. 이 때문에 전기차의 승차감이 월등히 뛰어나다는 장점도 있다.

유지관리비도 적게 든다. 내연기관 자동차는 휘발유나 경유를 연소시켜 작동하는 내연기관이 탑재되어 있다. 내연기관에서 동력을 만들어 그 동력을 자동차의 네 바퀴에 전달하는 시스템이다. 이 과정에서 많은 부품이 필요하고 에너지 손실도 굉장히 크다. 일반 자동차의 전체 부품 수가 대략 3만 개인데, 전기차의 부품 수는 대략 1만 개 정도면 된다. 고장이 자주 나거나 부품을 자주 교체해야 하는 변속기와 클러치, 밸브 등 이른바 가동부만 놓고 보면 내연기관 자동차가 2000개 이상인 반면, 전기차는 18개 밖에 되지 않는다.

이렇게 부품 수가 적다는 건 무슨 뜻일까. 우선 고장이 덜 난다. 당연하게도 부품이 많으면 많을수록 고장이 많이 난다. 그런데 부품이 적으니 고장이 덜 날 뿐 아니라 부품을 교체할 필요도 크게 줄어든다. 엔진오일이나 타이밍벨트 같은 것들을 주기적으로 교환할 필요도 없다. 수리비를 포함한 유지관리비가 극도로 낮아진다. 유지보수비 또한 내연기관차의 약 10분의 1 수준이면 될 것으로 추정된다. 부품이 줄어들어 생기는 부수적 장점도 있다. 부품이 적으니 공간도 많다. 테슬라 자동차를 열어보면 뒤에도 트렁크, 앞에도 트렁크가 있다. 배터리는 차체 바닥에 깔려 있다. 상대적으로 차체가 가벼워져 에너지효율이 더욱 높아지는 측면도 있다.

전기차가 어떻게 작동하는지 잘 상상되지 않는다면 아이들이 가지고 노는 장난감 자동차를 생각해보자. 장난감 자동차는 건전지를 넣고 스위치를 넣으면 바로 굴러간다. 전기차는 그런 식으로 스위치를 넣으면 전기 배터리에서 나오는 에너지가 자동차 바퀴에 전달돼 굴러간다. 단지 장난감 자동차에 비해 크기만 커졌을 뿐이다. 이밖에도 장점은 많다. 시동을 걸고 시속 100km까지 속도를 올리는 데 걸리는 시간, 이른바 제로백 타임이 3초도 안 된다. 이는 최고급 스포츠카인 람보르기니의 아벤타도르와 맞먹는 수준이다.

아직은 전기차 충전 문제를 걱정하는 사람들도 있다. 하지만 전기 배터리의 성능 향상으로 이 같은 문제도 빠르게 해결되고 있다. 테슬라가 내놓을 모델 3는 한 번 충전으로 340km를 주행할 수 있다. 서울에서 대전을 왕복하고, 편도로 서울에서 대구까지 갈 수 있는 거리다. 완전한 전기차는 아니지만 GM이 내놓은 플러그인 하이브리드 자동차(전기모터와 석유엔진을 함께 사용하는 자동차) 볼트는 이미 더 앞서간다. 2017년 2월부터 한국에도 출시된 볼트는 내연기관과 전기 배터리의 에너지를 번

갈아 사용해 한 번 충전 시 최대 수행거리가 676km에 이른다. 아직 콘셉트카 단계이지만 순수 전기차의 주행거리가 이미 1000km에 이르는 차도 등장했다. 독일의 전기차 개발업체인 나노플로우셀은 액체 배터리 기술을 바탕으로 충전시간을 대폭 단축하는 한편 1회 충전 시 최대 1000km를 달릴 수 있는 콘셉트카 콴티노를 선보인 바 있다. 이미 상당수 전기차 업체들은 몇 년 안에 최대 주행거리가 500~600km 수준인 전기차를 얼마든지 출시할 수 있다고 장담한다. 그만큼 전기차의 기술력이 빠르게 발전하고 있다.

앞에서 언급한 테슬라뿐 아니라 중국의 비야디와 중국 자본이 설립한 패러데이퓨처 등 많은 업체들이 전기차 시장에 뛰어들고 있다. 실제로 전기차 시장도 중국과 미국을 중심으로 빠른 속도로 성장하고 있다. 특히 중국은 기존 자동차 업체의 경쟁력 열세를 전기차 시장에서 뒤엎을 계획과, 심각한 대기오염 문제를 해결할 의도로, 전기차 산업과 관련 시장을 키우는 데 매우 적극적이다. 이 때문에 대중적인 전기차 시장은 중국에서 가장 먼저, 가장 널리 열릴 것이라는 전망이 나온다.

이뿐만 아니라 네덜란드는 2024년까지, 영국은 2040년까지 전기차를 중심으로 100% 친환경 차만 도로에서 주행하도록 하겠다는 정책을 수립해놓고 있다. 이처럼 세계 각국이 전기차 산업과 시장을 육성하기 위해 엄청난 노력을 기울이고 있다. 물론 새로 들어선 미국의 트럼프 행정부가 전기차 산업과 신재생에너지 육성에 회의적인 입장

일의 미래 :

이지만 이미 민간 전기차 시장이 빠르게 커지고 있어 큰 흐름을 되돌리기는 어려울 것이다.

이런 가운데 그동안 한국 정부는 기존 자동차 업계나 정유 업계의 기득권 구조에 휘둘려 전기차 산업 육성에 매우 소극적이었다. 하지만 한국 정부도 전기차가 대세라는 것을 인정하고 정책을 점차 전환하고 있다. 이에 따라 한국에서도 머지않아 전기차 충전 인프라가 확대되어 전기차를 타는 데 큰 불편을 느끼지 않을 시대로 점차 접어들 것이다. 이렇게 되면 많은 이들이 빠르게 기존 내연기관차에서 전기차로 옮겨 타게 될 것이다.

현재 가격대에서도 이런데, 앞으로 전기차 출시가 봇물을 이루게 되면 전기차의 가격은 빠르게 내려갈 것으로 예상된다. 《에너지 혁명 2030》의 저자인 스탠퍼드 대학 토니 세바 교수는 2022년경이 되면 전기차 가격이 2만 달러 수준으로 떨어질 것으로 전망한다. 이는 미국에서 판매되는 저가low-end 차량의 평균가격 수준이다. 이렇게 되면 기존 완성차 업체는 심각한 위기에 처할 수 있다. 전기차 가격의 3분의 1을 차지하는 전기 배터리 기술의 빠른 발달로 전기차 가격은 계속 하락하는데, 많은 부품을 사용해야 하는 기존의 완성차 가격은 낮추기 어렵기 때문이다. 토니 세바 교수는 2026년경이 되면 1만 달러 수준까지 떨어질 수 있다고 보고 있다. 현실이 된다면 실로 놀라운 변화가 아닐 수 없는데, 현재까지 기술발전의 궤적은 그 같은 예측이 실현되는 방향으로 움직이고 있다.

## 전기자동차 하나에 수십만 개의 일자리가 바뀐다

전기자동차를 사용하는 사람이 많아지면 어떤 변화가 생겨날까. 기존의 자동차 산업이 막대한 타격을 입게 될 것이다. 물론 기존 완성차 업계는 이에 대해 회의적인 시각을 보이기도 한다. 자동차는 스마트폰과 달리 교체 주기가 7년 이상으로 길어 투자 회수기간이 길고, 예상만큼 팔리지 않을 경우 재고 비용을 포함한 손실이 매우 커진다. 또한 쉽게 특정 제품에서 독점적 지위를 얻게 되는 ICT 산업과는 반대로, 자동차 산업은 기술이나 품질의 우위가 있더라도 글로벌 시장에서 독점적 지위를 얻기 어렵다고 반론한다. 자동차 산업이 기간산업이기 때문에 각국 정부의 보호 의지가 강하고, 국가 간 사회문화적 장벽이 상당히 높아 기존 완성차 업체들이 여전히 큰 비중을 갖게 된다는 것이다. 이 같은 주장이 일리가 없는 것은 아니지만 이미 대세가 전기차 쪽으로 빠르게 기울고 있음은 누구도 부인하기 어렵다.

기존 완성차 업체들보다 더 큰 타격을 받는 것은 온갖 자동차 부품 산업이다. 전기차에는 점화 플러그, 시동모터, 연료분사기, 피스톤, 실린더나 배기관, 타이밍벨트 같은 것들이 전혀 필요 없다. 그러면 이들 부품을 생산하던 부품 산업은 몰락할 수밖에 없다. 물론 전기차 부품을 만드는 새로운 업체가 생겨나거나 전기차 부품 생산으로 전환하는 기존 업체도 있을 것이다. 하지만 과거에 비해 자동차 부품 산업의 규모는 크게 줄어들 가능성이 높다.

일의 미래 :

정비 업체나 자동차 보험 업체는 어떻게 될까. 고장 횟수와 부품 교체 필요성이 줄어들게 되니 정비 업체들의 일거리도 대폭 줄어들 것이다. 또한 일반적으로 내연기관 차량의 경우 엔진이 앞쪽에 위치해 있어 전방에서 충돌이 발생하면 엔진룸이 운전자를 압박해 큰 인명사고로 이어지는데, 전기차는 그럴 위험이 크게 줄어든다. 앞부분이 트렁크여서 충격을 흡수하는 일종의 범퍼 역할을 하기 때문이다. 그 경우 자동차 보험 수요가 크게 줄어들 수 있다.

또 기존의 에너지 회사나 정유사, 주유소 등은 어떻게 될까. 전기차 보급이 확대되면 석유 의존도가 대폭 줄어든다. 그러면 기존의 석유 에너지를 공급하던 에너지 회사들은 상당한 위기에 봉착하게 된다. 미국 엑슨모빌, 네덜란드 로열더치셸, 영국 BP, 미국 셰브론과 같은 기업은 모두 에너지 기업으로 전 세계 기업 순위 20위 안에 들어 있다. 그만큼 세계에서 가장 돈을 많이 벌고, 직원 수도 많은 기업들이 엄청난 위기에 직면하게 된다는 뜻이다. 석유 등 화석연료에 의존하는 비중이 현저하게 줄어들고, 전기차 확산에 발맞춰 태양광 등 신재생에너지로 빠르게 전환될 것이다. 물론 이들 메이저 에너지 업체들 가운데는 에너지 전환에 대비해 신재생에너지 산업에도 상당한 투자를 하고 있다. 또한 사우디아라비아 같은 일부 중동 산유국도 이 같은 가능성을 염두에 두고 국가 차원에서 신재생에너지에 대한 투자를 늘리고 있다. 그럼에도 전기차 확산에 따른 에너지 전환은 기존 에너지 기업들과 산유국 등에 큰 위협이 될 것이다. 이들뿐 아니라 석유를 정제하는 정유사 그리고 휘발유나 경유 등을 소매판매하는 주유소들도 줄줄이 큰 타격을 입을 가능성이 커진다.

자동차 산업의 빅뱅파괴를 추동하는 힘은 전기차뿐만이 아니다. 자율주행차는 오히려 전기차가 가져올 충격보다 엄청날 것이다. 특히 완성차 업계는 전기차보다 자율주행차의 등장을 더 두려워한다. 전기차 분야에서는 자신들도 부품 조달 체계를 바꾸고 기술 개발에 나서면 어느 정도 경쟁할 수 있다고 본다. 하지만 각종 데이터 처리 기술과 인공지능 기술이 결합되는 자율주행차는 구글이나 아마존, 애플 등 ICT 업체들이 훨씬 더 강력한 경쟁력을 가지고 있기 때문이다.

그런데 시간이 갈수록 전기차와 자율주행차는 결합될 가능성이 높다. 즉 자율주행차가 대부분 전기 배터리로 움직이게 되는 것이다. 실제로 테슬라는 이미 오토파일럿 기능을 통해 자율주행 기능을 상당 부분 구현한 상태다. 테슬라의 CEO인 일론 머스크는 향후 자사의 전기차를 100% 자율주행차로 만들겠다고 공언하고 있다. 거꾸로, 앞으로 개발되는 자율주행차도 기본적으로는 전기차로 개발될 가능성이 높다. 자율주행차는 즉각적인 반응 속도가 중요한데 내연기관차보다 동력 전달이 빠른 전기차가 훨씬 더 궁합이 잘 맞기 때문이다. 이처럼 전기차와 자율주행차가 결합한다면 굉장히 크고 광범위한 변화가 우리 미래에 닥칠 것이다.

미국에서 운행 허가를 받은 구글과 애플, 아마존 등 ICT 업체뿐 아니라 벤츠, 아우디, 도요타, 현대, 테슬라 등 기존 자동차 업체와 전

　　　　　　　　　　　　　　　일의 미래 :

기차 업체도 자율주행차 기술개발에 뛰어들고 있다. 2016년에 테슬라의 모델 S가 오토파일럿 상태에서 인명사고를 내서 자율주행차 기술에 대한 회의가 잠시 일기도 했다. 그럼에도 이미 구글차 등 자율주행차가 인간이 운전하는 경우에 비해 훨씬 더 안전한 수준에 도달했다는 것이 대체적인 평가다. 기술적 측면에서는 이미 자율주행차가 도로를 달려도 충분한 수준이다. 모델 S 사고를 통해 테슬라와 구글 등이 자율주행차의 안전성을 높이는 데 더욱 노력을 경주하고 있다.

그러나 사실 자율주행차 상용화의 더 큰 장벽은 이미 안전성 문제가 아니다. 자율주행차의 안전성은 기술 발전에 따라 앞으로 시간이 갈수록 훨씬 더 높아질 것이다. 전기차가 그랬던 것처럼 자율주행차의 가격도 상당히 떨어질 것이다. 이미 구글차는 도로 운행 시 필요한 3차원 이미지 정보처리 장치의 핵심 부품인 라이다의 가격이 지금의 10분의 1 수준으로 떨어질 것임을 예고했다. 자율주행차 가격이 대중적으로 수용할 수 있는 수준으로 떨어지는 것 또한 시간문제다.

자율주행차가 더 폭넓게 확산되려면 사용자 수용성 문제도 해결해야 한다. 사용자들이 직접 운전대를 잡지 않고 자율주행차에게 맡겨 놓는 것을 원할까? 물론 사람의 성향에 따라 다를 것이다. 운전자 중에는 자신이 직접 운전을 제어하지 못하는 것을 불안해할 수도 있고, 또는 직접 교외로 드라이브하는 즐거움을 잃고 싶지 않아 할 수 있다. 하지만 이 문제는 자율주행 모드와 수동운전 모드를 사용자가 선택할 수 있게 하거나, 현재 테슬라 차량의 오토파일럿 기능처럼 부분적으로 사람이 운전 상황에 개입할 수 있게 하여 어느 정도 해결할 수 있다. 백 보 양보해도 자율주행차를 선호하는 사람들만으로도 충분한 시장 규모를 형성할 수 있다는 점에서 자율주행차 상용화에는 큰 걸림돌이 되지 않는다.

오히려 기술적인 문제나 자율주행차의 가격, 사용자 수용성 문제보다는 사회적, 법적, 윤리적인 문제들이 해결해야 할 더 큰 숙제다. 예를 들어 어느 쪽으로 가도 사고를 피할 수 없는 위급한 상황에서 어떤 피해를 선택하도록 설계할 것인가. 또 그에 따른 윤리적, 법적 책임을 누구에게 어떻게 물을 것인가에 대한 사회적 합의가 마련돼야 한다. 자율주행차가 원래 달리던 길로 가면 어른 네 명을 치게 되고, 이를 피하기 위해 다른 길로 가면 아이 한 명을 치게 된다고 했을 때, 어떤 선택을 하게 할 것인가. 또는 좁은 길에서 갑자기 넘어진 어린 아이를 피하기 위해 가던 방향을 바꾸면 탑승자가 다치거나 죽게 될 때 자율주행차가 어떤 선택을 하게 할 것인가. 이처럼 자율주행차의 선택을 프로그래밍하는 과정은 딜레마의 연속이다. 또한 특정한 선택을 내리도록 프로그래밍한 뒤 실제로 사고가 났을 때 그 책임을 제조사에게 물을지, 탑승자에게 물을지도 고민거리다.

하지만 자율주행차가 확산되면 이에 관한 법적, 윤리적 합의와 제도는 어느 정도 마련될 것이다. 사실 지금까지 인간 사회는 새로운 문물이 등장했을 때 이에 걸맞은 법적, 윤리적 체계를 갖추며 발전해왔다. 더구나 자율주행차 개발 업체들의 주장대로 자율주행차 운행으로 발생할 사고보다 줄일 수 있는 교통사고와 인명피해가 압도적으로 많다면, 자율주행차 도입을 무한정 저지하기는 어려울 것이다. 그 경우 자율주행차는 늦어도 10~20년 안에 우리 곁에서 흔히 볼 수 있을 정도로 상용화될 가능성이 높다.

자율주행차가 폭넓게 대중화되면 어떤 일이 벌어질까. 일단 운전자가 직접 운전할 필요가 없어진다. 그때부터 자율주행차는 이동하는 스마트 기기로 변모할 수 있다. 운전할 필요가 없으므로 이동하는 동안 차량에서 각종 업무를 처리하거나 영화 등 엔터테인먼트 콘텐츠를 즐기거나 편하게 쉴 수 있다. 따라서 차량 내부가 거대한 모바일 스마트 기기처럼 작동할 가능성이 높다. 그런 점에서 구글, 아마존, 애플, 마이크로소프트 등 거대 ICT 기업들이 자율주행차 개발에 열을 올리고 있다. 자율주행차 운행으로 높은 부가가치를 올릴 기업들도 그들이 될 가능성이 높다. 또한 사람들이 차량으로 이동할 때 시간을 보낼 콘텐츠와 관련 기술을 제공하는 업체들도 승승장구할 것이다.

반면 미래에는 운전을 직업으로 하는 사람의 수가 크게 줄 것이다. 택시기사나 대리운전 기사와 같은 직업 자체가 없어질 확률도 높다. 일본에서는 2020년 상용화를 목표로 이미 자율주행 택시를 개발해 놓은 상태다. 택시기사 없이 택시를 탈 수 있는 시대가 눈앞에 다가와 있는 것이다. 이뿐 아니라 법적인 운전 연령 제한이나 운전면허의 필요성 자체가 사라질 수 있고, 운전교습학원이나 운전면허를 발급하는 관청의 업무도 대폭 줄어들 가능성이 높다.

사실 이 정도 영향은 약과다. 자율주행차가 보편화되면 현재의 자동차 산업이 더욱 근본적으로 재편될 가능성이 높다. 기존 자동차 업체 간의 기계공학적인 품질 경쟁 차원을 넘어 거대 ICT 업체들이 참여하는 데이터 처리 및 인공지능, 스마트 기기 기술 경쟁이 핵심 경쟁요소가 될 것이다. 기존 자동차 업계에는 전기차보다 훨씬 더 큰 위협이 될 것이다. 현존하는 자동차 업체들 상당수는 몰락의 길을 걷거나 거대 ICT 업체들의 완성차 주문 제조업체로 전락할 수도 있다.

　운송산업과 물류산업에도 엄청난 변화가 일어날 것이다. 자율주행차가 확산되면 지금처럼 안전거리를 많이 확보할 필요가 없다. 우리가 빠르게 달리기 위해 사용하는 고속도로를 살펴보자. 미국 고속도로 면적의 95%가량을 차지하는 것은 자동차가 아니라 도로의 빈 공간이다. UC버클리 대학 스티븐 실라도버 교수에 따르면, 자동차는 고속도로 면적의 약 5%만 사용한다. 앞차와 사고가 나지 않게 하려고 일정한 간격을 유지해야 하기 때문이다. 그런데 자율주행차는 운행과 관련된 데이터를 실시간으로 주고받고, 이를 바탕으로 즉각적으로 반응하기 때문에 그렇게 긴 안전거리가 필요 없어진다.

　2012년 발표된 팻차리니 티엔트라쿨 등 미국 컬럼비아 대학 연구진의 연구결과에 따르면 차량 간 통신과 적응식 정속주행Adaptive Cruise Control 시스템을 기본적으로 활용하는 자율주행차로 전면 운행할 경우 고속도로에 지금보다 약 3.7배나 많은 차량이 다닐 수 있다고 한다. 도로 면적의 5%만 쓰는 게 아니라 30%만 쓴다고 해도 지금 건설해

일의 미래 :

놓은 도로들의 대부분이 매우 여유로워진다. 그렇게 되면 교통 체증이라는 단어가 사라질 것이다. 나중에는 각종 도로를 추가로 건설할 필요가 없어질지도 모른다. 하지만 자율주행차가 다닐 수 있는 새로운 도로교통체계를 만드는 동안은 새로운 교통설비와 도로가 필요할 가능성이 높다.

한편 자율주행 기술은 승용차 운행뿐만 아니라 운송업계에도 엄청난 영향을 미칠 것이다. 궁극적으로는 불과 수십 센티미터의 간격만 두고도 수십 대의 트럭이 기차처럼 붙어서 갈 수도 있다. 이를 트럭 플래투닝truck platooning이라고 한다. 군대에서 한 소대platoon가 열 맞춰 행군하듯이 트럭들이 열 지어 운행한다는 뜻에서 붙은 이름이다. 트럭 플래투닝은 이미 일정하게 현실화하고 있다.

2016년 네덜란드 정부는 트럭 플래투닝 기술 상용화를 목표로 '유럽 트럭 플래투닝 챌린지 2016' 행사를 개최했다. 이 행사에는 이탈리아의 이베코, 스웨덴 스카니아, 네덜란드 다프, 볼보, 독일의 만 등 여섯 개의 트럭 제조사가 참여해 모두 성공적으로 주행을 마쳤다. 이들 업체들은 주행 시 트럭 간 간격을 4~22m로 유지하면서 전 구간을 약 시속 80km로 주행했다. 물론 신호등에 걸리는 등 교통흐름 때문에 간격이 벌어지는 경우가 있었지만 말이다. 초기 주행이라 안전을 위해 이렇게 주행 간격을 설정했지만, 이론적으로 후행하는 차량은 선두 차량의 가속, 감속, 제동 상황 등에 대한 반응시간이 제로에 가까워 향후에 차간 거리를 얼마든지 줄일 수 있다. 이렇게 되면 운송

업체들은 훨씬 적은 비용으로 같은 시간에 훨씬 더 많은 화물을 운송할 수 있다. 특히 트럭 운전자들 상당수가 필요 없어진다. 또한 트럭 플래투닝은 도로 사용 면적을 줄이고 후행 차량의 공기저항을 줄여 에너지 연비와 온실가스 배출을 줄인다.

자율주행차가 상용화되면 단지 운전을 직업으로 하는 사람만 줄어드는 게 아니다. 자동차 수가 줄어들 수도 있다. 차를 소유하기보다는 공유하는 사람이 더 늘어날 가능성이 높다. 보통 가정에서 갖고 있는 자동차를 실제 운행하는 시간이 얼마나 될까. 직업에 따라 다르겠지만 의외로 많은 시간을 세워두고 있다. 하루 두 시간을 운행하기 위해서 스물두 시간을 주차해 놓는다. 이를 유지하기 위해서 기름을 넣고 보험료도 낸다. 엄청난 낭비다.

그런데 자율주행차가 보편화되면, 내가 원하는 순간에 차를 부르면 기사 없이 자동차가 금방 나에게 올 수 있다. 택시기사에게 목적지에 데려다 달라고 말하듯이, 내가 운전하지 않아도 알아서 목적지에 데려다준다. 내가 주차할 필요도 없이 차가 알아서 주차한다. 이런 단계로 가면 차를 소유하기보다는 다른 사람과 공유하는 차량공유<sup>car sharing</sup> 서비스가 훨씬 확대될 것이다. 미국의 '집카'나 국내의 '쏘카' 같은 형태의 서비스가 확산될 것이다. 자율주행이 확산되어 차량공유와 결합하면 자동차 수요는 급감할 수 있다. 텍사스 오스틴 대학의 연구에 따르면 공유 자율주행차 한 대가 기존 자동차 열한 대를 대체하는 효과를 가질 것으로 전망된다.

일의 미래 :

소비자 입장에서도 상당한 변화가 예상된다. 일반적으로 자동차는 가계에 주택 다음으로 비싼 자산이지만, 대부분의 시간 동안 집이나 직장의 주차장에 주차되어 있다. 하지만 차량공유가 보편화되면 차량 한 대당 운행시간이 크게 증가하면서, 차량수요가 줄어들 것으로 보인다. 교통체증 완화에도 크게 기여할 것이다. 물론 지금과 같이 차량소유가 보편화된 상황에서는 차량공유에 대한 거부감이 상당할 수 있다. 하지만 뉴욕이나 LA는 물론 서울과 같은 대도시의 극심한 교통체증과 주차난을 감안하면 시간이 갈수록 차량공유의 장점이 부각될 것이다.

## ■                 기술발전이 바꾸는 제조업의 풍경                 ■

이처럼 자동차 시장이 근본적으로 재편될 조짐을 보이자 관련 기업들의 전략도 달라지고 있다. 기존 자동차 회사들이나 자율주행차 개발에 관심을 보이는 ICT 업체들이 차량공유 서비스 회사들과 빠르게 연합을 맺고 있다. 2016년 5월 도요타는 우버에 투자함으로써 파트너십을 맺는다고 발표했고, 폭스바겐은 유럽에서 인기 있는 차량공유 서비스인 '게트Gett'에 3억 달러를 투자한다고 밝혔다. 그보다 앞서 2016년 1월에는 제너럴 모터스가 미국의 차량공유 서비스인 '리프트Lyft'에 5억 달러를 투자했다. 피아트 크라이슬러와 구글은 시험용 무인 미니밴을 생산하기로 합의했다. 애플은 중국 최대 공유차량 서비스인 디디추싱에 약 10억 달러를 투자했다.

왜 이런 흐름을 보일까? 이를 우버의 행보와 관련해 살펴보자. 현재 전 세계 비상장 기업 중 기업가치를 가장 높이 평가받는 회사가 차량공유 서비스 업체 우버다. 이 업체가 왜 이토록 기업가치를 높이 평가받을까? 여러 이유가 있겠지만, 우버는 자율주행차 확산에 따라 차량공유가 더욱 보편화될 경우 막대한 수혜를 볼 업체이기 때문이다.

벌써 190개국 6000만 명이 사용하는 숙박공유 사이트 에어비앤비가 보여주듯이, 공유경제는 더욱 빠른 속도로 확장될 것이다. 자동차도 앞으로 개인이 꼭 소유할 필요가 있는지 의문이 드는 시대가 올 것이다. 이것은 비단 기술발전만이 아니라 저성장과도 맞물린 흐름이다. 저성장 시대가 되면서 자동차를 구매하는 소비자 집단이 과거보다 활발하게 성장하기 힘들어졌다. 특히 새롭게 자동차를 구매해야할 젊은 세대의 소득이 그리 활발히 증가할 것 같지 않다. 그러나 이동을 위해 차는 필요한 경우가 많다. 예를 들어, 젊은 부부가 장을 보거나 교외로 나가고자 할 때 차량이 필요하다. 그때마다 택시를 탈수도 있지만, 우버를 이용할 수도 있다.

이 우버가 자율주행차에 투자하고 있다. 만약 자율주행차가 상용화된다면 거기에 투자한 우버의 기업 가치는 엄청나게 올라갈 것이다. 지금은 우버가 승객과 운전자를 연결해주는 서비스를 제공하고 운전자가 받는 요금의 일부를 수수료로 가져간다. 그런데 자율주행차가 상용화되면 승객 네트워크만 있으면 되고, 운전자는 필요 없다. 차량만 가지고 운영하면 되니까 이제 우버는 승객 이용요금의 100%를 모두 차지할 수 있게 된다. 세계 최대 승객 네트워크 플랫폼을 가진 우버의 수익성은 엄청나게 올라갈 수밖에 없다.

꼭 사람을 태우는 일만이 아니다. 우버는 최근 자율주행 트럭을 개발하는 오토모토Ottomotto라는 스타트업을 인수했다. 2016년 10월에는 우버의 자율주행 트럭 오토가 맥주 배달에 성공했다. 이렇게 되면 미국 화물 운송의 70%를 담당하는 트럭 운송 업체의 판도가 달라질 수 있다. 지금은 우버 운전자들이 불안정한 일자리나마 얻을 수 있었는데, 이런 시대가 오면 그나마 있던 일자리도 사라지게 된다. 미국의 수많은 트럭 운전사들도 타격을 받게 된다.

지금 차량공유 서비스는 각 나라별로 널리 확산되고 있다. 이 업체들이 등장하여 바꿔놓은 일자리의 풍경도 만만치 않은데, 여기에 더해 향후 이 업체들이 모두 자율주행차로 바꾼다면 각 개인의 일자리가 엄청나게 줄어드는 대신 기업들은 엄청난 돈을 추가로 벌게 된다. 물론 자율주행차를 타고 가는 동안 사람들이 차량 안에서 각종 콘텐츠를 소비할 수 있으므로, 이와 관련한 산업과 일자리가 생겨날 수는 있을 것이다.

지금까지 자동차 산업에 일어나는 빅뱅파괴의 조짐을 통해 향후 관련 산업과 우리의 삶 그리고 일자리가 어떻게 혁명적으로 바뀔 것인지 살펴보았다. 이는 많은 사람들이 체감할 수 있는 일례를 설명한

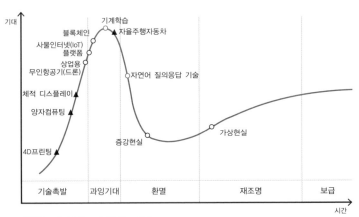

기대

기계학습
블록체인    ▲ 자율주행자동차
사물인터넷(IoT)
플랫폼
상업용
무인항공기(드론)    자연어 질의응답 기술
체적 디스플레이 ▲
양자컴퓨팅 ▲
4D프린팅 ▲    증강현실    가상현실

기술촉발    과잉기대    환멸    재조명    보급

시간

**주류로 자리 잡는 데 걸리는 시간**
○ 2~5년    ○ 5~10년    ▲ 10년 이상

가트너 자료를 바탕으로 선대인경제연구소 재구성

것일 뿐이다. 우리의 생활 현장과 일터를 바꿀 잠재력이 큰 신흥기술 들이 널려 있다. 이를 잘 보여주는 것이 미국의 시장조사기관인 가트 너가 매년 기술발전의 단계별 상황을 보여주는 하이프 사이클Hype Cycle 이다. 하이프 사이클은 정확하게는 '신흥기술에 대한 과대 선전 곡선' 이다. 이 사이클에서는 막 등장한 신흥기술이 실제보다 부풀려져서 과대 선전되는 현상이 일어난다. 신흥기술이 처음 등장하면 '와! 대 단한 기술이다!' 하고 열기가 일어나지만, 머지않아 '실제로 이루어

지지는 않을 거야' 하고 환멸이 찾아오면서 거품이 꺼지는 시기를 겪는다. 그러나 그 기술이 지속적으로 재인식되면서 실제로 제품이 되고 기업이 되면서 상용화 단계를 겪는다.

가트너가 2016년에 발표한 하이프 사이클 곡선을 보면1-14 많은 신흥기술들이 하이프 사이클상의 다른 위치에 있지만, 대부분 5~10년 이내에 보편화된 기술로 자리 잡을 것으로 예측되고 있다. 향후 몇십 년은 더 지나야 실현될 것 같았던 기술들이 어느새 속속 현실이 되고 있는 것이다. 예를 들어 수십 년 전 시작됐던 3D프린팅 기술은 그동안에는 일반인들의 삶에는 무관한 기술로 여겨졌지만, 이제는 많은 이들이 사용하는 기술로 변모하고 있다. 이제는 여기서 더 나아가 스마트 소재를 사용해 스스로 모양과 특성을 바꾸는 4D프린팅 기술까지 등장했다. 이 밖에도 가상현실VR, 증강현실AR, 자연어 질의응답 기술, 사물인터넷 플랫폼, 기계학습, 블록체인 등 많은 신흥기술이 부상하고 있다. 이렇게 새롭게 떠오르는 수많은 기술 하나하나가 우리의 산업 지형을 바꿀 잠재력이 굉장히 크다. 예를 들어, 가상현실과 증강현실 기술은 엔터테인먼트나 콘텐츠 서비스를 양과 질 모든 측면에서 대폭 발전시킬 것이다. 미래에는 그런 기술이 보편화함에 따라 기술을 구현할 능력을 갖춘 인력들이 상당히 필요해질 것이다.

물론 모든 신흥기술 하나하나가 우리의 삶을 통째로 바꿀 만큼 파괴적이지는 않지만, 이들 기술들은 서로 융합하면서 기존 세상과는 완전히 다른 시대를 열게 될 것이다. 그렇기에 지금 우리가 기술 빅뱅의 시대를 겪고 있다고 말하는 셧이다. 3D프린팅 기술을 예로 들어보자. 이 기술이 대량생산 체제를 위협하게 될 것이라고 누가 상상이나 했겠는가. 물론 3D프린팅이 기존의 공장 체제를 완전히 대체하지는 못할 것이다. 그러나 이미 3D프린팅으로 자동차도 만들고 집도 만든다. 이처럼 제조의 단위 자체가 달라질 수 있다.

전에는 자동차를 만들려면 대규모 공장이 있어야 했다. 물론 대규모 공장에서 집적 생산시설로 만들면 저비용으로 성능 좋은 제품을 만들 수 있다. 하지만 소비자의 취향이 매우 중요한 제품의 경우, 3D프린팅을 이용하여 굉장히 작은 단위로 생산할 수 있다. 이렇게 되면 1인 기업, 협동조합, 가내수공업 등과 같은 형태의 생산방식이 더 다양화하고 확산할 가능성이 높아진다. 이제까지 대부분의 산업들은 어떤 통일된 디자인을 대량생산하는 데 최적화된 시스템이었지만, 특별한 디자인의 제품을 소량으로 만드는 일은 3D프린팅에 맡길 수 있다. 스타트업의 경우 3D프린터로 시제품을 빠르게 만들어서 시장의 반응을 쉽게 확인할 수 있다. 그러면 스타트업들이 시장에서 빠르게 검증받고 빠르게 기업으로 성장하는 토대가 될 수 있다. 그뿐 아니라 거대 기업이나 대규모 고용주들에게 고용되지 않고 가내수공업이나 자영업처럼 3D프린팅을 이용해서 물건을 제조하고 생산할 수 있는 시대가 될 것이다. 일자리 측면에서는 회사에 얽매이지 않고 자율적인 프리에이전트로 제조할 수 있는 종사자 수가 늘어날 수 있다.

이렇게 되면 시장에서 점점 더 세분화된 수요에 맞는 세분화된 공급이 일어난다. 가격이 다소 높다 하더라도 소비자는 자기한테 맞추어진 것이니까 더 많은 비용을 지불할 가능성이 높다. 이런 세분화된 수요가 많아지고, 세분화된 공급이 늘어나면 기존에 획일적인 제품으로 대량생산하던 업체들에 상당한 타격이 있을 것이다. 물론 세분화된 수요에 맞는 다양한 틈새 일자리와 틈새 기업들도 새롭게 등장할 수 있다.

무엇보다 이 같은 기술 빅뱅으로 기업의 수명이 빠르게 짧아지고 있다. 미국 컨설팅 업체 이노사이트의 분석에 따르면 S&P 500 기업의 평균 수명이 1960년에는 60년에서 2000년대 중반 이후 15~20년으로 짧아졌다. 앞으로는 기업 수명이 더 짧아질 것으로 예상된다. 기업 수명이 이토록 짧아진다는 것은 그 기업에 몸담은 일자리의 수명도 그만큼 짧아진다는 뜻이다. 시간이 갈수록 일자리의 안정성과 지속성이 떨어지는데, 기술 빅뱅은 일자리의 수명 단축을 더욱 가속화할 것이다.

# 4

## 로봇화와 인공지능의 시대,
## 왜 한국의 일자리가 가장 취약한가

---

기술발전 이야기를 하면 이제는 많은 이들이 로봇기술과 인공지능 이야기를 같이 꺼낸다. 사실 2016년 봄에 구글이 개발한 인공지능 바둑 프로그램 '알파고'가 바둑기사 이세돌을 무너뜨릴 것이라고 상상한 사람은 별로 없었다. 그 대결 이후 인공지능에 대한 관심이 폭증했고, 인공지능이 많은 분야에서 인간을 대체할 것이라는 생각도 급속도로 퍼졌다.

로봇화와 인공지능 이야기를 기술 빅뱅과 분리시키는 데는 이유가 있다. 기술 빅뱅과 달리 로봇화와 인공지능, 컴퓨터 알고리즘 기술의 발전은 인간의 신체적, 지적 능력을 곧바로 대체하는 효과가 있기 때문이다. 그만큼 일자리 문제와 직접적인 관련성이 크다.

지금 우리는 '제2의 기계시대'로 접어들고 있다. 미국 MIT 대학의 에릭 브린욜프슨과 앤드루 맥아피 교수가 쓴 책의 제목이기도 한 '제2의 기계시대'는 인공지능 기술을 중심으로 하는 디지털 기계가 인간의 일자리를 새로운 차원에서 대체하는 시대를 일컫는다.

제1의 기계시대는 산업혁명기 증기기관으로 대표되듯, 기계가 인간의 육체적 힘을 대신하던 시대였다. 즉, 기계가 인간의 육체노동을 대신하고, 인간은 기계가 대체할 수 없는 지적노동과 두뇌노동을 하는 쪽으로 옮겨갔다. 이런 기계의 힘을 바탕으로 사람들은 새로운 일자리를 만들어갔다. 또한 기계가 만들어내는 높은 생산성 덕분에, 노동시간을 줄이고 여가를 확대하면서도 소득을 늘리는 방향으로 사회발전이 이루어졌다. 이런 흐름이 대략 1980년대 초까지 이어졌다. 그러다가 미국 레이건 행정부의 부유층을 위주로 한 노동정책 등으로 비정규직 노동이 늘어나면서 중하층 소득이 정체되기 시작했다.

물론 제1의 기계시대에도 충격이 없었던 것은 아니다. 제1의 기계시대를 거치면서 파괴된 일자리와 산업이 있고, 이에 대한 저항도 있었다. 방직공장 노동자들이 일으킨 기계파괴 운동, 러다이트 운동 Luddite Movement이 대표적인 사례이다. 하지만 결국 그 충격이 흡수되었을 뿐 아니라, 기계의 높은 생산력을 바탕으로 사람들은 물질적으로 훨씬 더 풍요한 생활을 누리게 되었다.

그런데 제2의 기계시대는 기계가 인간의 육체적인 힘뿐 아니라 인지적인 영역까지 대신하는 단계로 나아간다. 대표적인 것이 인공지능이다. 인간이 그동안 지적노동을 함으로써 기계와 차별화되는 노동 가치를 만들어왔는데, 인공지능 기술이 급속히 발전하면서 앞으로도 그럴 수 있을지 의문에 봉착했다.

제1의 기계시대처럼 단기적으로는 인공지능으로 인한 충격이 있을 수 있겠지만, 결국에는 인간의 삶을 더 윤택하게 만드는 방향으로 활용할 수 있으리라는 낙관론도 있다. 반면 제1의 기계시대와는 다르게 더 이상 인간만이 수행할 수 있는 일자리가 점점 없어지기 때문에 사람들의 일자리가 근본적으로 줄어들 것이라는 비관론이 더 우세한 편이다. 일자리가 줄어들면 소득이 줄어들어 결국 자본과 기계를 가진 사람들은 더욱 더 많은 이익을 얻는 반면, 자본이 없고 기계로 쉽게 대체될 수 있는 노동력을 가진 사람들은 빈곤층으로 전락하는 양극화가 극단으로 치달을 가능성이 커진다. 과거 SF 영화에 자주 등장하던 디스토피아가 이 인공지능 기술의 발전을 통해 현실화되고 있다는 주장이다.

지금 여기에서 어느 쪽의 전망이 옳으냐를 판단하기는 불가능하다. 다만 기존의 일자리를 대체하는 새로운 일자리가 생겨나든 그렇지 않든, 비관론과 낙관론이 공유하는 결론이 있다. 바로 로봇화와 인공지능으로 인해 기존의 일자리가 급속히 사라지거나 그 성격이 크게 바뀐다는 것이다. 또한 미래에는 지금까지는 상상하지 못한 일자리들이 생겨날 가능성이 커진다.

그리고 적어도 단기적으로는 늘어나는 일자리보다 줄어드는 일자

일의 미래 :

리가 훨씬 더 많을 것이다. 제1의 기계시대에도 인간 노동을 대체하는 기계가 도입되면서 한동안 많은 일자리가 사라지는 시기가 있었던 것과 유사하다. 뒤에서 보겠지만, 실제로 이런 흐름은 이미 현실에서 뚜렷이 나타나고 있다.

제2의 기계시대를 통해 지금까지 유지되던 일자리의 일부가 급속하게 사라질 수 있고, 또 일자리의 성격 자체가 달라지는 변화는 분명히 일어날 것이다. 이미 로봇화를 통해 제조업의 일자리가 급속하게 줄어들고 있다. 《중앙일보》 기사(2015년 3월 14일자)에 따르면, 중국의 한 기업은 2만 명이 근무하던 공장에 로봇을 투입한 뒤 100명의 직원만 남겼다고 한다. 일본에서도 로봇을 투입한 후 직원들을 대부분 재택근무하게 하는 기업이 등장했다. 이런 현상은 앞으로 한국에서도 뚜렷하게 나타날 것이다.

많은 이들이 변화를 감지하고 있다. 이미 인공지능, 빅데이터, 온라인 교육, 사물인터넷, 로봇, 인터넷, 모바일 등에 대한 관심이 매우 높다. 이 수많은 키워드들이 사실은 모두 같은 내용을 담고 있다. 이제는 사람만이 정보를 만들어내는 것이 아니라, 디지털 기계들이 서로 교신하면서 엄청난 양의 데이터와 정보를 만들어낸다. 그리고 기계학습을 통해 이들 데이터를 분석해 사람보다 더 좋은 해법을 찾아낸다. 알파고가 이세돌 9단과 대국할 때 사람이라면 도저히 둘 수 없는 창의적인 수를 둬 이세돌을 궁지에 몰아넣었던 사례가 대표적이다.

이런 일이 지금 엄청나게 많은 분야에서 일어나고 있고, 이에 따라 그동안 인간만이 수행할 수 있다고 여겼던 많은 일이 기계로 대체될 날도 머지않았다는 전망이 나온다. 다만 사회적으로 정책과 제도를 어떻게 만드느냐에 따라 우리 삶이 좀 더 윤택해질지 더 불행해질지가 상당 부분 좌우된다는 것은 분명한 사실이다.

## ■ 세계에서 로봇밀도가 가장 높은 나라, 한국 ■

물론 아직까지는 로봇이 인간의 정신적 능력은 말할 것도 없고, 신체적 능력조차 완벽하게 대체하기 힘든 경우가 많다. 재난구조에 투입되는 로봇만 봐도 그렇다. 아직까지 인간이 손으로 간단하게 할 수 있는 구조 동작을 재난구조 로봇은 잘하지 못한다. 그러나 인간의 일을 대신하기 위해 인간이 하는 모든 판단과 동작을 복합적이고 연쇄적으로 수행할 필요는 없다. 인간이 수행하는 노동 과정을 부분으로 나눠 그 일을 기계가 반복적으로 대신하게 하면 되기 때문이다. 그렇게 볼 때 이미 한국은 로봇이 인간의 노동력을 대체하는 속도가 가장 빠른 나라이고 가장 비중이 높은 나라다.

이는 노동자 1만 명당 산업용 로봇의 수를 나타낸 로봇밀도라는 지표를 보면 알 수 있다. 1-15그래프를 보면, 전 세계에서 로봇밀도가 가장 높은 나라가 바로 한국이다. 2014년 기준으로 노동자 1만

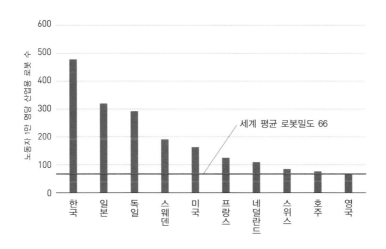

전 세계 로봇밀도(2014)

노동자 1만 명당 산업용 로봇 수

세계 평균 로봇밀도 66

한국 일본 독일 스웨덴 미국 프랑스 네덜란드 스위스 호주 영국

국제로봇협회(IIFR) 자료에서 인용

명당 478대다. 세계 평균의 무려 일곱 배 이상이다. 2위가 일본, 3위
가 독일이다. 이 국가들의 공통점은 모두 제조업 강국이라는 것이다.
한국도 제조업 강국이라고 할 수 있다. 주요 산업과 기업들이 제조
업에 몰려 있다. 이러한 제조업 현장에서 자동화와 로봇화가 빠르게
진행되고 있다. 이 때문에 예전처럼 대규모 공장을 짓더라도 대규모
인원을 고용하는 일은 발생하지 않는다. 그리고 이런 현상은 앞으로
점점 더 심각해질 것이다. 그렇게 되면 한국에서 고용 수요는 점점
더 줄어들 것이다.

이 가운데 유독 한국의 로봇밀도가 높은 데는 또 다른 이유가 있다. 한국은 노동조합 조직률과 가입률이 상대적으로 많이 낮은 나라이기 때문이다. 대기업과 고용주가 임금인상이나 근로조건 개선을 요구하는 노동자를 채용하기보다는 산업용 로봇을 도입하려는 욕구가 압도적으로 높다고 분석할 수 있다. 그리고 이렇게 노동시장이 개편되는 것에 대해 안전장치가 될 만한 사회적, 조직적 견제력이 거의 없는 나라이기도 하다.

이에 더해 한국의 급속한 고령화도 이러한 현상을 가속화시키고 있다. 제조업에서 산업용 로봇이 하는 일은 과거에 주로 젊은 인력들이 담당하던 일이다. 그러나 급속한 고령화와 저출산으로 생산가능인구가 상대적으로 줄고 있기 때문에 이 인력들이 필요한 자리를 산업용 로봇으로 채우려는 기업들의 욕구가 강해지고 있다. 인구구조의 변화가 로봇 도입 흐름에도 영향을 미치고 있는 것이다.

더 놀라운 사실이 있다. 2015년 보스턴컨설팅그룹이 고급 산업용 로봇 도입에 따른 인건비 절감률을 전망한 바에 따르면, 2025년이 되었을 때 고급 산업용 로봇 도입으로 인건비가 가장 많이 줄어들 것으로 예상되는 나라 역시 한국이다.[1-16] 33%로 2위인 일본보다도 8%p 높은 수치이고, 조사 대상국들의 평균값인 16%보다 두 배 이상 높은 수치다. 즉, 한국에서 2025년 정도에는 필요한 일자리 세 개 가운데 하나는 산업용 로봇으로 대체될 가능성이 높다는 것이다.

이미 한국의 노동시장은 유연화되어 있다. 단적으로 1년 미만의

고급 산업용 로봇 도입에 따른 인건비 절감률(2025)

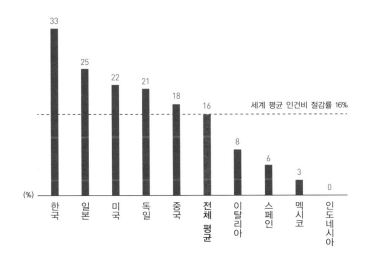

세계 평균 인건비 절감률 16%

보스턴컨설팅그룹 자료에서 인용

비정규직 노동자 비율이 OECD 국가들 가운데 가장 높은 수준이다. 지금도 한국의 일자리 안정성은 매우 낮은데, 앞으로 기술변화로 맞게 될 일자리 충격 또한 어느 나라보다 클 것이다. 기계로 대체될 가능성이 높은 제조업과 단순작업 중심의 영세 서비스업의 일자리 비중이 매우 높기 때문이다. 그러므로 한국은 로봇 도입에 따른 일자리 감소 효과에 어떻게 대처해야 할지 다른 어떤 나라보다 훨씬 더 심각하게 고민해야 한다.

그렇다면 로봇화로 어떤 종류의 일자리가 가장 큰 타격을 받게 될
까? 좀 더 구체적으로 살펴보자.

　《제2의 기계시대》의 공저자 중 한 사람인 앤드루 맥아피 교수가 미
국의 고용창출에 관해 조사한 결과를 통해 이를 설명해보자. 1-17그
래프는 10년 단위로 미국에서 창출된 고용의 증가 추이를 나타낸 것
이다. 이를 보면 1940년대에 10년간 창출된 고용이 37.7%나 늘어
가장 고용창출이 많이 이루어졌고, 그다음은 1960년대이며, 대체로
연대가 최근으로 올수록 고용창출 증가율이 줄어들었다. 그리고 어
떤 다른 연대보다 2000년대에 고용창출 수준이 유난히 떨어져 오히
려 -1.0% 줄어들었다. 그런데 미국은 2008년 경제위기 전까지는 연
간 4% 전후의 경제성장률을 유지할 정도로 성장률이 낮지도 않았
다. 기업들의 투자도 크게 늘어났고, 기업들의 세후 이익은 가파르게
증가했다. 그런데도 고용창출은 다른 어느 때보다 낮았다. 왜 이런 현
상이 일어났을까? 이에 대한 앤드루 맥아피 교수의 해석은 이렇다.
세제와 정책의 변화나 세계화와 제조공장의 해외 이전 등 여러 영향
이 있지만, 많은 산업 현장에서 자동화 기술과 로봇이 도입되면서 인
력을 그만큼 채용하지 않은 영향도 크다는 것이다.

　맥아피 교수는 실질 GDP와 노동 생산성이 증가한 만큼 가구소득
이나 민간 일자리가 증가하지 않는 현상을 '거대한 탈동조화'Great Decou-

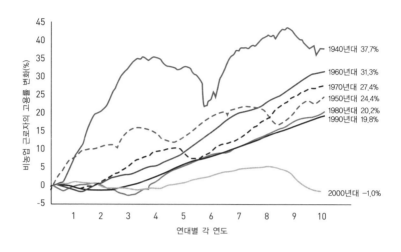

1940년대 37.7%

1960년대 31.3%

1970년대 27.4%
1950년대 24.4%
1980년대 20.2%
1990년대 19.8%

2000년대 −1.0%

연대별 각 연도

비농업 근로자의 고용률 변화(%)

미국 노동통계국(BLS)과 맥킨지 글로벌 연구소 자료를 바탕으로 앤드루 맥아피 교수가 작성한 그래프를 인용

pling'라고 불렀다. 1-18그래프에서 보는 것처럼 1970년대 말까지 거의 함께 움직이던 실질 GDP와 노동생산성, 중위 가계소득, 민간 고용이 레이건 행정부의 감세정책과 노동시장 유연화 등의 여파로 저임금 일자리가 양산되면서 중위 가계소득이 정체하기 시작했다. 이후 2000년대 초반부터는 저임금 일자리는 고사하고 아예 일자리 자체가 늘지 않는 현상이 벌어졌다. 맥아피 교수는 그 이유를 기술발전에 따라 기계에 의해 많은 일자리가 대체됐기 때문으로 보고 있다.

그렇다면 어떤 영역에서 특히 고용창출이 떨어졌을까? 1-19그래

미국의 노동 생산성, GDP, 고용 및 가계수입(1953~2011)

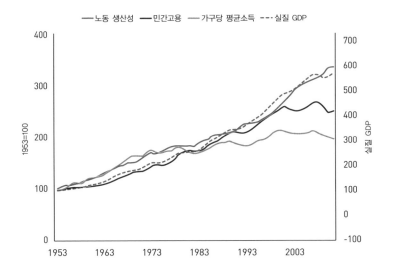

— 노동 생산성　— 민간고용　— 가구당 평균소득　- - - 실질 GDP

미국 노동통계국과 인구조사국 자료를 바탕으로 앤드루 맥아피 교수가 작성한 그래프를 인용

프의 '미국의 기술 수준별 고용 비중' 자료를 보면 어느 정도 파악할
수 있다. 우선 고급, 중급, 하급으로 기술의 수준을 나눈다. 그리고 여
러 직업들을 각각의 기술 수준에 맞추어 분류한다. 그 다음 각 기술 수
준별 일자리 비중이 1983년과 2012년에 어떻게 달라졌는지 살펴본
자료다. 이를 비교해보면 고급기술과 하급기술의 일자리 비중은 늘
어난 반면 중급기술의 일자리 비중은 줄어들었다.

　여기서 고급기술의 직업은 주로 경영이나 재정운용처럼 전략적 판

일의 미래 :

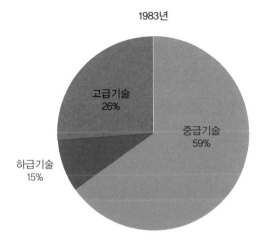

1983년

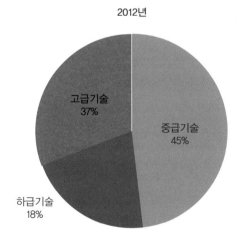

2012년

Didem Tüzemen and Jonathan Willis, `The Vanishing Middle: Job Polarization and Workers' Response to the Decline in Middle-Skill Jobs`에서 인용

단을 내려야 하거나, 컴퓨터 프로그래밍처럼 기계를 부리는 전문기술을 가지고 있는 직업을 말한다. 이런 직업은 기계가 쉽게 대체하기 힘든 영역이다. 그래서 사회가 발달하면 할수록 이런 수준의 직업은 오히려 늘어난다. 반면 중급기술은 말 그대로 중급의 교육과 기술 수준을 가진 사람들이 할 수 있는 업무나 생산활동을 말한다. 이미 세워진 전략적인 판단이나 기획에 따라 구체적인 업무를 수행하는 직업들이다. 일반 사무 및 행정업무, 제조업체의 제품 생산활동 등을 중급기술이라고 볼 수 있으며, 이런 직업들은 대체로 임금 수준도 중간 정도다. 하급기술은 훨씬 더 단순한 노동을 수행하는 직업일 것이다. 그런데 이를 보면 오히려 중급기술에 속하는 직업들이 자동화와 로봇화, 알고리즘 기술의 발전으로 가장 쉽게 대체되고 있음을 볼 수 있다.

좀 더 최근의 데이터를 확인하기 위해 우리 연구소가 직접 미국 노동통계국 자료를 바탕으로 2010년 대비 2014년의 직업별 고용 증가율을 조사해보았다.[1-20] 그런데 앞에서 본 흐름이 이 데이터에서도 나타나고 있음을 확인할 수 있다. 2010년 대비 2014년의 각 직업 유형별 증감률을 나타낸 1-20그래프를 보면, 경영, 사업 및 재정 운용, 컴퓨터 및 수학 등과 같은 직업군은 고용이 가장 많이 늘어나고, '개인 돌봄 및 서비스'와 같은 직업도 많이 늘어났는데, 중급기술에서는 고용 증가율이 상대적으로 적다. 일반적으로 경제성장률이 증가하는 시기에는 전체적으로 고용이 늘어나기 때문에 중급기술 일자리도 일정하게 늘어난다. 하지만 다른 직업들에 비해 늘어나는 숫자가 상대적

일의 미래 :

미국의 직업별 고용 증감률(2010년 대비 2014년)

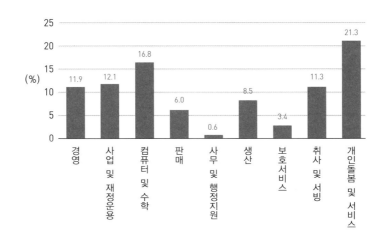

미국 노동통계국 자료를 바탕으로 선대인경제연구소 작성

으로 적기 때문에 중급기술직이 차지하는 비중은 꾸준히 줄어드는 추
세인 것이다.

■                       **어떤 직업이 '더' 위험할까**                       ■

이러한 변화의 방향을 일자리의 기술 수준이 아니라 직업의 유형별
로도 살펴보자.1-21 이번에는 직업 유형을 비정형 인지, 정형, 비정형

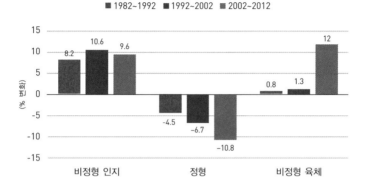

■ 1982~1992　■ 1992~2002　■ 2002~2012

미국 노동통계국의 인구 통계자료를 바탕으로 한 Henry Siu, Nir Jaimovich의 보고서를 재인용

육체로 나누어보자. 비정형 인지는, 반복적이지 않은 업무이면서 인지능력이 필요한 일자리를 말한다. 이러한 비정형 인지 유형의 일자리는 여전히 많이 늘어나고 있다.

　다음으로 비정형 육체는 반복적이지 않은 업무이면서 사람이 몸을 써서 하는 일을 말한다. 이와 같은 직업도 줄지 않고 일부 늘어나기도 한다. 하지만 정형화된 직업, 예를 들어 판매활동이나 생산과정에서 자동화할 수 있는 일, 반복되는 사무 및 행정지원 업무 등은 로봇과 자동화 프로그래밍 등에 의해 대체되기 쉬운 일이다. 이미 회계관리나 실적관리는 많은 부분 각종 프로그램을 사용해 이루어지고 있다. 그런 프로그램이 과거의 사무 및 행정지원 일자리를 대체하고 있는데, 그 폭은 점점 더 커질 것이다.

예를 들어보자. A기업이 올해 주력으로 밀고 있는 가전제품의 판매가 저조하다. 그렇다면 왜 안 팔리는지 원인을 찾고 이를 해결하기 위한 전략을 세워야 한다. 시장조사를 다시 하고, 소비자의 반응을 알아보고, 새로운 마케팅 활동계획을 세우고, 이를 위해 예산이 얼마가 필요하고, 광고를 어떻게 집행할지 등의 계획을 세워야 한다. 혹은 신제품을 더 빨리 출시하거나, 소비자의 기호를 신제품에 어떻게 반영할지를 판단하는 일도 이루어져야 한다. 이와 같은 일이 비정형 인지에 속한다.

또 이런 인지적 업무를 하려면 데이터가 필요하다. 판매 데이터, 소비자 취향 및 구매 패턴 조사 데이터 등이 있어야 하는데, 이 데이터를 수집하는 방법을 프로그래밍하는 사람도 필요하다. 또 이 데이터 결과를 제대로 해석하고 상황에 맞게 적절한 전략을 세우는 사람도 필요하다. 이와 같은 일도 비정형 인지에 해당한다.

반면 이미 정해진 전략에 따라 시장에서 조사하고 데이터를 모으는 것은 중급기술에 해당하는 일이다. 이 일은 컴퓨터 프로그래밍 기술이 발전하면 할수록 쉽게 대체될 수 있다. 예를 들어 과거에는 소비자의 취향을 알아보기 위해 사람이 일일이 소비자들을 직접 만나서 종이와 펜을 들고 설문조사를 해야 했다. 그러나 이제는 스마트폰 앱, 이메일 등으로 한꺼번에 수천 명에게 설문조사를 받을 수 있다. 한 걸음 더 나아가 엄청나게 쌓여 있는 소셜 데이터를 분석할 수 있어 설문조사의 필요성과 효용성이 크게 줄어들고 있다. 과거에는 설문조사를 진행하기 위해 수많은 직원이 필요했다면, 이제는 디지털 기술을 이용해서 적은 인력만으로 해결할 수 있다. 정형화된 기술이 그래서 빨리 사라지는 것이다.

한편으로는 꼭 사람이 해야 하는 일이 있다. 예를 들어 가전제품을 파는 매장에서 직접 고객을 응대하는 업무는 사람이 해야 한다. 물론 일본에서는 응대하는 직원이 모두 로봇인 무인호텔도 등장했지만, 아직까지 로봇은 비교적 간단한 대면 업무만 응대할 수 있다. 사람의 행동과 말, 이면의 감정을 포착하고 응대하는 일은 로봇이 하기 어렵다. 매장에 온 고객의 표정이나 행동을 보면서 이 사람이 어떤 물건을 원하는지를 판단하고, 구입하려는 낌새가 있을 때 할인 혜택을 제시하거나 적극적인 권유 활동을 하는 등의 일은 사람이 수행해야 한다. 이와 같은 유형의 일이 바로 비정형 육체노동이다.

여기서 한 가지 짚고 넘어가자면, 비정형 육체노동 일자리가 기계로 대체되지 않는 이유 중 하나는, 실제로 그와 같은 일을 기계가 대체하기 어렵기도 하지만 비정형 육체노동의 임금이 상대적으로 낮기 때문이다. 일자리를 자동화하는 데 들어가는 비용이 아직은 인건비보다 더 높거나, 설사 낮다고 하더라도 인건비 절감 효과가 크지 않은 것이다. 그러므로 이 분야의 일자리가 늘어난다 해도 실상 이들 일자리의 임금은 그리 높지 않다. 더구나 향후 기술발전이 더욱 진전되면 이들 분야 일자리들 또한 점점 더 기계에 의해 대체될 가능성이 높아질 것이다.

일의 미래 :

대표적인 예로, 기관지 계통의 질병을 앓아 가래를 뱉어내지 못하는 환자들의 가래를 뽑아내는 석션$^{suction}$(흡입) 기계가 이미 개발됐다. 지금까지는 간호사나 간병인 등 사람이 해야 했던 비정형 육체노동이었다. 하지만 이제는 그런 일도 기계가 대체할 수 있게 됐다. 물론 인구 고령화에 따라 요양사와 간병인 등의 일자리가 늘어나는 게 현실이다. 다만 기술적 대체 가능성 측면에서는 이들 비정형 육체노동 일자리조차 사정권에 들어가고 있음을 인식할 필요가 있다. 이런 석션을 대신하는 기계가 등장한 것 하나만으로 간병인이 필요하지 않은 시대가 되지는 않겠지만, 석션을 하는 일의 분량만큼은 관련 일자리에 대한 수요가 줄어든다고 볼 수 있다.

　또한 로봇 비용도 빠르게 하락하고 있어 인건비 대비 부담이 커서 로봇 도입을 꺼렸던 사업체도 점점 더 많은 로봇을 도입하게 될 것이다. 실제로 이제 중소기업도 로봇을 쓸 수 있는 단계까지 로봇 기술이 발달했다는 진단이 나오고 있다.

　한편 정형 영역의 일자리는 대부분 중간 소득 수준의 일자리인데, 전반적으로 중산층을 양산했던 일자리가 줄어들면 경제적 불평등이 심화될 것이고, 경제 전체의 수요 기반을 위축시킬 수 있다. 이대로 간다면 총수요의 감소 추세가 굳어져 저성장 기조가 더욱 장기화될 수 있다. 또한 인공지능 로봇과 생산성 높은 새로운 자본을 더욱 축적하는 슈퍼리치 및 일부 고소득층과, 대다수 중산층 서민의 소득 격차는 더욱 벌어질 수 있다.

사실 이런 일은 이미 현실로 일어나고 있다. 이를 가장 여실히 보여주는 사례가 세계적인 온라인 유통기업인 아마존이다. 미국의 온라인 시장 규모는 글로벌 금융위기 직후인 2009년 1분기 342억 달러에서 2016년 1분기에 928억 달러로 7년 만에 세 배 가까이 증가했다. 그런데 이런 미국 온라인 상거래 시장의 약 30~40%를 아마존이 차지하고 있다. 아직 미국의 온라인 상거래 시장이 전체 유통시장의 8% 수준에 불과해 앞으로 꾸준히 성장할 가능성이 높고 아마존의 시장 점유율이 상승하는 추세여서, 아마존의 고속성장은 한동안 계속될 것이다. 이를 반영해 아마존의 실적과 주가는 나날이 사상 최고치를 경신하고 있다.

그렇다면 아마존의 일자리도 그만큼 빠르게 늘고 있을까. 아마존의 물류 창고에는 키바라는 로봇이 사람보다 네 배나 빠른 속도로 고객이 주문한 물건을 찾아서 배송하고 있다. 아마존 물류창고를 촬영한 동영상을 보면 바퀴가 달린 납작한 원통 모양의 키바 로봇이 물건을 들어 올려 착착 포장대로 운반하는 모습이 눈에 들어온다. 물건을 찾아 포장대까지 나르는 과정에는 단 한 명의 사람도 눈에 띄지 않는다. 이런 식으로 아마존이 자사 물류센터 가운데 열세 곳에 키바 로봇을 도입한 지 2년 만에 운영비용을 20% 절감했다고 독일 최대 은행인 도이치뱅크는 분석했다. 또한 아마존이 키바 시스템을 자사의 전체 물류센터 110곳에 도입하면 매년 8억 달러의 비용을 절감할 수 있을 것으로 예상했다.

아마존은 이처럼 사람의 손이 가지 않는 물류 및 배송, 판매 시스템을 구축하는 데 막대한 투자를 하고 있다. 드론을 이용해 30분 이내에 물건을 배송하는 '아마존 프라임 에어' 서비스는 이미 실시하고 있고, 자율주행차를 이용한 택배 시스템 구축도 계획하고 있다. 더구나 계산대와 점원이 필요 없는 오프라인 식료품점인 '아마존 고'도 곧 문을 연다. 이처럼 아마존은 무인 시스템을 통해 사람이 일할 때보다 훨씬 신속하고 정확하게 일을 처리하는 한편 비용을 극도로 절감하고 있다. 이런 높은 생산성과 효율성 때문에 다른 대다수 오프라인 소매업체들은 실적이 날이 갈수록 악화된다. 당연히 이들 업체들은 직원들을 줄일 수밖에 없다.

이 같은 영향을 꼼꼼하게 분석한 보고서가 2016년 미국의 한 비영리 민간연구기관에서 나왔다. 미국 지역자립연구소$^{ILSR}$가 발간한 심층분석 보고서인 〈아마존의 목조르기$^{Amazon's\ stranglehold}$〉에 따르면, 아마존은 2014년에 일리노이 주에서 약 20억 달러어치의 물건을 팔았지만 그 주에서 단 한 명도 고용하지 않았다. 아마존은 또한 직원 한 명을 고용해 150만 달러의 판매고를 올리는데, 일리노이 주의 전통적인 소매유통업자들은 평균 일곱 명을 고용해야 같은 판매고를 올릴 수 있다. 즉 아마존은 같은 판매고를 올리는 데 필요한 인력이 전통적인 소매유통의 7분의 1에 불과한 것이다. 아마존이 이처럼 극도로 효율적이다 보니 전통적인 유통업체들이 속속 무너질 수밖에 없다. 그곳에서 일하던 직원들도 쫓겨나고 있다. 아마존은 2015년 기준으로 미국에서 14만 5800명을 고용하고 있지만, 아마존의 여파로 미국에서만 29만 4574명의 유통업체 직원들이 일자리를 잃은 것으로 보고서는 추산했다. 즉 미국 내 유통업체 일자리 전체를 놓고 보면, 아마존 때문에 일자리가 늘기는커녕 14만 8774개가 오히려 줄었다는 것이다. 그뿐 아니라 아마존 충격으로 임금이 줄고 노동 여건이 열악해진 일자리도 엄청나다고 보고서는 지적했다.

2012년에 비해 2017년 초에 아마존의 주가가 네 배 가까이 오르면서 주주들은 부유해졌지만, 그 과정에서 많은 이들이 실업자로 전락하거나 임금이 줄어들었다. 아마존이 가장 두드러진 사례이지만, 이런 상황은 앞으로 점점 더 확산될 것이다.

2016년 초 스위스 다보스에서 열린 세계경제포럼도 궤를 같이 하는 보고서를 발표했다. 국내 각종 언론을 통해 소개된 것처럼, 당시 세계경제포럼의 화두는 '4차 산업혁명'이었다. 참고로, 일부 전문가들은 굳이 '4차 산업혁명'으로 불러야 할 만큼 이전 시기에 비해 혁명적 발전이 일어나고 있는지에 대해 의문을 표시하기도 한다. 하지만 적어도 디지털 혁명을 기반으로 모바일 인터넷과 강력한 센서, 인공지능과 기계학습, 나노기술과 첨단 생명공학, 신재생에너지, 퀀텀 컴퓨팅 등 다양한 분야의 첨단기술이 융합해 산업 간 경계가 파괴되면서 새로운 산업이 빠른 속도로 성장하는 시대를 일컫기 위해 '4차 산업혁명'이라는 표현을 쓰는 것이 크게 문제가 된다고 볼 필요는 없을 것 같다. 따라서 이 책에서도 간명하게 설명하기 위해 편의상 '4차

일의 미래 :

산업혁명'이라는 표현과 프레임을 사용하기로 한다.

　세계경제포럼은 2016년 회의에서 〈일자리의 미래<sup>The Future of Jobs</sup>〉라는 보고서를 내놓았다. '4차 산업혁명에 대비한 직업과 기술, 노동 인력 전략'이라는 부제가 붙은 이 보고서는 미국, 중국, 일본, 독일, 인도, 영국, 프랑스, 호주 등 전 세계 일자리의 65%(19억 명)를 차지하는 주요 15개국의 350개 대기업 인사 담당 임원 및 CEO 등을 대상으로 조사한 결과를 분석했다. 그렇기에 단순한 예측치가 아니라 향후 기업들의 '계획'을 반영하는 일자리 전망이다. 그만큼 가장 현실에 근접하면서도 가장 광범위하고 실현 가능성이 높은 향후 일자리 전망이라고 할 수 있다. 이 보고서의 핵심 내용은 다음과 같다.

　현재 초등학교에 입학하는 65%의 아이들은 지금은 존재하지 않는 완전히 다른 종류의 직업을 갖게 될 것이다. 많은 기업 인사 담당자들과 경영자들은 2020년까지 기술, 인구, 사회경제의 트렌드가 비즈니스 모델에 큰 영향을 줄 것으로 내다보았다. 이들이 일자리가 대체될 가능성이 높다고 보는 가장 큰 이유는 인공지능의 등장 때문이다. 특히 생산직 등에서 많은 일자리가 사라질 것으로 전망했다. 반면 기술변화에 의한 4차 산업혁명이 빅데이터 분석이나 모바일 인터넷과 같은 잠재적인 일자리 창출로 이어져 긍정적인 효과를 가져올 것이라는 사람들도 있었다.

　응답자들은 2020년까지 건축, 엔지니어링, 컴퓨터, 수학 등의

직업군별 고용 증가 전망(2015~2020)

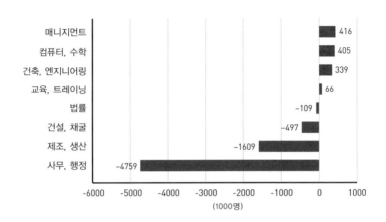

〈일자리의 미래〉(세계경제포럼, 2016) 보고서에서 인용해 선대인경제연구소 작성

직업군에서 고용이 지금보다 늘어난다고 보지만, 자동화로 인해 단순노동 형태의 생산직이나 사무직은 심각하게 줄어들 것으로 보았다.

이런 조사를 바탕으로 보고서는 미래의 총 고용 현황을 직업군별로 추산했는데, 2020년까지 710만 개의 일자리가 사라지고 200만 개의 새로운 일자리가 생겨날 것으로 보았다. 즉, 총 510만 개의 일자리가 사라진다고 예측한 것이다. 여기에서 얻은 결과는 다음과 같다. 첫째, 관리직과 단순 화이트칼라 사무직은 사라질 위험이 큰 반

일의 미래 :

면 컴퓨터나 수학 등과 관련 있는 직업은 대체되기 어려울 것이다. 둘째, 이런 일자리 변화는 심각한 노동시장의 불균형을 가져올 것인데, 새로운 일자리에 적합한 새로운 기술을 갖추도록<sup>reskilling</sup> 노력할 필요가 있다. 일자리는 줄어드는 반면 세계 인구는 증가해 실업률 또한 더욱 높아질 것이므로, 일자리 변화에 맞춰 적절한 기술을 갖추지 못하면 2019년에는 일할 기회를 찾지 못하는 노동자가 많아질 것이다. 또한 인구 증가 및 여성의 경제활동 등 사회적 요인에 따라서도 일자리 수요가 변화하기 때문에 이러한 흐름들도 눈여겨봐야 한다.

미래의 파괴적인 변화는 일자리의 수<sup>Quantities</sup> 뿐만 아니라 일자리의 질<sup>Qualities</sup>과 그에 따라 요구되는 기술에도 큰 영향을 미칠 것이다. 이러한 기술의 요구는 에너지, 금융서비스, 헬스케어, ICT 등의 분야에서는 늘어날 것으로 기대되고, 사회기반시설, 소비자, 미디어 등의 분야에서는 감소할 것으로 보인다. 더욱이 기술이 요구되는 직업의 대부분은 컴퓨터, IT, 엔지니어링 등 수학적 지식이 필요한 분야인데 이러한 분야에 일하는 노동자 중에는 남자가 많기 때문에 여성의 고용이 상대적으로 줄어들 것이다.

세계경제포럼의 직업군별 고용 전망이 앞에서 소개한 기술 수준별 일자리 증감 추이나 직업 유형별 일자리 증감 추이와 궤를 같이하고 있음을 알 수 있다. 다만 최근까지 진행돼온 흐름이 가까운 미래에는 훨씬 더 급격하게 일어날 가능성이 높은 것으로 〈일자리의 미래〉 보고서는 내다보고 있다.

그런데 문제는 여기에서 끝나지 않는다. 4차 산업혁명의 핵심 기술 가운데 하나인 인공지능은 사람이 하는 일을 단순히 대신해주는 데서 한발 더 나아가 사람의 결정까지 대신하게 된다. 이미 우리는 알파고와 이세돌의 바둑 대결에서 그 단초를 극적으로 목격했다. 3차 산업혁명기까지만 해도 기계들은 인간이 프로그램을 만들어주면 그에 맞게 매뉴얼화되거나 반복적인 동작을 했으며 프로그램되지 않은 동작이나 작업은 하지 않았다. 하지만 인공지능을 구현할 때에는 제공된 데이터들을 바탕으로 기계가 스스로 학습하는 '기계학습' 기술을 사용한다. 알파고처럼 최적의 수를 찾기 위해 구축해둔 데이터를 분석하여 스스로 결정을 내린다는 점에서 기존의 전형적인 로봇과는 작동 방식이 다르다. 이는 기존의 매뉴얼화된 반복 업무뿐 아니라 비정형적이면서 인간의 인지력과 판단력이 필요한 일자리에서도 기계가 인간을 대체할 가능성이 있음을 의미한다.

실제로 인공지능 기술 도입에 따른 일자리 변화는 이미 빠르게 일어나고 있다. 우선, 금융 업계에서는 사람이 하기 힘든 수백 가지 상품을 동시에 만들고 제안할 수 있는 로보어드바이저의 도입이 늘어나는 추세다. 또한 월스트리트의 금융전문가가 40여 시간에 걸쳐 할 수 있는 일을 몇 분 만에 해결하는 금융분석 플랫폼인 '켄쇼'가 높은 효율성을 보이고 있다. 미국 금융회사 '디이쇼'<sup>D.E.Shaw</sup>는 로봇을 이용해 전 세계 2만여 개의 주식을 12초 만에 분석하고 3초 만에 주식거래를 완료한다. 이미 인간으로서는 도저히 따라잡을 수 없는 능력을 보이

일의 미래 :

고 있다. 금융 업계뿐만이 아니다. 의료계에서는 IBM의 슈퍼컴퓨터인 왓슨이 미국 내 7500개가 넘는 병원의 300억여 개 의료영상에 동시에 접근할 수 있게 됐다. 인간 의사가 1년에 환자 1700여 명을 보는 데 비해 왓슨은 이론적으로 20만 명의 환자를 진단할 수 있다고한다. 모든 나라의 법조문과 판례를 모두 찾아 해당 케이스를 정확히 분석해주는 로봇 변호사도 이미 등장해 변호사 업무의 상당 부분을 맡을 것으로 전망된다.

그리고 모든 직업에서 나타나는 변화가 있다. 바로 일하는 영역이 온라인으로 옮겨가고 있다는 점이다. 미국의 비즈니스 인맥 관리 서비스 '링크드인 LinkedIn' 같은 곳에서 자신의 능력을 자유롭게 사고파는 일자리가 늘어나고 있고, 그걸 사업화하는 서비스도 많다.

가장 쉬운 예가 앞서 말한 우버다. 우버는 직업적인 택시기사가 아니라 차를 가진 사람이 온라인 앱을 이용해서 고객을 찾아가 태우고 돈을 받는 서비스다. 쉽게 말해 자가용 운전 서비스다. 우버는 이미 전 세계에서 수많은 이들이 이용하고 있다. 2016년 미국에서만 앱을 다운받아 실제로 활발하게 사용하는 '액티브 유저'가 1580만 명에 이른다는 통계가 있다. 그렇다면 우버를 통해 이 수많은 유저들에게 운전 서비스를 제공하는 사람들의 수도 엄청나게 많을 것이라는 점은 쉽게 짐작할 수 있다.

이런 우버의 개인 운전자들은 과거의 택시기사들과 일하는 형태가 다르다. 자신의 운전이 필요한 사람과 연결되면, 그때만 일을 하는 것이다. 이와 같은 직업 형태를 야구에서 자유계약 선수에 비유해 프리에이전트라고 부르기도 하고, '긱워크gig work(독립형 일자리)'라고 부르기도 한다.

긱워크는 1920년대 미국 재즈 공연장에서 필요에 따라 일시적으로 연주자들을 섭외하여 공연을 진행했던 데서 유래한 용어다. 상설 공연의 비중이 낮았던 당시 재즈 보컬들은 공연이 잡힐 때마다 임시로 연주팀을 모아 공연했다. 이때 단기 계약을 맺은 연주자를 부르는 말이 '긱gig'이었다. 이 말은 주로 IT 개발자·디자이너 등 비정규직 노동자들과 프리랜서 직업에 사용되다가, 지금은 온라인을 기반으로 어딘가에 속하지 않고 정해진 출퇴근 시간 없이 개인이 수입을 올리는 일들을 포괄하게 되었다. 우버의 개인택시 운전사나 숙박 공유 서비스 에어비앤비의 숙박 제공자 등이 대표적인 예다. 이와 같은 일자리를 만들어내는 경제를 일컬어 '긱이코노미'라고 한다.

이렇게 온라인 네트워크를 활용해서 수시로 자유롭게 자신의 능력을 사고파는 일자리가 빠르게 늘어나고 있다. 앞에서 소개한 〈일자리의 미래〉 보고서에서도 "유연한 일자리가 많이 생겨나 온라인 플랫폼을 통해 협업하거나 프리랜서로 일하는 사람이 늘어나게 될 것"이라고 내다봤다.

지금 줄어드는 일자리가 대부분 고정된 장소, 고정된 조직에서 일하는 일자리라면, 이렇게 자유롭게 일하는 형태의 일자리가 미래의 대안이 될 수 있지 않을까 하는 생각이 들 수도 있다. 그러나 현실을 살펴보면 긱워크의 상당 부분이 결국 비정규적이거나 임시계약직이다. 일정하고 안정된 소득이 보장되지 않는다. 설사 한때 소득이 많다고 해도 안정성이 떨어져 노동자들은 소득 단절이나 감소에 대한 만성적인 불안에 시달리게 된다. 전체 소득이 확연하게 늘지 않는 이상, 안정된 중간직 일자리가 사라지고 이러한 형태의 일자리가 늘어나는 것은 불안한 시대를 사는 개개인에게 좋은 흐름이라고 볼 수 없다.

# 2

어떤 일을 가질 것인가

:

기업·개인·사회의 로드맵

1부에서는 일의 미래를 바꾸는 네 가지 결정적 흐름에 대해 살폈다. 이와 같은 큰 흐름은 쉽게 변하지 않는다. 2부에서는 이런 큰 흐름을 바탕으로 실제로 한국의 기업과 개인들에게 어떤 변화가 닥치고 있는지를 살펴볼 것이다. 이를 바탕으로 향후 기업과 개인이 일자리와 관련하여 어떻게 준비해야 하고, 어려움 속에서도 어떤 기회를 찾을 수 있을지를 알 수 있을 것이다.

먼저 2부 1장에서는 한국 기업들의 일자리가 어떻게 달라질지를 각종 자료를 통해 구체적으로 살핀다. 여기서는 한국 기업들을 둘러싼 환경의 변화와 산업별 부침이 일자리의 수와 임금 측면에서 어떤 영향을 주는지에 초점을 맞췄다. 또 향후 어떤 산업과 기업이 부상할 것인지, 즉 미래의 성장 기업이 어디인지를 현재 드러난 단서들을 통해 예측해보았다. 마지막으로 새로운 미래에 기업이 갖춰야 할 경영 철학과 전략은 무엇인지, 미래 경영에 필요한 덕목들은 무엇인지를 살펴본다.

2장에서는 한국의 개인들이 거대한 변화에 맞춰 무엇을 바꾸고 또 무엇을 새롭게 갖춰야 하는지 정리해보았다. 과거에는 '평생직장'이라는 개념이 있을 정도로 일자리의 안정성이 높았고 일자리도 많았다. 그러나 더 이상 과거와 같은 안정적인 직장을 기대하기 어려운 시대가 된 지 오래다. 우리 사회에는 여전히 그 신화가 남아 있어 공무원 시험 등에 목을 매지만, 모두가 다 이러한 인생을 살 수 있는 것도 아니다. 무엇보다 일하는 방식, 일의 내용과 형태가 달라질 것이기에 이에 대한 대비는 필요하다.

특히 한국 사회는 빠르게 고령화되고 있다. 더구나 의학기술의 획기적 발전으로 이제 수명 120세라는 표현이 과하게 느껴지지 않는다. 여유로운 노후를 즐기기에는 후반부의 인생이 너무 길다. 이제 여러 번의 생애전환기에 대비해야 한다. 이런 것들을 생각하면 개인이 선택하고 준비해야 하는 직업의 기준도 달라져야 한다. 이제 우리는 미래 사회에 필요한 일의 DNA를 새롭게 갖춰나가야 한다. 이 일의 DNA가 무엇인지에 대해 정리해보았다.

3장에서는 한국 사회 전체가 준비해야 하는 것들에 대해 다룬다. 이제는 일자리에 관해 개인 차원에서만 생각해서는 해답을 찾기 어렵다. 일자리를 결정하는 요인들의 사회적 측면이 너무 크기 때문이다. 특히 한국 사회만이 갖고 있는 문제들이 분명히 있다. 첫째는 대기업 위주의 성장과 재벌독식구조, 경제적 불평등 등 한국 경제의 구조를 악화시킨 요인들을 해결해야 우리 사회의 일자리 문제가 해결될 수 있다. 이를 위해 어떤 노력이 필요한지 알아본다. 조세제도 개혁과 기본소득제 등 구체적 방안들을 살펴본다.

둘째는 가계의 재무 상태를 위기로 내모는 부동산과 사교육 문제이다. 생애 전체를 통해 어떻게 일하고 어떻게 소득을 유지할 것이냐의 관점에서 볼 때 이 두 문제도 일의 미래와 깊이 연관되어 있다.

특히 사교육 문제는 비용도 비용이지만, 기계와 다른 인간만이 가질 수 있는 능력을 키워야 하는 시대에 그 효과를 근본적으로 따져봐야 할 시점이다. 입시 위주의 사교육을 아이들에게 퍼부어봐야 비용 대비 효과가 없을 뿐 아니라, 실제로 미래 세대가 자신의 일자리를 찾는 힘을 키우는 데 도움이 되지 않는다. 과도한 사교육을 하지 말자고 당위적 차원에서 얘기하는 게 아니다. 이제 사교육은 많이 하면 할수록 대다수 아이들의 미래에 도움 되지 않는다. 이미 선견지명을 가진 많은 이들이 그런 주장을 했지만, 사교육 풍토에 큰 변화는 없었다.

하지만 이제는 서서히 변화의 조짐이 나타나고 있다. 가정에서도 과거와는 근본적으로 다른 선택을 해야 하는 시기로 빠르게 접어들고 있다. 기술의 발전 속도가 이토록 빠른 시대에 우리 아이들을 교육하는 방식이 수십 년 전과 같아서는 안 된다. 지금 초등학교에 진학하는 아이들의 65%가 지금 없는 직업을 갖게 될 텐데, 과거의 틀에 매인 교육을 해서는 우리 아이들의 미래가 위태로워진다.

# 1

## 기업은 어떻게 변할까

■　　　　　**기업이 성장해도 일자리는 늘어나지 않는다**　　　　　■

그간 한국은 대기업이 살아야 개인도 살고 나라도 산다는 믿음 아래 재벌 대기업 위주의 성장 정책을 펴왔다. 일자리 문제에서도 대기업 고용에 가장 많은 기대를 걸고 있는 게 사실이다. 특히 그중에서도 산업 규모가 큰 대기업일수록 많은 고용을 책임져왔기 때문에 대기업에 많은 정책적, 재정적 지원을 해야 한다는 논리였다.

　그렇다면 미래의 일자리를 고려할 때 앞으로도 이러한 방향이 유효할 것인가? 대기업이 과거와 같은 성장을 지속하면서 고용을 계속 책임져줄 수 있을까? 기업 환경의 변화와 함께 기업이 만들어내는 일자리는 지금 어떻게 변하고 있는지 실제 지표들을 통해 냉정하게 확인해보자.

이 책의 1부에서 한국은행이 2016년 발표한 〈금융안정보고서〉에 실린 '기업 매출액 증감 추이'를 살펴보았다.[1-01] 다시 한번 정리하면, 2008년 금융위기 이후 2010년을 정점으로 한국 기업들의 매출액은 꾸준히 줄어들고 있다. 여기서 한 가지 눈에 띄는 것은, 전체 매출액의 많은 부분을 차지해왔던 대기업 매출은 2013년을 지나면서 아예 마이너스 성장으로 돌아섰다는 것이다. 중소기업의 매출도 성장을 멈춘 것은 맞지만, 2012년 이후를 보면 일정한 수준을 유지하고 있다. 증감률로 보면 대기업의 매출 하락이 훨씬 더 엄청나다. 기업 전반의 매출액이 줄었는데 이 가운데서도 대기업의 매출액 감소 폭이 더 크게 나타난다. 과거 한국 경제를 이끌어왔던 주력 대기업들의 성장이 정체되거나 쇠퇴하고 있음을 시사하는 대목이다. 그러면 기업의 성장과 일자리 수는 어떤 상관관계가 있을까? 기업이 성장하면 일자리가 늘 것이다. 그러나 그 증가율 정도를 보면 우리의 기대와는 매우 다르다는 것을 알 수 있다.

각 기업별 사업보고서에 나타난 수치들을 바탕으로 2000년부터 2015년까지 주요 기업의 매출액 증가 대비 직원 수가 얼마나 늘었는지 살펴보자. 2-01그래프에 나타난 것처럼, 국내 주력기업들의 매출액 증가율 대비 직원 수 증가율은 굉장히 미미한 수준이다. 예를 들어, 국내 대표기업인 삼성전자는 해당 기간 동안 매출액이 4.85배 증가

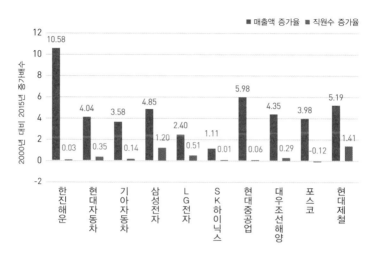

DART에 공시된 각 기업별 사업보고서를 바탕으로 선대인경제연구소 작성

했지만, 직원 수는 겨우 1.2배 늘어나는 데 그쳤다. 특히 2013년 4분기에 실적이 정점을 찍고 난 뒤에는 오히려 직원 수가 줄었다. 언론 등에서 '대기업들이 올해에도 대규모 채용을 한다'는 식의 보도는 자주 나오지만, 그 이면에 정년을 맞거나 해고되는 숫자 역시 매우 많은 현실은 잘 보도하지 않는다. 삼성전자는 약과다. 심한 경우에는 (지금 파산한) 한진해운처럼 기업 매출이 10배 이상 늘어날 동안 직원 수 증가율은 거의 제자리걸음을 보였다.

물론 기업이 매출액이 늘어난 만큼 일자리를 늘릴 의무나 필요는 없다. 그렇다고 하더라도 기업 규모가 커진 것에 비해 일자리가 거의 늘어나지 않았다는 점은 명백하다. 지난 15년 동안 국내 주력기업들이 '고용 없는 성장'을 한 것이 너무나 뚜렷하게 보이는 것이다.

이처럼 주력기업의 일자리 증가 속도가 미미한 수준이지만 그동안에는 그나마 이 기업들에서 만들어내거나 유지하는 일자리가 많았다. 그러나 이제 주력산업들이 정체 또는 쇠퇴 상태에 들어가면 직원수가 더욱 늘어나기 어려울 뿐 아니라 감원을 하는 경우도 늘어난다.

기존의 주력기업들이 성장을 멈추거나 쇠퇴하더라도 새롭게 부상하는 신흥 성장기업들이 그 빈자리를 메울 수 있으면 큰 문제가 없다. 그렇다면 신흥 성장기업들은 기존 주력산업에서 줄어드는 일자리를 대체할 수 있을 만큼 충분히 사람들을 고용할까?

우선 어떤 기업들이 새롭게 성장하는 기업인지 알아보기 위해 2016년 기준으로 최근 몇 년간 매출액과 영업이익이 10% 이상 지속적으로 성장하는 기업 중에서 40개의 성장형 우량주 기업들을 뽑아보았다. 대표적으로 아모레퍼시픽, 한미약품, CJ CGV, GS리테일, 인바디 등이다. 그렇다면 이 기업들의 성장세와 일자리 창출의 관계는 어떨까. 역시 2000년부터 2015년까지 이들 기업의 매출액 및 직원 수 증가율을 산출한 결과를 보자.2-02 그런데 신흥 성장기업들 역시 매출액 증가율에 비해 직원 수 증가율은 그다지 높지 않다. 이들 신흥기업은 사업이 아직 성장하는 단계에 있기 때문에 기존 기업들에 비해 신규 인력 고용에 적극적이다. 그래서 주력기업들보다는 매

일의 미래 :

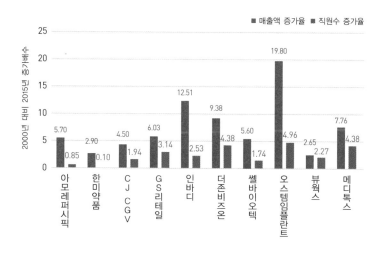

■ 매출액 증가율 ■ 직원수 증가율

DART에 공시된 각 기업별 사업보고서를 바탕으로 선대인경제연구소 작성

출액 대비 직원 수 증가율이 상대적으로 높다. 그런데도 고용 증가율이 매출액 증가율에는 훨씬 못 미치고 있는 것이다. 이들 기업의 상당수는 1년 영업이익이 20~30%씩 고성장하지만, 직원 수가 크게 늘어나지는 않는다. 예를 들어, 해당 기간 동안 아모레퍼시픽은 매출액이 5.7배나 성장했지만, 직원 수는 0.85배로 오히려 줄어들었다. 체질량 측정기 제조업체인 인바디의 경우에도 매출액이 12.5배 성장했지만 직원 수는 2.5배가량 증가하는 데 그쳤다.

　그나마 정체하고 쇠퇴하는 기업들에 비하면 일자리가 상대적으로 많이 늘어나고 있으니 안심해도 될까? 문제는 기존 산업과 신흥산업의 일자리 창출 규모 자체가 다르다는 데 있다. 삼성전자나 현대자동차, LG전자, 현대중공업 등 기존 주력산업은 대규모 장치산업인 경우가 많아 고용하는 인력도 많았지만, 신흥산업은 대부분 그에 미치지 못한다. 규모뿐 아니라 일자리 증가 속도도 다르다. 기존 산업의 일자리는 급격히 줄어들고 있거나 거의 늘어나지 않는 반면, 신흥산업의 일자리 수는 과거 기존 주력산업들처럼 대규모로 증가하지 않는다. 기존 대규모 산업에서 대량해고가 일어나고 고용은 거의 늘지 않지만, 이를 대체할 신흥산업은 고용 규모가 작고 그 증가율마저 실적 성장률에 비해 그다지 크지 않은 것이다.

실제로 2016년 2분기 기준으로 삼성전자의 직원 수는 9만 6898명, 현대자동차는 6만 6404명이지만, 신흥 성장기업들 가운데서도 규모가 큰 편인 아모레퍼시픽과 한미약품의 직원 수는 각각 5811명과 2095명 수준에 그치고 있다.

더구나 국내 주력산업들은 이제 정체 단계를 넘어 대규모 해고와 지속적인 감량 경영에 내몰리고 있다. 특히 한국의 대표적인 주력산업인 조선업은 최악의 위기상황에 처하자 대규모 구조조정에 들어간 상태다. 조선업뿐 아니라 다른 주력산업인 해운업, 철강산업, 전자 관련 부품 기업들과 각종 자동차 관련 기업들도 빠른 속도로 경쟁력을 상실해가고 있고, 구조조정 압력이 커지고 있다. 구조조정이 곧 해고를 뜻하는 것은 아니지만, 한국의 기업들은 위기에 몰리면 거의 늘

일의 미래 :

대량해고를 가장 우선적인 방편으로 사용해왔다. 이에 따라 2016년 상반기까지만 해도 증가세를 보였던 제조업 취업자 수가 하반기 이후 빠르게 줄어들고 있다. 특히 조선·해운업 구조조정이 본격화하면서 2016년 11월 제조업 취업자 수는 10월에 이어 10만 명 이상 급감했다. 2017년에는 벽두부터 한진해운의 파산선고로 관련 업계의 대량 실업 사태가 우려되고 있다. 조선업뿐 아니라 다른 산업의 구조조정 또한 본격적으로 진행될 것으로 보여 제조업 부문의 고용침체는 당분간 지속될 것이다. 이들 기업이 다시 혁신을 통해 부활할 수도 있겠지만, 적어도 현재 추세대로라면 향후 10~20년 동안 이들 기업에서 일자리가 크게 늘어나기는 어려워 보인다.

당장 구조조정 압력에 몰린 기업들뿐 아니라 해당 사업 분야가 성숙기에 접어든 기업들도 직원을 줄이고 있다. 삼성전자를 예로 들어보자. 삼성전자의 주력사업인 스마트폰 시장은 이미 성숙기에 접어들었다. 삼성전자가 사상 최고의 실적을 올렸던 2013년 39%나 성장했던 세계 스마트폰 시장은 빠르게 포화 상태에 이르면서 2017년에는 8%가량 성장하는 데 그칠 것으로 예상된다. 삼성전자가 스마트폰 시장에서 애플과 자웅을 겨루는 강자라고 해도 이미 시장 포화 상태에 근접하고 있어서 스마트폰에만 매달려서는 몇 년 전과 같은 큰 폭의 성장을 기대하기 어렵다.

이런 상황에서 삼성전자는 스마트폰이나 반도체와 같은 기존 사업 이외의 미래 신성장동력을 찾지 못한 상태다. 대신 각종 사업 조정과 인력 감원을 통해 비용을 절감하고 있다. 실제로 2014년 이후 실적이 다시 회복세를 보이는데도 직원 수는 오히려 줄어들었다.

삼성전자는 반도체 산업의 선두 자리를 지키기 위해 대규모 반도체 공장 증설에 나서고 있다. 뒤따르는 SK하이닉스도 마찬가지다. 하지만 이들 업체가 대규모로 공장 증설에 나서도 이제 과거와 같은 고용창출 효과는 거의 일어나지 않고 있다. 삼성전자와 SK하이닉스는 각각 경기 평택시와 충북 청주시에 3D 낸드플래시(플래시 메모리의 한 형태) 공장을 증설하고 있다. 하지만 생산과정 대부분이 자동화돼 새로 늘어나는 일자리는 미미한 수준이다. 과거 같으면 엄청난 신규 고용이 창출됐겠지만, 이제는 그럴 필요가 없어진 것이다. 주력기업들의 저성장 기조와 더불어 산업용 로봇 도입과 스마트공장 가동에 따른 효과가 이런 식으로 한데 어우러져 나타나고 있는 것이다.

그런데 이 주력산업의 일자리와 신흥기업의 일자리를 비교해보면, 기존 주력산업에 비해 신흥기업에서 창출되는 일자리가 터무니없이 적다. 비유하자면, 강을 건너려 할 때 우리가 딛고 있는 기존 주력산업이라는 징검다리는 가라앉고 있는데, 물에 젖기 전에 앞으로 내디딜 다음 징검다리인 신흥산업은 충분히 올라오지 않은 상태다. 주력산업이 가라앉으며 생기는 공백을 신흥기업들이 충분히 채워주지 못하고 있다.

물론 이들 기업의 성장과 고용 문제를 개별 기업이 직접 고용하는 인력 규모에만 국한해서 생각하는 것은 정확하지 않을 수 있다. 이 기

일의 미래 :

업들과 연계된 협력업체나 연계산업이 성장하면, 여기서 발생하는 간접적인 일자리 창출 효과가 있을 수 있다. 건설업을 예로 들어보자. 건설업이 성장할 때는 건설업이 직접 고용하는 부문도 커지지만, 시멘트나 철강 등 건설자재 공급 업체나 이 자재를 나르는 물류 업체가 같이 성장할 수 있다. 따라서 건설업 성장에 따라 이런 업체들의 일자리도 늘어날 수 있다. 삼성전자나 현대자동차도 부품 업체나 물류 업체 등 전후방으로 연계된 산업이 많고 거기서 고용하는 일자리도 적지 않다.

그런데 지금 새롭게 떠오르는 국내 기업들은 전후방 연계효과가 과거 주력기업에 비해 상대적으로 크지 않아 직접적인 고용뿐만 아니라 간접적인 고용창출 효과도 크지 않다. 그나마 GS리테일 같은 기업들은 양질의 일자리가 아니더라도 편의점 종사자 수를 늘릴 수는 있겠지만 한미약품, CJ CGV, 인바디, 아모레퍼시픽 등 국내 신흥기업들의 연계 산업에서 창출되는 고용 효과는 상대적으로 작다.

아모레퍼시픽과 같은 화장품 기업은 화장품을 제조하는 공장의 인력이 늘어난다고 해도, 실제 고용 규모는 크지 않다. 물론 화장품 원료를 제공하는 협력업체도 있을 수 있겠지만 과거의 대규모 제조업체처럼 전후방으로 연계된 산업이나 기업이 상대적으로 많지 않아 고용이 크게 확대되지 않는다.

바이오, 제약, 의료 분야는 더더욱 그렇다. 의약품은 연구개발 인력이 중심이고, 시장이 꽤 성장한다 하더라도 일자리 자체가 많이 늘어나는 분야가 아니다. 이 분야에서 고성장하는 기업들을 살펴보면 매출액이나 영업이익 증가율이 높지만, 그에 비해 일자리는 크게 늘지 않는다.

물론 새롭게 떠오르는 산업이 경제 전반에 미치는 파장은 여전히 크다. 앞에서도 말했듯이 페이스북이나 구글, 애플 등은 기업의 매출 규모에 비해 고용 직원 수가 삼성전자보다도 더 적다. 하지만 이들 기업이 직접 고용을 하지 않아도 구글이 만든 플랫폼을 통해서 검색 광고를 한다든지, 페이스북 광고를 한다든지, 애플의 앱스토어에 올리는 스마트폰 앱을 만든다든지 하는 파생산업과 일자리들이 엄청나게 생겨났다. 앱스토어나 구글, 페이스북 등은 그 자체로 수백 수천 개의 기업을 만들어내는 플랫폼이 되었다. 하지만 그들이 만들어내는 엄청난 부가가치와 산업적 비중에 비해 직접 만들어내는 일자리가 상대적으로 미약한 것 또한 분명한 사실이다. 국내에서 최근 급성장하고 있는 화장품이나 제약 부문의 일들도 고부가가치이지만 연구개발이나 마케팅 등에서 비교적 소수의 고급 노동력을 사용할 뿐이고 전후방 파급효과는 크지 않다.

그렇다면 전체 산업별로는 어떤 분야의 일자리가 늘어나고 또 줄어들었을까? 2010년 1월부터 2016년 11월까지의 산업별 취업자 수 추이를 살펴보자.[20] 앞서 설명한 구조조정의 여파로, 최근으로 올수록 제조업 일자리 수는 오히려 감소하고 있다. 제조업을 제외한 다른 부분의 취업자가 늘어난 것은, 안정적인 일자리의 증가라기보다 생계형 서비스 일자리의 증가가 상당수를 차지하는 것이 현실이다.

일의 미래 :

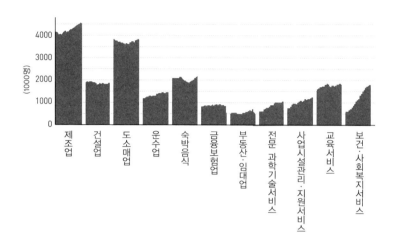

(1000명)

4000
3000
2000
1000
0

제조업 　건설업 　도소매업 　운수업 　숙박음식 　금융보험업 　부동산·임대업 　전문·과학기술서비스 　사업시설관리·지원서비스 　교육서비스 　보건·사회복지서비스

통계청 자료를 바탕으로 선대인경제연구소 작성

분야별로 보면 최근에 일자리가 늘어난 분야는 숙박·음식, 보건·사회복지, 운수업 등이다. 이 분야 일자리의 특징은 저임금 영세 서비스 업종이라는 것이다. 운수업은 대리운전, 택배기사 등을 말하고, 숙박·음식은 주로 자영업이다. 보건·사회복지는 저출산·고령화로 인해 최근 가장 가파르게 늘어나는 일자리이지만, 이 분야의 임금이 높지 않다. 도소매업도 늘어났는데 이 역시 자영업이다. 그나마 늘어난 분야 중에 고임금이라고 볼 수 있는 일자리는 전문·과학기술 서비스 분야인데 이마저도 늘어나다가 최근 몇 년 사이에 주춤해지고 있

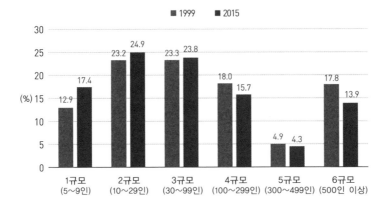

■ 1999 　■ 2015

30

25 　　　　　24.9
　　　　23.2　　　23.3　23.8

20
　　17.4　　　　　　　　　　　18.0　　　　　　　　17.8
(%) 15　　　　　　　　　　　　　　　　　　15.7　　　　　　　13.9
　12.9

10

5　　　　　　　　　　　　　　　　　　　　　4.9　4.3

0
　1규모　　2규모　　3규모　　4규모　　　5규모　　　6규모
(5~9인)　(10~29인)　(30~99인)　(100~299인)　(300~499인)　(500인 이상)

국가통계포털 자료를 바탕으로 선대인경제연구소 분석, 작성

다. 학원교사, 방문교사 등이 포함된 교육 서비스업 일자리 또한 평균 임금이 그다지 높지 않고 일자리의 안정성도 낮다. 그나마 정부의 부동산 부양책에 따른 건설경기 호황으로 건설업 및 부동산·임대업 등 관련 부문의 일자리가 미약하나마 늘었다. 모든 부문의 경기가 죽어가는데 나 홀로 엄청난 호황을 누린 건설업이지만, 관련 일자리 증가는 미미한 셈이다. 그나마도 2017년 이후 주택시장의 분위기가 꺾이고 건설투자가 줄어들면 이들 부문의 일자리 역시 타격을 입을 것으로 보인다. 은행 등 금융 업계 역시 핀테크 혁신 등 경영환경 변

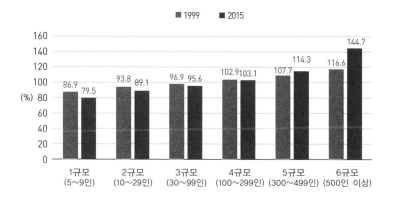

■ 1999　■ 2015

국가통계포털 자료를 바탕으로 선대인경제연구소 분석, 작성

화와 수익성 악화로 2016년 하반기부터 인력 구조조정에 나서고 있어 금융보험업의 일자리 증가를 기대하기도 어려운 상태다.

　업종별로 영세 자영업이나 저임금 서비스 업종에서 일자리가 늘어났다면, 직장 규모별로는 어떤 일자리가 늘어나고 있을까? 대기업, 중소기업, 영세기업 중 어느 곳의 일자리가 늘어났는지를 확인하기 위해 직장 규모별 종사자 수 변화를 살펴보았다.2-06 기본적으로 사업장 규모가 작은 곳에서 일자리 비중이 늘어난 반면, 큰 기업의 일자리 비중은 줄어들고 있다.

무엇이 바뀌고, 무엇이 오는가

그런데 정작 임금은 규모가 작은 회사가 아니라 큰 회사에서 늘어났다.[205] 특히 사업장 규모에 따라 임금의 양극화가 아주 극심하게 일어나고 있다. 500인 이상 사업장의 임금은 1999년에 전체 평균임금 대비 116.6% 수준이었으나 2015년에는 144.7% 수준으로 급등했다. 하지만 사업장 규모가 작아질수록 평균임금 상승률도 줄어든다. 99인 이하 사업장부터는 아예 평균임금 자체가 줄어들고 있다. 특히 5~9인 사업장에서는 같은 기간 평균임금이 전체 평균의 86.9%에서 79.5%로 쪼그라들었다. 2-04그래프와 2-05그래프를 결합해서 살펴보면, 2015년 기준으로 전체 5인 이상 사업장 가운데 66.1%를 고용하는 99인 이하 규모의 사업장에 고용된 사람들의 임금은 전체 평균임금에 비해 줄어든 것이다.

종합해보면 이렇게 정리할 수 있다. 일자리는 소득이 많지 않은 영세기업에서 늘어나고 임금은 큰 기업에서 늘어나는데, 대부분 영세한 소규모 사업장 일자리만 늘어나니까 전반적으로 임금이 낮은 일자리만 양산되고 있는 것이다. 더구나 임금이 큰 폭으로 늘었던 큰 기업들의 성장도 정체되면서 앞으로는 큰 기업들의 임금도 지금까지처럼 늘어날 수 있을지 의문이다.

물론 그렇다고 해서 대기업의 신규 일자리가 아예 없어지지는 않을 것이다. 하지만 대기업들이 만드는 일자리 비중은 지속적으로 줄어들 것이다. 특히 한국은 다른 나라들에 비해 경제 생태계의 신진대사가 원활하지 않은 편이다. 미국이나 심지어 사회주의 국가라고 하는 중국에는 자수성가형 기업들이 상위 기업의 대부분을 차지하는 반면, 한국은 세습형 부자가 경영하는 재벌 대기업들이 상위권을 차지하고 있다. 재벌 대기업들이 형성해놓은 독과점 구조와 불공정 거래행위 때문에 새로운 성장 기업이 잘 생겨나기 어렵고, 새로 생겨나는 기업들이 주력기업으로 성장하기도 어렵다. 그만큼 혁신의 속도도 느릴 수밖에 없다. 혁신의 속도가 빨라야 생존할 수 있는 미래 사회에는 큰 약점을 가진 셈이다.

게다가 앞서 살펴본 것처럼 새롭게 부상하는 기업들도 상대적으로 일자리를 많이 만들어내는 대규모 제조기업이 아니다. 한국은 여기에 더해, 산업용 로봇에 의해 기존의 제조업 일자리가 대체될 가능성이 가장 높은 나라다. 즉 사무직 노동자든 생산직 노동자든, 과거와 같은 수준의 고용을 유지할 기업이 많지 않다는 말이다. 그렇다면 어떤 곳으로 눈을 돌려야 할까.


## ▪ 어떤 산업과 기업이 부상할까 : 미래형 일자리는 어디에 ▪

우리는 개인 차원에서 일자리 문제를 생각할 때 이미 존재하는 어떤 기업의 빈자리에 들어가는 것으로 좁게 생각하는 경향이 있다. 그러나 사실 그렇게 일하는 사람들이 대다수도 아니고, 그렇게 일할 수 있는 사람들은 점점 줄어들고 있다. 그렇다면 일자리의 원래 목적에 집중하는 마인드를 가져야 한다. 일자리는 자아를 실현하고 소득을 얻기 위한 것이다. 즉, 내가 무엇을 하고 싶어 하고, 무엇을 잘할 수 있으며, 그러는 과정에서 생계를 꾸리는 데 필요한 소득을 올릴 수 있을까 하는 문제인 것이다.

이 질문을 기업을 경영하는 입장에서 바꾸어 말하면 더욱 분명해진다. 우리 기업은 어떤 사업을 하여 사회에 기여할 것인가, 어떻게 사람들의 삶을 윤택하게 하면서 우리 회사도 성장할 수 있을까 하는 것이다. 개인이든 기업이든, 무슨 일을(사업을) 할 것이며 또 그 일을(사업을) 잘할 수 있을지는 스스로 묻고 따지면서 목표를 정하고 그에 필요한 역량을 확보해야 한다. 그런데 자신이 선택한 일을(사업을) 하면서 충분히 돈을 벌 수 있으려면 자신의 욕구나 역량만으로 되지 않는다. 어떤 일을 아무리 하고 싶고 그 분야의 능력이 있다 해도, 그 일(사업)에 대한 시장 수요가 없다면 충분한 소득을(이익을) 올리기 어렵다.

그런 점에서 개인이든 기업이든, 향후 어떤 분야나 산업이 부상할지 계속 주의 깊게 살펴야 한다. 1부에서 짚은 다양한 흐름 속에서도 새롭게 부상하는 산업과 기업이 얼마든지 나올 수 있다. 물론 구체적으로 어떤 산업이나 기업이 부상할지 쉽게 예단할 수는 없다. 하지만 비교적 분명하게 드러나는 단서들은 있다. 인구구조의 변화는 지속될 것이고, 중국이 일시적인 어려움을 겪으면서도 여전히 상당 기간 경제성장을 이어갈 것이다. 기술 빅뱅의 흐름이 어떤 식의 파장을 일으킬지 미지수이지만, 미래를 형성해갈 주요한 기술 기반이 어떤 것들인지는 조금씩 가닥이 잡히고 있다. 이런 큰 흐름에 집중하면 어떤 산업이나 기업이 부상할지 어느 정도 가늠해볼 수 있다.

우선 중국 시장은 향후 세계 경제 전체에서 중요한 변수이지만 특히 한국에는 더욱 중요하다. 중국 경제 위기설이 있지만, 분명한 건 중국의 소비재 시장이 엄청나게 성장했고, 앞으로도 계속 더 성장할 것이라는 점이다. 물론 중국 경제가 예전처럼 10%대 고성장 국면으로 다시 복귀하지는 못할 것이다. 그럼에도 길게 보면 중국의 소득 수준이 오르면서 전반적으로 소비재 구매가 늘고 눈높이도 더 높아질 것이다. 양적으로도 수요가 늘어날 뿐 아니라 질적으로도 좋은 제품을 선호하는 현상이 생기게 된다는 것이다. 지금 중국은 대표적인 대도시인 베이징, 상하이, 선전과 같은 1선 도시뿐 아니라 2, 3선 도시들도 평균소득이 7000~8000달러를 넘어선다. 게다가 항저우, 쑤저우, 우한, 톈진의 네 개 도시가 새롭게 1선 도시로 편입할 가능성이 높은 만큼 중국 도시들의 소비 수준은 더욱 올라갈 전망이다.

우리의 1980년대 후반~1990년대 초의 모습을 떠올려보면 중국의 소비자들이 어떤 라이프 스타일을 갖게 될지 이해하기 쉽다. 소비 수준이 올라간 이때 우리가 무엇을 했는가? 여행을 다니기 시작하면서 레저형 차에 대한 붐이 불었고, 각종 문화공연과 엔터테인먼트를 즐기기 시작하면서 영화 산업이나 콘텐츠 산업이 커졌다. 중국에서도 마찬가지 흐름이 형성되고 있고, 앞으로 더욱 확대될 것이다.

중국에서 부상하는 대표적인 소비재 산업이 화장품 산업이다. 한국의 화장품 산업은 케이뷰티K-beauty라고 따로 부를 정도로 각광받고 있고, 앞으로도 계속 커질 것이다. 다만 중국 업체들도 추격해올 것이고, 중국의 소비재 시장을 노리는 기업들이 유럽이나 일본 등 해외에도 많이 있기 때문에 치열한 경쟁이 벌어질 것이다. 그러나 전반적으로 중국의 소비재 시장을 공략하는 산업이나 패션 산업, 콘텐츠 및 엔터테인먼트 산업 등은 10~20년 이상 빠른 성장을 거듭할 것이다. 그런 산업과 연결된 일자리들은 단기적인 부침에도 불구하고 일정하게 증가할 것이다.

화장품 산업을 예로 삼아 좀 더 구체적으로 살펴보자. 중국 화장품 산업은 내수시장 확대에 따라 빠른 성장세를 거듭하고 있다. 2000년대 초반까지만 해도 미국의 20%에 미치지 못했던 중국의 화장품 시장(스킨케어+색조) 규모는 이후 매년 두 자릿수 성장률을 기록하며 2014년에는 미국을 넘어서 세계 최대 시장으로 등극했다. 그러나 화장품을 사용하는 인구가 여전히 전체 인구의 10분의 1에 불과하고, 1인당 연간 화장품 소비액 역시 주요국들과 비교해 현저히 낮은 수준에 머물고 있어 성장 잠재력이 높다. 더구나 향후 중국 화장품 소비를 이끄는 젊은 층의 소득이 증가하고 색조 및 고가의 프리미엄 화장품으로 수요가 확대될 것으로 예상된다. 그만큼 중국 화장품 시장의 성장이 상당 기간 지속될 가능성이 높다.

이를 반영해 한국 화장품의 중국 수출이 빠르게 늘고 있다. 2012년 1.9억 달러였던 한국의 대중국 화장품 수출은 빠른 성장세를 보이며 2015년에는 9.9억 달러를 기록했다. 2015년 전체 화장품 수출액의

40%에 해당하는 수치다. 이러한 성과는 한국 화장품 업체들이 중국인의 피부 특성을 고려한 기능성 화장품을 내놓고 차별화된 마케팅 전략으로 중국 화장품 시장을 효과적으로 공략했기 때문이다. 이처럼 한국 화장품에 대한 수요가 늘어나면서 아모레퍼시픽과 LG생활건강 등 국내 메이저 화장품 업체들의 중국 내 사업도 빠르게 확대되고 있다.

이 가운데 아모레퍼시픽은 중국 시장을 가장 적극적으로 공략하는 국내 화장품 업체다. 철저한 시장 조사를 기반으로 라네즈, 설화수, 이니스프리 등 다양한 브랜드를 앞세워 상당한 성과를 거두고 있다. 중국 시장에서 성공하면서 아모레퍼시픽의 해외매출은 2015년에 전년 대비 44% 증가한 1조 2573억 원을 기록했다. 2016년 3분기까지 이 회사의 전체 해외 매출액은 1조 2323억 원으로, 2015년 연간 실적에 육박했다. 2015년 3분기까지 실적 대비로는 무려 39%나 증가했다. 이 가운데 중국 수출액이 8005억 원을 넘어 전체 해외 매출의 65%에 이를 정도다. 사드 배치에 따라 중국 정부의 비관세장벽 강화 우려가 일고 있는 상황에서도 대중국 수출은 계속 늘고 있다. 아모레퍼시픽의 국내 시장 매출 증가는 상대적으로 둔화되고 있지만, 중국 내 매출 증가는 지속되고 있다.

이런 흐름은 정도의 차이는 있지만, 한국 화장품 업계 전반에 공통된 현상이다. 중국 화장품 시장의 성장에 힘입어 아모레퍼시픽이나 LG생활건강 등과 같은 국내 화장품 브랜드 업체뿐 아니라 코스맥스, 한국콜마 등 ODM(제조자개발생산) 업체들도 직접적인 수혜를 받고 있다. 이처럼 중국 소비재 산업 가운데 하나인 화장품 시장을 효과적으로 공략함으로써 한국 화장품 업계가 지속적으로 성장하고 있고, 이런 기업들의 일자리는 앞으로도 비교적 꾸준히 늘어날 것이다.

인구구조의 변화에 따라서는 어떤 기회가 있을까? 가장 눈에 띄는 현상은 한국에서 1인 가구가 빠르게 증가하고 있다는 점이다. 그에 따라 1인 가구를 겨냥한 품목들이 성장할 수밖에 없다. 유통업 중에서는 편의점 사업이나 온라인 쇼핑 쪽은 꾸준히 성장할 것이다. 또 고령화에 따라 바이오, 제약, 건강식품과 관련된 산업은 전반적으로 성장할 가능성이 높다. 산부인과는 줄고 치과는 늘듯이, 같은 분야 안에서도 변화의 요소에 주목하면 기회를 찾을 수 있다. 그중 치과용 임플란트 사업은 지속적인 성장이 예상되는 분야다. 이 사업 분야에서 선두주자는 오스템임플란트인데, 국내 시장뿐 아니라 우리와 마찬가지로 급속한 고령화를 겪고 있는 중국 임플란트 시장이 고성장하며 실적이 지속적으로 성장할 것으로 보인다. 한편 고령화로 건강에 대한 관심이 높아져 건강기능식품을 판매하는 뉴트리바이오텍이나 노바렉스와 같은 기업들의 실적과 주가도 오르고 있다. 역시 이러한 산업 분야의 일자리는 꾸준히 증가할 가능성이 높다.

기술 빅뱅에 따라서는 어떤 기회가 있을까? 당연한 말이지만, 기술혁신의 흐름과 맞물리는 산업은 다 성장한다고 보면 된다. 전기자동차 산업이나 자율주행차와 관련된 산업과 기술들이 발전할 것이다. 전기자동차와 자율주행차가 성장하면 한편으로는 기존의 자동차에 부품을 공급하는 업체들은 힘들어지거나 무너질 것이다. 전기자동차 등과 관련된 새로운 기술들이 급속도로 진화하고 널리 보급되면 정유 업체나 석유 업체들도 중장기적으로는 어려워질 수 있다. 대신에 새로 전기자동차의 인프라를 만드는 산업은 활성화된다. 전기자동차 제조업체뿐 아니라 전기자동차에 들어가는 배터리 제조업체도 성장하고, 배터리를 충전하는 충전기 제조업체 그리고 충전 인프라를 깔고 그것을 운영하는 사업체도 성장할 것이다. 한국은 아직 성장이 지지부진하지만, 중국에서는 이미 이와 관련한 업체가 엄청나게 등장하고 있다. 실제로 중국의 전기차 판매 대수는 2014년 5만 8000대에서 2015년에는 19만 1000대로 227%나 증가했다. 중국 정부는 2025년까지 전기차 300만 대 보급 달성을 목표로 삼고, 대규모 보조금을 지급하고 도시 내 반경 1km당 충전소 한 개를 설치할 계획을 세우고 있다. 이에 따라 비야디와 같은 전기차 업체가 급성장하고 있을 뿐 아니라 충전 인프라 관련 산업들도 빠르게 성장하고 있다.

　미국 전기차 생산업체인 테슬라의 성장도 시사하는 바가 크다. 2015년 미국의 대형 고급차 시장에서 테슬라의 모델 S는 2만 6566대의 판매고를 기록해, 2만 1934대를 기록한 벤츠 S 클래스를 제치고 1위를 차지했다. 보수적인 자동차 시장에서 설립된 지 10년 남짓한 전기차 회사가 기존의 내연기관차 회사들을 제치고 1위를 차지한 것은 상당히 의미심장하다. 이뿐만 아니라 테슬라는 현재 미국 자동차 시장에서 가장 빠르게 성장하는 회사이기도 하다. 2016년 3분기까지 테슬라의 성장률은 77.6%로 미국 자동차 업체들 가운데 가장 높았다. 한국은 이 분야에서 정부 정책 실패 등으로 출발이 늦은 편이지만, 이제 전기차가 미국은 말할 것도 없고 이웃 나라인 중국과 일본에서 급성장하고 있어 우리도 결국 대세를 따라갈 가능성이 높다. 그 경우 삼성 SDI와 LG화학 등 전기차 배터리 업체들과 충전기 업체들이 장기적으로는 상당한 성장세를 보일 것이다.

1부에서 설명한 자율주행차 산업은 훨씬 더 큰 변화를 만들 것이다. 앞에서 자율주행차에 따라 기존 자동차 업계와 운송 산업 등이 상당한 타격을 받을 것이라고 설명했다. 하지만 거꾸로 자율주행차 자체에 대한 수요가 커질 것은 말할 나위 없다. 글로벌 컨설팅 업체인 보스턴컨설팅그룹이 2015년 조사한 자료에 따르면, 미국 운전자들의 55%가 부분 자율주행차 구입을, 44%는 완전 자율주행차 구입을 고려하고 있다. 자율주행차 구입을 위해 추가로 4000달러 이상을 지출할 의향이 있는 운전자도 24%나 되는 것으로 나타났다. 이에 따라 세계 자율주행차 시장 규모는 2025년에 420억 달러, 2035년에 770억 달러로 크게 확대될 것으로 전망된다. 특히 2035년에는 완전 자율주행차의 판매량이 1200만 대로, 부분 자율주행차 판매량인 1800만 대와 근접한 수준으로 올라갈 것으로 전망된다. 이렇게 되면 주요 자율주행차 제조업체뿐 아니라, 자동차라기보다는 스마트 기기에 가까워질 자율주행차에 탑재될 각종 콘텐츠와 엔터테인먼트 정보를 제공하는 업체들 그리고 자율주행차의 기반 기술인 센서 기술, 3차원 이미

일의 미래 :

지 인식기술, 인공지능 기술 등과 관련된 산업 및 일자리가 빠르게 늘어날 것이다. 마케팅 측면에서는 빅데이터를 활용한 기법이 점점 더 정교해질 것이고, 이를 지원하는 클라우딩 서비스나 효율적으로 데이터를 처리해주는 시스템 개발 및 운영 업체들도 성장할 것이다.

이 밖에도 기술 빅뱅으로 급성장할 산업들이 많지만, 그 가운데 주요 산업들의 시장 규모를 정리해보자. 선대인경제연구소가 관련 분야의 주요 리서치 기업이나 컨설팅 기업들의 전망 자료들을 정리한 내용을 보면 다음과 같다.

사물인터넷 시장은 2022년 1225조 원으로, 현재의 3.3배 규모로 급성장할 것으로 예상되고(산업연구원 자료), 증강현실과 가상현실 기술 시장 규모는 2020년에 1200억 달러와 300억 달러 규모로, 현재보다 각각 120배, 10배 규모로 급성장할 것으로 전망된다(Digi-capital 자료).

또 3D프린팅 시장은 2016년 43억 달러 규모에서 2019년 65억 달러로 커질 전망이며(Citigroup 자료), 인공지능 시장은 2016년 6억 달러 수준에서 2024년 106억 달러 수준으로 급성장할 전망이다(Tractica 자료). 또 세계 산업용 로봇 시장은 2016년 710억 달러에서 2020년경에는 960억 달러 규모로 커질 전망이다(World Industrial Robotics Market Report 자료). 상업용 드론 시장 규모는 2016년 10억 달러 수준에서 2024년에는 131억 달러 수준으로 급성장할 전망이다(Tractica 자료).

세계 바이오의약품 시장도 2016년 2070억 달러 수준에서 2019년 2625억 달러 규모로 급성장할 전망이다(GlobalData 자료). 이 가운데 국내 업체 셀트리온과 삼성바이오로직스가 공략하는 분야인 세계 바이오 시밀러(바이오의약품 복제약) 시장 규모는 2016년 79억 달러에서 2019년 239억 달러 규모로 성장할 것으로 예상된다(Frost & Sullivan 자료). 세계 모바일 헬스케어 시장은 2016년 41억 달러에서 2018년에는 80억 달러로 불과 두 해 만에 약 두 배가량 성장할 것으로 예상되며(KISTI 자료), 세계 신재생에너지 시장은 2016년 125GW 규모에서 2025년 194GW 규모로 커질 것으로 예상된다(IP노믹스 자료).

이 전망치가 그대로 현실이 될지는 미지수이지만, 적어도 기술 빅뱅에 따라 향후 시장 규모가 빠르게 성장할 산업들도 적지 않음을 알 수 있다. 이들 산업에서 핵심 경쟁력을 가진 주요 기업들은 시장 흐름을 타고 빠르게 성장할 것이며 해당 기업에서 상대적으로 많은 일자리들이 만들어질 가능성이 높다.

다만 앞에서도 설명했지만, 미래에 성장할 산업들은 로봇 기술과 인공지능 기술 등의 영향 때문에 시장 규모나 기업 매출 규모에 비해 과거처럼 많은 일자리를 양산할 수 있을지 의문이다. 알파고를 개발한 구글 딥마인드가 대표적인 사례다. 구글은 영국의 인공지능 개발 스타트업인 딥마인드를 우리 돈으로 약 4000억 원을 들여 인수했다. 기업 가치를 그 정도로 높게 평가받았지만, 딥마인드의 총 직원 수는 250여 명에 불과하다. 그 가운데 박사급 인력이 150명이나 된다. 기업 가치에 비해 채용한 인력은 매우 적은 편이며, 비교적 소수의 고급 두뇌 인력을 제외하고 많은 일자리를 만들지 못하는 것이다. 물론 인공지능 기술이 향후 모든 산업에 기초 인프라처럼 깔리는 기반기술이 될 것이고 계속 성장하겠지만, 과거의 대규모 장치산업처럼 많은 일자리를 만들어낼 가능성은 없다.

다른 예로 코닥과 인스타그램을 비교해볼 수 있다. 직접 비교하기는 어렵지만, 필름의 대명사로 불리던 코닥과 이미지 중심의 SNS 서비스인 인스타그램은 이미지 관련 사업을 진행한다는 점에서는 같다. 한때 코닥의 최대 고용인원이 전 세계에 걸쳐서 14만 5000명이나 됐지만, 인스타그램이 페이스북에 약 1조 원 가까운 기업가치로 인수될 당시 직원 수는 18명에 불과했다. 인스타그램이 페이스북에 인수된 뒤에도 서비스가 크게 성장했고, 이후 관련 직원 수가 상당히 늘었겠지만 과거 코닥처럼 많은 인원을 고용하는 일은 절대 일어나지 않을 것이다.

종합하자면 이제 기업과 개인을 막론하고 향후 기술변화에 따라 부상하는 산업이 어디인지 늘 관심을 기울여야 한다. 페이스북의 최고운영책임자 셰릴 샌드버그가 하버드 대학 연설에서, 구글의 에릭 슈밋이 자신에게 했던 말을 인용하며 이런 말을 했다. "로켓에 좌석이 주어졌을 때는 그게 어떤 자리인지, 일등석인지 비즈니스석인지 묻지 마라. 그냥 올라타라." 그러면 나중에 자신의 커리어는 그와 함께 성장할 수 있다는 것이다. 그러기 위해서는 부상하는 산업과 기술의 흐름을 읽어야 한다. 그 흐름에 올라탈 수 있다면, 기업도 개인도 상대적으로 더 빠르게 성장할 기회를 찾을 수 있을 것이다.

우리나라에도 이미 그와 같은 흐름으로 성공한 개인 브랜드가 있다. 뷰티 블로그와 유튜브 영상으로 SNS에서 이름을 알린 메이크업 아티스트 포니는 자신의 이름을 딴 브랜드 '포니이펙트'를 론칭했다. 포니는 유튜브 채널로 화장법을 가르쳐주었는데 중국에서 한국 뷰티 산업이 뜨면서 스타가 되었고, 이후 자신의 이름을 브랜드화한 제품도 출시했다. 뷰티 산업이 급부상하는 시대의 흐름, 즉 로켓에 올라탄 대표적 사례다.

다만 강조하고 싶은 것은, 부상하는 산업만을 바라보고 모두가 그 기술을 쫓아가는 것이 정답은 아닐 수 있다. 전기차 산업이 뜬다고 해서 전기차를 만드는 기업만 있으면 될까? 그렇지 않다. 기술발전에 따른 산업 지형도의 변화를 충분히 가늠할 수 있고 그 분야에 관심과 열정이 있다면, 필요한 기술을 익히고 준비할 필요가 있다. 하지만 무조건 부상하는 산업에 뛰어들기만 하면 미래가 보장될 것이라고 속단해서는 금물이다. 부상하는 산업과 기업의 흐름을 살펴보되, 그 속에서 자신이 충분한 열정과 능력을 갖추고 있는지를 따져보는 것이 미래를 준비하는 기본자세일 것이다.


## 자원이 남아 있을 때 다음 단계로

저성장과 인구절벽에 뒤따르는 소비절벽, 기술 빅뱅, 제2의 기계시대

일의 미래 :

가 지속적으로 닥쳐오는 시대에는 과거와 확연히 다른 방식으로 변화에 대비해야 한다. 사업이 축소될 때, 사람을 줄이기만 하면 되는 문제가 아니다. 새로운 기회를 만들어야 한다. 기업의 매출과 일자리 창출 효과가 꼭 비례하는 것은 아니지만, 기업이 성장한다는 것은 분명 지금의 직원들을 줄이지 않고 오히려 과거보다 더 많은 직원들을 고용할 수 있는 능력을 갖춘 기업이 된다는 것을 의미한다. 그렇다면 급격한 전환의 시대에 필요한 전략은 무엇일까.

우선, 자원이 남아 있을 때 다음 단계로 옮겨가야 한다. 기술 빅뱅의 시대에는 어떤 산업이 급속하게 부상하다가 그만큼 빨리 무너질 수도 있다. 개인도 마찬가지다. 한 개인이 가진 재능과 능력이 최고조에 이를 때도 있지만, 자칫 급격하게 하락할 때가 있다. 떨어질 때를 기다리지 말고, 자산과 능력이 남아 있을 때 다음 단계로 나아가기 위한 자원을 투입해야 한다. 2030 시기에 배운 기술로 5060까지 살 수는 없다. 계속해서 새로운 기술이 필요하고, 자신에게 투자할 시기를 놓치면 안 된다.

기업도 그렇다. 하나의 사업이 상종가를 칠 때, 다음 단계의 사업에 자원을 투입해야 한다. 자산이 부채로 전환되기 전에 다음 단계에 자원을 투입해야 한다. 지금 우리나라 조선업 구조조정의 충격이 큰 이유는 여력이 있을 때 구조조정을 하지 않았기 때문이다. 새로운 먹거리를 찾아가기 위한 구조조정을 끊임없이 진행했어야 했다. '시간이 지나면 좋아지겠지' 하는 생각으로 끝까지 버티다가, 부채가 조선 업계 전체 70조 원까지 누적된 다음에야 부랴부랴 구조를 바꾸겠다고 해봐야 될 리가 없다.

기업은 아니지만 도시 중에 샌프란시스코와 디트로이트의 대비되는 사례를 예로 들어 생각해볼 수도 있다. 디트로이트는 1950년대부터 세계 자동차 산업의 메카로 불리며 GM, 포드, 크라이슬러 등 미국 자동차 메이커들의 본고장이자 미국 최고의 부자 도시 중 하나였다. 하지만 1970년대 이후 석유파동과 일본 자동차 업계의 거센 도전, 안이한 경영진과 과도한 요구조건을 내건 노동조합의 대립 등이 겹치며 쇠락의 길을 걸었다. 결국 2013년에 180억 달러의 부채를 안고 파산하고 말았다.

반면 샌프란시스코와 인근 지역들은 초기의 수산 및 해운물류 산업에서 벗어나 전문 서비스와 금융 산업을 키웠고, 이후에는 첨단기술 기업들의 모태가 된 실리콘밸리를 형성해 나갔다. 이런 식으로 도시의 자원과 역량이 남아 있을 때 거기에 안주하지 않고 끊임없이 혁신에 나서 계속 번창하는 도시의 지위를 유지하고 있다.

이처럼 개인이든 기업이든 지역이든 국가든, 성장과 성숙기를 거치면 정체하거나 쇠퇴할 가능성이 높아진다. 이럴 때 구조 전환과 혁신을 제때 제대로 한다면 새로운 성장 동력을 마련해 다시 재도약에 나설 수 있다. 그런데 이 시기를 놓치면 디트로이트처럼 쇠락할 확률이 높다. 이를 피하기 위해 구글이나 애플, 아마존처럼 최고의 전성기를 누리는 기업들이 끊임없이 내부에서 갖추지 못한 기술이나 사업 역량을 갖춘 신생기업들을 인수합병하며 새로운 미래 먹거리 사업에 투자하는 것이다.

이를 울산 지역의 경우를 놓고 생각해보자. 잘 알다시피 울산은 제조업 비중이 전국에서 가장 높고, 지역 내 총생산과 1인당 소득이 전국에서 가장 높다. 하지만 저성장 기조 속에 국내 주력산업이 쇠퇴하면서 가장 큰 충격을 받고 있는 도시이기도 하다. 실제로 울산은 최근 몇 년간 지역 내 총생산 성장률이 전국 평균보다 낮은 1%대에 머물기도 했다. 울산의 3대 주력산업은 석유화학, 조선, 자동차인데, 저유가와 세계적인 경기침체, 중국 경쟁업체의 공급 과잉 및 중국 시장 수요 위축, 국내 가계소득 정체 등의 요인들이 뒤섞이며 모두 구조적인 위기를 겪고 있다. 그동안 고공행진을 지속해온 울산의 주택시장도 인력 구조조정과 지역 내 소득 정체, 부채부담 증가, 인구증가 정체 등으로 위축될 가능성이 높아지고 있다. 디트로이트처럼 자동차 산업 하나에 편중돼 있지는 않다고 하더라도 자칫 잘못하다가는 디트로이트처럼 몰락의 길을 걷게 될 가능성이 적지 않다. 사실 이미 조금 늦은 감도 없지 않다. 하지만 지금이라도 자원이 남아 있을 때 다음 단계의 산업을 키우는 데 나서야 한다.

울산의 자동차 산업도 전기자동차와 자율주행자동차 산업을 키우는 방향으로 빠르게 전환해야 한다. 울산시는 국내에서 가장 빠르고 폭넓은 전기차 인프라 구축에 나서 이 같은 산업 전환을 뒷받침할 필요가 있다. 또한 석유화학 산업은 유가 흐름상의 일시적인 실적 회복에 안주하지 말고 신재생에너지 투자 비중을 늘리는 등 미래 지향적 투자를 늘려야 한다. 조선업은 풍력 발전 등 대규모 발전 시설 건설 역량을 축적하는 식으로 방향 전환을 모색해볼 수 있을 것이다. 이들 산업을 지원하기 위해 울산시는 전국의 젊은 인재들이 유입될 수 있도록 지역 내 대학 등록금을 대폭 낮추고 연구개발 역량을 지원하는 한편 관련 산학연 클러스터 및 벤처 생태계를 조성하는 데 획기적인 노력을 기울여야 한다.

미래에는 전환의 시간이 여유 있게 주어지지 않기 때문에 기업이든 지역이든 개인이든, 늘 미래 흐름을 주목하고 다음 단계를 대비하려는 자세가 필요하다.


## ■    기존 역량의 활용 가능성을 충분히 탐색하라    ■

최근 국내 기업들은 매출이 정체되는 가운데 원자재 수입 비용과 인력 감축, 마케팅 비용 축소 등으로 원가를 절감해 이익을 내고 있다. 이른바 불황형 흑자인 셈이다. 사실 이 같은 모습은 저성장이 고착화되는 시기에 나타나는, 기업들의 전형적인 생존방식이다. 매출액이 늘어나기 어려운 상황에서 원가절감으로 실적을 개선하는 것이다. 물론 이 같은 전략은 기업의 생존을 위해 불가피한 측면이 있다. 문제는 신성장동력을 확보하지 못한 채 원가 절감으로 이뤄낸 실적

개선으로는 기업들의 경쟁력이 지속되지 않는다는 점이다. 구글과 애플 등 주요 ICT 기업들을 중심으로 세계 산업 트렌드가 빠르게 변화하는 상황에서 이 같은 착시현상은 오히려 독이 될 수도 있다. 원가 절감을 지속하는 노력도 필요하지만, 국내 기업들이 새로운 성장 동력을 발굴하고 여기에 투자해 중장기적으로 새로운 미래 산업에서 경쟁력을 갖추는 것이 중요하다. 이런 저성장기에 새로운 경쟁력을 갖추기 위해 기업들은 기존의 사업 틀에 안주하지 않고 다각도로 가능성을 모색할 필요가 있다.

저성장기에 전방위적으로 새로운 성장 가능성을 모색한 모범사례로 후지필름이 있다. 필름시장이 저물면서 1등 기업이던 코닥필름은 몰락했다. 일본의 장기 침체로 수많은 기업들이 무너지거나 사업 기반이 쪼그라들었다. 반면 후지필름은 저성장과 고령화, 기술 변화(디지털카메라 확산)의 시기를 거치면서도 사업구조를 완전히 재편하여 살아남았다. 지금 후지필름 사업에서 기존에 주력했던 이미지 솔루션 사업은 전체 매출의 15% 밖에 안 된다. 정보화 솔루션 사업, 도큐먼트 솔루션 사업이 훨씬 더 큰 비중을 차지한다. 이미지 솔루션 사업 중에서도 필름사업 비중은 이제 1% 정도밖에 남아 있지 않다. 이 새로운 사업 구조를 어떻게 만들어낼 수 있었을까? 후지필름이 몰락의 위기에 처한 상황에서 취임한 고모리 시게타카 회장은 시장과 기술을 사분면으로 나누어2-06 변화된 시장 환경에서 살아남는 방법을 다각도로 모색했다.

예를 들어 후지필름은 '아스타 리프트'라는 새로운 화장품을 만들었다. 필름의 중요한 재료인 콜라겐을 화장품 재료로 사용한 것이다. 또한 사진의 변색을 방지하는 항산화 성분을 아스타잔틴이라고하는데, 이 성분은 피부 노화를 억제하는 기능이 있다. 후지필름은다양한 새로운 사업에 나서기 위해 7000억 엔을 들여 40여 개의 회사를 사들이거나 합병했는데, 그 가운데 하나가 도야마 화학공업이다. 후지필름은 도야마 화학공업과 합작해 '아스타 리프트'를 시장에내놓아 '대박'을 쳤다. 기존 기술에서 변용한 신기술을 새로운 시장에 적용해 성공한 경우다.

이뿐만이 아니다. 후지필름은 카메라 액정을 보호하는 필름의 사이즈를 키워 LCD 모니터에 부착하는 TAC 필름으로 전 세계 시장의70%를 차지했다. 이는 기존 기술을 신규 시장에 적용한 사례다. 또필름 개발 과정에서 20만 개 이상의 화학성분을 다뤄본 경험이 있는후지필름은 약품 회사의 기술을 활용해 최근 에볼라 치료제 '아비간'을 선보이기도 했다. 이런 식으로 후지필름은 기존에 자신들이 가진기술을 활용하거나 새로운 시장에 맞게 새로운 기술을 개발하면서 끊임없이 새로운 시도에 나섰다. 이 같은 혁신을 바탕으로 후지필름의매출액과 이익은 크게 증가했다. 비슷한 상황에서 코닥과 아그파가몰락한 것과 정반대의 길을 걸은 것이다.

시장에는 기존 시장, 새 시장이 있고, 기술에도 새로운 기술과 기존기술이 있다. 시대의 흐름이 변하고 새로운 시장이 열리면 먼저 기존

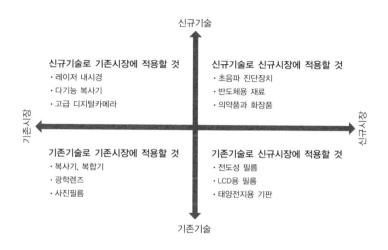

신규기술

**신규기술로 기존시장에 적용할 것**
· 레이저 내시경
· 다기능 복사기
· 고급 디지털카메라

**신규기술로 신규시장에 적용할 것**
· 초음파 진단장치
· 반도체용 재료
· 의약품과 화장품

기존시장

신규시장

**기존기술로 기존시장에 적용할 것**
· 복사기, 복합기
· 광학렌즈
· 사진필름

**기존기술로 신규시장에 적용할 것**
· 전도성 필름
· LCD용 필름
· 태양전지용 기판

기존기술

후지필름 자료에서 인용

에 자신이 가지고 있는 기술이 무엇인지, 새 기술이 무엇인지 파악해야 한다. 그래서 기존 기술을 가지고 새 시장에 뛰어들 수 있는지, 또는 기존 기술을 전환해서 쉽게 익힐 수 있는 새 기술이 있는지, 그 새로 익힌 기술을 가지고 새 시장에 도전할 수 있는지 등을 스스로 점검해봐야 한다. 기존의 틀을 벗어던지고 새로운 성장의 가능성을 전방위적으로 탐색해야 하는 것이다.

그렇다면 이렇게 변화가 극심한 시대에 기업들은 구체적으로 어떤 전략을 써야 할까.

## 강자의 전략이 아닌 약자의 전략으로

많은 경영전략이 있지만, 누가 어떤 입장에서 그 전략을 쓰느냐에 따라 2-07표에서 보는 것처럼 강자의 전략과 약자의 전략으로 구분해 볼 수 있다. 참고로 여기에 나오는 강자의 전략과 약자의 전략 프레임은 일본의 마케팅 전략가인 나가이 다카히사가 쓴 《작은 조직이 어떻게 큰 조직을 이기는가》의 내용을 원용해 정리한 것이다.

가진 자원이 많은 강자는 기본적으로 동질화 전략과 물량전, 전면전을 펼칠 수 있다. 기업 사례로 질레트의 면도기를 들 수 있다. 면도기 시장에 일회용 제품들이 등장해 시장을 조금씩 늘려가자 질레트는 자신들도 일회용 면도기를 더 싸게 시장에 내놓았다. 같은 제품을 내놓는 동질화 전략을 써서 일회용 면도기 업체들이 성장하는 것을 효과적으로 봉쇄할 수 있었다. 이는 기존 면도기 시장의 강자였던 질레트가 많은 자금력과 생산설비를 바탕으로 물량전을 펼칠 수 있었기에 가능했던 방법이다. 이는 기업의 세계뿐 아니라 정치, 사회 등여러 분야에서도 똑같이 쓸 수 있는 방법이다.

반면 약자의 전략은 기본적으로 틈새시장을 공략해 차별화하는 것이다. 이는 자원이 많지 않은 약자가 제한된 자원을 가장 효과적으로 발휘할 수 있는 영역을 선택해 화력을 집중하는 전략이다. 당연히 강자들처럼 전면전을 펼칠 수 없고, 국지전으로 갈 수밖에 없다.

이순신 장군이 명량대첩을 승리로 이끌 수 있었던 것도 바로 약자

일의 미래 :

강자의 전략과 약자의 전략

| 강자의 전략 | 약자의 전략 |
|---|---|
| 동질화(봉쇄) | 차별화(틈새 전략) |
| 물량전 | 선택과 집중 |
| 전면전 | 국지전 |
| (사례: 질레트 면도기) | (사례: 사우스웨스트) |

선대인경제연구소 정리

의 전략을 구사한 덕분이다. 기동성이 높은 판옥선의 장점을 가장 효과적으로 발휘하기 위해 구조적 안정성이 떨어지는 일본의 관선들을 물살이 빠른 울돌목으로 끌어들여 차례로 각개 격파해 나간 것이다. 이순신의 일대기를 그린 김훈의 소설 《칼의 노래》에 나오는 다음 구절이 이 전략의 핵심을 명확히 보여준다. "적의 선두를 부수면서, 물살이 바뀌기를 기다려라. 지휘 체계가 무너지면 적은 삼백 척이 아니라, 다만 삼백 개의 한 척일 뿐이다."

기업 경영의 측면에서는 이미 널리 알려진 사우스웨스트 사례를 예로 들 수 있다. 저가 항공사인 사우스웨스트는 기존의 고비용 항공사들이 등한시하던 틈새시장에 초점을 맞췄다. 즉, 국토가 넓어 자동차로 가기에는 멀어서 비행기를 타고 싶어도 항공료가 비싸 포기하던 잠재적 수요자들을 타겟으로 삼았다. 이들을 공략하기 위해 사우스웨스트는 기내식을 제공하지 않고, 지정석과 수하물 전송 서비스도 없애고 승객들이 다소 불편하더라도 좌석간 간격을 좁혔다. 대신 착륙한 뒤 재이륙하는 시간을 줄여 항공기의 회전율을 높이고 요금을 대폭 낮춰 기존의 비고객들을 새로운 고객으로 끌어들였다. 미국 국내 항공은 이동 시간이 대체로 1~4시간 이내이기 때문에, 자동차 등으로 장시간 이동하는 불편에 비하면 다소 서비스 품질이 낮아도 저렴한 요금으로 항공편을 이용하고자 하는 유인 요인이 분명했다. 이렇게 틈새시장에서 새로운 수요를 창출해 발판을 마련한 사우스웨스트는 계속 승승장구해 항공업계의 새로운 강자로 성장할 수 있었다.

비교적 자세하게 강자의 전략과 약자의 전략을 설명한 이유는, 앞으로 펼쳐지는 시대에는 모두가 약자의 전략에 훨씬 더 익숙해져야 하기 때문이다. 그 이유는 다음과 같다.

우선, 기술 빅뱅의 시대에는 기존의 강자가 순식간에 약자의 위치에 놓이는 경우가 많다. 기존 피처폰 시장의 최대 강자였던 노키아가 스마트폰 시장이 성숙하면서 순식간에 최약체 기업으로 전락한 사실을 상기해보라. 어떤 거대 기업도 미래 산업 판도가 어떻게 달라질지 쉽게 예측할 수 없는 시대다. 이 같은 변화에 대응하기 위해 구글이나 애플, 아마존 같은 미국의 거대 기업들이 각 분야에서 뛰어난 스타트업들이나 기술력을 가진 기업들을 인수하고 있다. 이렇게 해서 어느 순간에 큰 흐름으로 전환될 수 있는 틈새시장의 기술과 관련 인력들을 확보하는 전략을 쓰는 것이다. 즉 기존의 강자들이 내부적으로 기동성 있게 혁신하기가 어렵다면, 그렇게 기동성 있게 혁신하는 외부의 조그만 기업들을 인수해 성장 동력을 마련하고 외부 환경 변화에 대처하라는 것이다.

둘째로, SNS와 빅데이터 기술의 발달로 수요자의 욕구가 매우 다양해지고, 이를 공략하는 방법이 매우 세분화된 것도 약자의 전략에 더 치중해야 하는 이유다. 예를 들면 과거에는 지상파 방송 몇 개사가 시청자 대부분의 눈과 귀를 사로잡았지만, 이제는 수많은 팟캐스트와 SNS, 유튜브나 아프리카 채널 등이 성장해 많은 세부 수요층의 취향을 저격하고 있다. 많은 이들의 취향도 세분화되어 과거와 같이 몇 개 주요 광고채널을 통해 물량공세를 펴는 마케팅 전략에도 분명한 한계가 왔다.

이제 어떤 기업이든 세분화된 시장을 틈새시장처럼 여기고 그 틈새에 맞는 구체화된 전략들을 써야 한다. 기존 시장에서 강자였더라도 약자의 전략을 체화해야 하는 것이다. 이렇게 하지 못하면 기존의 강자도 얼마든지 무너질 수 있다. 최근 몇 년간 현대자동차의 상황이 대표적 사례. 온라인과 각종 자동차 관련 카페와 사이트, SNS 등에서 현대자동차의 안전성과 품질 대비 높은 국내 가격 정책 등에 대한 부정적 여론이 계속 커졌다. 그럼에도 이런 부정적 여론을 제때 인식하지 못하고 방송과 신문 등 주요 홍보채널을 통한 선전에만 치중하다 안방 시장을 급속도로 잃은 것이다.

마지막으로 앞으로 이어질 장기 저성장 흐름도 한국 기업들이 약자의 전략에 더 익숙해져야 하는 이유다. 과거처럼 한국 경제가 활발히 성장할 때는 국내의 소수 대기업들은 독과점 구조를 형성해 다른 한두 개의 경쟁사와만 경쟁하면 됐다. 이들 기업들끼리만 물량전을 펼쳐서 매출을 늘려놓으면 시간이 지나면서 시장이 커져 영업이익도 늘어나는 구조였다. 또한 독과점 시장 구조 속에서 상위 한두 개 업체가 신규 진입자를 제압하기 쉬웠다. 삼성전자나 LG전자가 위니아만도 (현 대유위니아)의 김치냉장고를 동질화 전략으로 효과적으로 봉쇄한 경우가 대표적이다.

하지만 이제는 상황이 달라졌다. 이제는 기존 대기업들끼리 물량을 쏟아부어도 시장이 크게 성장하지 않아 매출이 크게 늘지 않고, 수익성만 나빠지는 경우가 다반사다. 최근 몇 년간 매출이 역성장한 국내 백화점 업계나 대형마트 업계가 대표적이다. 대신 쿠팡 등 모바일 시장의 유통 강자나 해외직구 흐름 등이 전통적인 유통 강자들을 위협하는 시대다. 이처럼 국내 대기업들이 과거처럼 시장 구도가 고정돼 있다는 안이한 전제 아래 물량전으로 시장을 석권하는 전략은 실패로 이어질 공산이 훨씬 높아졌다. 모바일 기기 등을 통해 다양한 국내외 상품 정보를 접하며 최적의 소비를 하는 '스마트 컨수머smart consumer' 가 대거 등장하면서 이런 흐름은 가속화되고 있다. 반면 약자의 전략을 효과적으로 구사하는 기업들은 성공 가능성이 높아질 것이다. 우리보다 앞서 장기 저성장을 겪은 일본이 이미 많은 사례를 갖고 있다.

일본의 의류업체 유니클로가 대표적이다. 유니클로는 일본이 장기불황에 접어들면서 가성비에 민감해진 소비자들을 적극 공략했다. 이미 높은 소득수준을 바탕으로 눈높이가 까다로워져 품질은 포기하지 못하지만 주머니 사정은 과거에 비해 궁해진 일본 소비자들을 노린 것이다. 구체적으로는 어떻게 했을까?

유니클로는 유행을 타지 않고 오래 가는 디자인에 집중하면서, 디자인에 들어가는 비용을 대폭 줄였다. 또 생산 라인을 단순화하기 위해 남녀노소가 모두 입을 수 있는 유니섹스 모드의 옷을 대량으로 만들었다. 이렇게 하면 생산, 유통, 재고, 관리 모든 측면에서 비용을 굉장히 아낄 수 있다. 원자재도 대량 구매해서 대량 생산하고 대량으로 유통하는 과정에서 원가를 낮출 수 있다. 이를 통해 가격을 낮추면서 사람들의 요구에 부합하는 제품을 만들 수 있었던 것이다. 이렇게 해서 일본 국내뿐만 아니라 세계 곳곳에 진출해 대성공을 거뒀다.

유니클로의 사례가 보여주듯이, 약자의 전략에서 선택과 집중을 한다는 것은 단순히 좁은 틈새시장을 노리는 것만으로 한정되지 않는다. 소비자의 기호 변화에 맞춘 제품이나 제품군을 지속적으로 만들어내는 전략일 수도 있다. 유니클로는 과거와 다르게 소비자들이 가성비를 중요시하는 추세를 지속적으로 공략하는 전략을 썼다. 이렇게 해서 단순히 수백 수천 가지의 화려한 디자인을 만들고 여러 제품 종류를 만드는, 피상적인 다품종 소량생산 전략을 쓴 전통 의류업계의 강자들을 이겼다. 기존 강자들이 비용이 많이 드는 다양한 디자인을 고집할 때, 가성비라는 소비자의 핵심 욕구를 선택해 자신들의 자원과 노력을 집중한 결과 성공한 것이다. 또한 틈새시장에서 시작한다고 해서 그 시장에만 머물라는 뜻이 아니다. 틈새시장에서 이룬 성공을 발판으로 더 큰 시장에서 그 전략을 계속 반복하고 심화하면 매우 큰 기업으로 성장할 수도 있음을 유니클로는 보여준다.

이와 비슷한 사례로 일본의 오레노 후렌치라는 외식업체를 들 수 있다. 오레노 후렌치는 프랑스 요리를 제공하는 레스토랑 체인이다. 보통 맛있는 음식을 먹으려면 고급 레스토랑을 가야 하고, 그만큼 좋은 서비스를 받고 싶기 때문에 공간도 넓어야 한다. 그러면 레스토랑의 임대료도 올라가고 좋은 서비스를 제공하기 위해 인건비도 높을 수밖에 없다. 이렇게 전반적으로 운영 비용이 높은 고급 레스토랑은 사람들의 소득이 높던 시절에는 이익을 낼 수 있었지만, 장기 저성장 시대에는 이익을 내기가 매우 어려워진다. 이런 시대에 오레노 후렌치는 사람들이 '가격은 싼 대신 여전히 맛있는 음식을 먹고 싶어 한다'는 핵심적인 욕구에 집중했다. 그 대신 다른 것을 버렸다. 오레노 후렌치는 레스토랑 면적이 크지 않고 의자마저 없다. 스탠드형 테이블에 서서 먹게 되어 있다. 음식을 주문하면 바로 나오고 사람들이 서서 먹기 때문에 회전이 빠르다. 레스토랑을 운영하는 데 필요한 매장 비용과 인건비를 줄여 음식 값을 낮추는 대신 테이블당 회전율을 높여서 이익을 내는 전략을 썼다. 대신 고급 레스토랑 수준의 음식 맛을 내기 위해 좋은 재료와 좋은 셰프를 썼다. 보통 체인 형태 외식업의 재료 원가는 판매 가격의 30%를 넘지 않는다. 오레노 후렌치는 재료 원가가 60~90%를 차지할 정도다. 대표 메뉴는 쇠고기 안심과 푸아 그라인데, 이런 고급 요리를 전통적인 고급 레스토랑보다 훨씬 싼 가격에 판매하고 있다. 저렴한 가격에도 맛있는 음식을 원하는 소비자의 욕구를 틈새시장으로 삼아 철저히 공략한 것이다.

이처럼 장기 저성장 흐름 속에서도 변화의 흐름을 제대로 읽고, 차별화된 전략으로 자신이 잘 하는 것에 집중한다면 분명히 기회가 생길 수 있다. 다만, 약자의 전략은 한 번의 성공으로 그치지 않고 끊임없이 변화하는 트렌드와 소비자의 기호에 맞춰 아주 치밀하고 분명해야 한다. 차별화의 수준이 다른 경쟁자가 쉽게 따라올 수 없는 경지에 이르러야 한다. 그렇지 않으면 기존의 강자들이 얼마든지 카피해 동질화할 수 있기 때문이다.

이처럼 강자의 전략이 아니라 약자의 전략이 전반적으로 과거보다 훨씬 더 유효해지는 흐름은 기업뿐 아니라 소규모 자영업자나 개인 차원에서도 마찬가지다. 뒤에서 자세히 설명하겠지만, 개인들에게 이제 직장이 아니라 직업을 가지라고 조언하는 것도 바로 이런 이유다. 삼성전자나 현대자동차라는 대기업 직장에 소속된 직원보다 자신만의 필살기로 직업을 개척하는 이들이 더욱 성공적인 삶을 살게 되는 시대다. 거대한 조직에 속해 있어 겉으로는 강자로 보이지만 쉽게 대체될 수 있는 일을 하는 사람보다는, 어떤 분야든 자신만의 시장을 스스로 확보한 개인이 살아남는 시대가 오고 있다.

# 2

## 개인이 바꿔야 할 것, 가져야 할 것

---

지금까지 일자리 문제와 관련해 앞에서 설명한 내용들을 바탕으로 향후 일자리의 미래에 닥쳐올 흐름을 일곱 가지로 정리해보자.

1. 한동안 일자리는 줄어들 가능성이 높다.

2. 기업과 일자리의 수명이 짧아진다. 반면에 인간의 수명은 길어진다. 과거보다 오래 살아야 하는 인간의 일자리를 기업이 더 이상 책임져주지 못하는 안타까운 상황이 일어나는 것이다. 그래서 새로운 흐름을 따라가는 평생학습이 필요하다.

일의 미래 :

3. 대량생산 시대를 이끌었던 매뉴얼화되고 정형화된 일자리가 줄어든다. 어정쩡한 중간 기술 수준의 직업이 가장 위험하다. 나중에는 하급 기술 수준의 일자리도 많은 부분 줄어들 것으로 예상된다.

4. 사람들의 욕구가 세분화되고 이를 추적하는 빅데이터 분석이 가능해지면서 롱테일 법칙(80%의 사소한 다수가 20%의 핵심 소수보다 더 큰 가치를 창출한다는 이론)이 작동한다. 대량의 수요뿐 아니라 작은 수요를 충족해주는 일자리도 얼마든지 생겨날 수 있다.

5. 기계가 대체하지 못하는, 창의성과 고차원적 사고능력이 필요한 일자리의 가치는 커진다.

6. 비효율적인 분야가 효율화된다. O2O 서비스가 대표적이다. 배달의 민족, 요기요 같은 앱의 등장으로 배달 시장이 효율화된 것이나 카카오택시 같은 경우를 예로 들 수 있다. 이 과정에서 과거의 콜택시 업체나 배달 업체들의 일자리가 영향을 받는다.

7. 스펙의 효용성, 라이선스의 가치가 떨어진다. IBM의 인공지능 컴퓨터 왓슨은 가장 최신의 의학지식과 논문을 섭렵해서 가장 정확한 진단과 처방을 내리고 약을 조제할 수 있는 단계까지

와 있다. 변호사가 하는 많은 일 중의 하나는 어떤 사건에 적용할 판례나 법률규정을 찾는 것인데, 그 일을 훨씬 잘하는 서비스가 개발되고 있다. 이런 서비스들이 변호사 업무의 모든 부분은 아니라도 상당 부분을 대체할 것이다. 그러다 보니 최근 국내에서도 라이선스 직업의 직무 하향이동이 일어나고 있다.

## 직장이 아닌 직업을 찾아라

이런 흐름들은 개인에게 어떤 영향을 미칠까? 개인은 미래 일자리 흐름에 대비해서 어떤 태도를 가져야 할까?

우선 직업에 대한 인식을 근본적으로 바꿔야 한다. 개인에게 요구되는 자질도 달라질 것이다. 기계와의 경쟁에서 살아남기 위해 어떤 '일의 DNA'가 필요할 것인지를 생각해야 하고, 수명이 길어져 오래 일해야 하는 상황을 어떻게 대비해야 하는지 고민해야 한다. 많은 이들이 어떤 직업이 유망한지를 알고 싶어 하지만, 구체적인 직업의 종류보다 더 중요한 것은 앞으로 갖추어야 할 일의 DNA다. 우리가 1부에서 짚은 네 가지 큰 변화의 파고는 모든 산업 분야에 영향을 미칠 것이기 때문이다. 이 때문에 단순히 유망한 직업 리스트를 나열하는 것을 넘어서, 일과 직업 자체에 대해 근본적으로 생각해보고 재점검하는 시기를 가져야 한다.

흔히 '직장'이 아닌 '직업'을 찾으라는 말을 많이 한다. 직장과 직업은 어떻게 다를까? 삼성전자에 들어가면 직장을 다니는 것이다. 그렇게 삼성전자에 다니다가 50대 초반에 회사를 그만두고 나와서 별 준비 없이 치킨집이나 카페를 차리면 어떻게 될까. 그렇게 차린 가게가 과연 제대로 운영될 수 있을까? 긴 시간 동안 직장을 다녔을 뿐 그사이에 자신만의 강점을 발휘할 수 있는 일을 찾지 못했다면, '직업'을 가졌다고 하기 어렵다.

자신만이 할 수 있는 일을 찾지 못하고 50대 초반에 다니던 직장에서 쫓겨나는 이들이 많다. 당연히 노후가 불안하다. 기대수명이 길어지고 복지가 빈약한 나라에서 50대에 퇴직한 사람이라면 최대한 늦게까지 일하며 돈을 벌 수밖에 없다. 위로는 부양해야 할 노부모가 살아 있고, 아래로는 여전히 취직 전의 자녀를 둔 경우가 적지 않기 때문이다. 이처럼 불안한 노후를 맞지 않으려면 자신만의 가치를 발현하고 자신만의 능력을 발휘할 수 있는 직업을 찾아야 한다.

과거에는 기업의 수명이 길었고 일자리의 안정성도 상대적으로 높았다. 한 기업에 들어가서 기업과 함께 쭉 평생을 일할 수 있었다. 이제는 그런 시대가 아니다. 기술 변화가 워낙 급격하게 일어나고 그에 따라 산업 재편이 빠르게 일어난다. 50년 전에는 기업의 평균수명이 60년이었는데, 2020년쯤이 되면 20년에도 못 미칠 거라고 한다. 기업의 평균 수명이 60년일 때에는 한참 성장한 회사에 들어가도 30년은 일할 수 있었다. 하지만 기업의 평균 수명이 20년인 시대에도 그럴 수 있을까? 대개의 기업이 처음에는 작은 규모로 시작하므로 자신이 들어간 회사가 10년을 버틸지, 20년을 버틸지 알 수 없다. 나름대로 괜찮은 직장이어서 설립된 지 15년쯤 뒤에 입사했는데, 그 기업이 10년을 더 생존하다가 경쟁에서 밀려나 문을 닫아야 할 수도 있다. 기업이 개인의 일자리를 보장해주고 싶어도 더 이상 그럴 수 없는 것이다. 한마디로 한 회사에 평생 뼈를 묻고 싶어도 그럴 수 없는 시대가 된 것이다. 기업들부터가 직원들이 회사에 평생 다니고 싶어 하는 상황을 부담스러워한다.

기업에 평생직장을 기대할 수 없다면 어떻게 해야 할까? 특정 회사를 벗어나서도 일할 수 있는 능력을 길러야 하고, 평생 가져갈 수 있는 자신만의 업<sup>業</sup>, 즉 직업을 찾아야 한다. 일자리를 대할 때 일하는 장소, 공간으로서의 직장에 얽매이지 않아야 한다.

그렇다면 직업이란 무엇일까? 만약 어떤 사람에게 빅데이터를 분석하고 이를 바탕으로 통찰을 이끌어내는 독보적인 실력이 있다면 그 사람은 다른 회사에 가더라도 자기 능력을 살릴 수 있다. 반대로 특정 회사에만 쓸모가 있는 업무만 수행하고 있다면 변화가 닥쳤을 때 대처하기 어렵다. 예를 들어 삼성전자의 구매 담당자라고 생각해보자. 구매 업무는 다른 업무에 비해 상대적으로 개인의 특별한 능력을 요구하지 않는다. 무엇보다 한국에서 삼성전자라는 '수퍼 갑'의 여건이 이 업무에 많은 영향을 미친다. 작은 회사의 구매 담당자와 삼성전자의 구매 담당자의 협상력을 비교하면 확연하게 차이가 나

일의 미래 :

는데, 그 차이는 회사의 차이이지 개인 능력이나 전문성의 차이가 아닐 확률이 높다.

그럼에도 대기업 임원으로 근무했던 경력만 믿고 쉽게 생각하는 경우가 많다. 삼성전자 임원을 그만두고 나와서 관련 업계에서 일을 새로 시작했다가 얼마 못 가 일을 접는 경우를 보았다. 또 유수의 대기업을 다니다 나와서 관련 업계의 컨설팅을 하며 살겠다는 사람도 있었지만, 그 뜻을 펼치지 못했다. 다니던 '직장'이 자신의 실력이라고 믿고 자신만만했는데 회사를 나와서야 자신이 '직업'을 갖지 못했다는 사실을 깨달은 것이다.

반면 국내 인터넷 대기업의 부사장까지 거치고 퇴직한 사람이 있다. 그는 직장을 다닐 때도 부하 직원의 고민을 많이 들어주고 코칭하기를 즐겼다. 직장에 있는 동안에도 코칭 관련 교육 프로그램을 이수하고 자격증을 준비했다. 또 사내에서도 다양한 코칭 프로그램을 진행했다. 회사에서 물러난 뒤에는 다양한 기업에서 코칭 프로그램을 진행하면서 성공적으로 업을 전환했다. 이처럼 지금도 그렇지만, 앞으로는 더더욱 자신이 몸담던 직장의 배경을 벗어나서도 충분히 실력을 발휘할 수 있는 역량을 쌓지 않으면 안 된다. 즉, 한 직장을 벗어나도 생존할 수 있는 자신만의 '직업'을 가져야 하는 것이다.

이는 몇몇 사람들만의 이야기가 아니라, 대다수가 준비해야 할 일로 다가올 것이다. 이런 시대에 직장을 선택하는 중요한 기준은 무엇일까. 조직 커뮤니케이션 전문가 더랩에이치 김호 대표는 그 기업이 당장 얼마나 잘나가는지보다는 자신의 미래 직업을 만드는 데 얼마나 도움이 되는 곳인지를 고려해야 한다고 강조한다. 물론 좋은 직장에 들어간다면 여러모로 유리한 발판이 될 수 있다. 이미 기반이 잘 갖추어진 좋은 직장에서는 상대적으로 다양한 업무를 경험해 보고 양질의 훈련을 받을 기회가 많다. 회사의 네트워크를 통해서 자기가 향후 할 일과 관련된 인적 네트워크를 만들 수도 있다.

그러나 지금 규모가 큰 직장에 다닌다고 해서 미래가 보장될 확률은 점점 줄어들고 있다. 그 직장이 내가 평생 가져갈 직업을 만드는 데 어떤 기회와 경험들을 제공하는지가 더 중요한 기준이 돼야 한다. 그러한 관점에서 보자면 직장은 여러 번 바뀔 수 있다. 이 직장에서 쌓은 경험이 다음 직업을 준비하는 데 도움이 되는가를 언제나 생각해야 한다. 그것은 첫 직장을 고르든 다음 직장을 고르든 마찬가지다. 잦은 이직이 꼭 문제가 되는 건 아니다. 더 풍부한 경험과 자기만의 전문성을 쌓아가는 과정에서 생긴 이직이라면, 이직 자체는 문제가 되지 않는다. 앞으로 더욱더 이직이 잦을 수밖에 없는 시대에, 개인 스스로도 이직에 대한 두려움에서 벗어날 필요가 있다.

앞으로 어떤 일자리가 유망한지 많이 궁금할 것이다. 앞서 살폈던 산업의 흐름을 보면, 어떤 방향으로 가고 있다는 것 정도는 알 수 있다. 분명히 큰 변화에 꾸준히 관심을 가지고 새로운 기회를 찾으려 노력하면 상대적으로 기회를 많이 잡을 수 있을 것이다. 하지만 그 못지않게 중요한 것은 자신이 열정을 쏟아 잘할 수 있는 일을 찾는 것이다. 기계가 인간을 빠르게 대체하는 시대에, 내가 무엇을 좋아하는 지, 또 무엇을 잘할 수 있는지를 객관적으로 관찰하고 성찰해보는 과정이 중요하다. 자신의 내면에 귀 기울이는 사람이 결국은 자신만 의 '소명으로서의 직업<sup>vocation</sup>'을 찾아 더욱 성취감과 만족감 높은 삶을 살 수 있다. 뻔한 말로 느껴지겠지만, 이 당연한 진리는 직업을 찾을 때 앞으로도 변함없이 가장 중요한 원칙이다.

미국의 작가이자 목사였던 프레드릭 비크너는 이런 말을 했다. "인생에서 자신의 소명을 찾는 것은 당신 마음이 깊은 희열을 느끼는 것과 세상이 깊은 갈증을 느끼는 것 사이의 교차점을 찾는 일이다." 급격한 기술 발전과 저성장을 맞이한 시대에도 이처럼 자신의 소명을 찾는 데 중요한 지침이 되는 말은 없을 것이다.

## 미래 사회에 필요한 일의 DNA

앞으로 기업들은 외부 환경의 변화 때문에 인력을 대규모로 상시 고용하기보다 외부의 독립적인 인력들과 필요할 때마다 계약을 맺는 방식을 더욱더 선호하게 될 것이다. 특히 고용 안정성이 떨어지는 한국 사회에서는 그런 움직임이 더 크다. 물론 사회적·제도적 장치를 통해 충격을 줄일 방법을 모색해야겠지만, 당장은 이런 흐름이 가속화하는 것이 엄연한 현실이다. 앞으로 많은 사람들이 회사와 같은 대규모 조직에 속하지 않고 프리에이전트로 일하는 경우가 점점 늘어날 것이다. 프리에이전트는 자신의 능력을 필요한 경우에 팔고 다양한 방식으로 서비스하는 능력을 갖추어야 한다. 이와 같은 능력이 향후 미래 사회에 필요한 일의 DNA이다.

그렇게 하지 않고 자신만이 하고 싶은 일이 있을 경우에는 창업을 해야 한다. 지금 전 세계가 스타트업 열풍이다. 우리나라에서는 스타트업이라고 하면 20, 30대 젊은이들만 하는 일이라고 생각하는데, 관점을 바꿔야 한다. 또한 창업이라고 하면 한국에서는 자영업 중심의 생계형 창업을 주로 생각한다. 좀 더 큰 사회적 가치와 비즈니스 가치를 만들어내는 기업으로 키우려는 혁신형 창업은 상대적으로 드물다.

특히 40대 이후의 창업은 먹고 살기 위해서 어쩔 수 없이 하는 생계형 창업이 많다. 50대에 직장에서 쫓겨나다시피 나오면, 준비가 안 된 상태에서 누구나 할 수 있는 편의점, 음식점, 의류 소매가게 등을 차린다. 누구나 다 할 수 있는 일이라는 건 그만큼 경쟁이 치열하다는 뜻이다. 지금 한국의 베이비붐 세대에서 엄청난 퇴직자들이 쏟아져 나오고 있고, 이들 중 대다수가 비슷한 경쟁에 뛰어든다. 특별한 전문 능력과 거대한 자금이 없는 한, 이와 같은 경쟁을 해서는 생계 유지도 어렵다. 생계형 창업이지만 실제로는 생계가 안 되는 창업을 하는 셈이다. 그럴 수밖에 없다. 수십 년 동안 직장에 특화된 업무만 하다가 자신이 무엇을 할지 충분한 고민 없이 퇴직금으로 차린 장사가 잘된다면 그게 오히려 이상한 일이다. 그런데 지금 그런 사람들이 넘쳐난다. 퇴직 무렵이나 그 직후에 다음 단계를 준비한다면 늦다. 그러면 마음이 조급해서 면밀한 검토나 준비, 특히 자신만의 차별화 포인트가 없는 상태에서 가게를 차리게 된다. 이런 식의 창업은 운이 좋은 경우가 아니라면 필패한다.

직장을 다니면서도 자신만의 직업을 고민하면서 관련된 실력과 노하우, 네트워크를 쌓으며 창업을 준비해야 한다. 과거처럼 무슨 장사를 해도 웬만큼 잘되던 고성장기가 아니기 때문에 더욱 그렇다. 국민경제 차원에서도 주력산업이 가라앉고 있는 상황에서 혁신형 창업이 활발하게 생겨나고 성장해야 한다. 그래야 지금 우리가 고민하는 일자리 문제도 어느 정도 해소될 것이다.

일본 역시 주력기업들이 장기불황에 무너지는 가운데서도 새로 생겨난 스타트업들이 계속 성장해 경제를 지탱하고 일자리를 공급했다. 일본 1위 쇼핑몰 라쿠텐이 대표적인 예이고, 유니클로도 처음에는 작은 규모로 시작했다. 중국도 마찬가지다. 중국은 그간 전 세계의 제조공장 역할을 했었기 때문에 규모가 큰 기업이 많았고, 이와 관련된 설비 투자가 많았다. 일자리도 주로 이와 같은 분야에서 만들어졌다. 하지만 지금 중국은 선전 지역을 중심으로 혁신형 스타트업이 굉장히 많고, 지금도 활발하게 생겨나고 있다. 이런 곳에서 기존의 제조 산업에서 만들지 못한 일자리들을 메우고 있는 것이다.

결론적으로 말하면, 미래형 산업 구조에서는 적극적인 창업자 마인드를 가져야 하고, 우리가 가져야 할 '일의 DNA'의 핵심 중 하나가 '창업 DNA'가 되어야 할 것이다. 대규모 자본이 없어도 쉽게 창업할 수 있는 환경은 갖춰지고 있다. SNS 같은 1인 미디어가 발달하고, 3D프린팅 같은 기술들이 생겨난 덕분에 개인이나 소규모 단위에서 콘텐츠나 제품을 생산할 수 있는 기술적인 토대가 마련되고 있다. 과거에 비해 훨씬 더 창업하기 좋은 환경이다. 또 SNS와 사람들의 욕구를 세밀히 분석할 수 있는 빅데이터 기술이 발달하면서 일종의 '롱테일 법칙'도 작용하고 있다. 대규모의 매스마케팅을 하지 않아도, 핵심 소비자들을 만족시키면서 자기만의 틈새시장을 만들어 나가는 제품들도 점점 더 늘어나고 있다. 한편으로는 기술발전으로 글로벌 시장에 진출하기가 더욱 편해졌다. 디지털 기술로 인해 언어의 경계나 지역의 경계가 파괴되고 있다. 투자도 활발하다. 크라우드 펀딩 등 개인이 투자받을 수 있는 경로도 다양해졌다.

저성장 시대가 된다고 하여 꼭 창업에 불리한 것은 아니다. 자영업과 벤처 기업을 하는 이들에게 가장 부담이 되는 비용은 바로 임대료이다. 저성장 흐름이 고착화되면 한국의 부동산 가격이 장기적으로는 점점 하락하거나 적어도 과거와 같은 급등세를 보이기는 어렵게 될 가능성이 높다. 그런 점에서 자영업과 벤처 기업을 차리는 이들에게는 비용 부담이 줄어드는 환경이 만들어질 수 있다. 이런 상황에서 정부 정책이 잘 뒷받침해준다면, 한국도 얼마든지 새로운 산업에 도전하여 핀란드와 같은 모델을 만들 수 있다. 핀란드는 노키아 몰락 이후 국가 차원에서 창업을 적극적으로 지원했다. 유럽 최대 창업 콘퍼런스 '슬러시SLUSH'도 핀란드에서 열린다. 최근 핀란드가 기본소득 보장제를 검토하는 이유도 국민들의 기초적인 생활수준을 보장하는 보편적 복지 차원에 그치지 않는다. 국민들의 생계 안정성을 보장함으로써 국민들이 좀 더 안심하고 자신의 능력을 개발하고 창업 등에 도전하는 것이 경제의 활력을 높이는 데도 도움이 된다고 보기 때문이다.

향후 정부의 창업 지원 정책이 어떻게 획기적인 변화를 맞을지는 알 수 없다. 하지만 한국도 새로운 성장 동력을 만들기 위해서나 일자리 문제를 해결하기 위해서 훨씬 더 적극적으로 개인 창업을 독려하는 시스템을 만들어야 한다는 점은 분명하다.


## ■                       여러 번의 생애전환기에 대비하라                       ■


생애주기가 길어지면서 직업이 하나가 아니라 여러 개가 될 수도 있다는 말을 많이 한다. 기업들이 달라지는 환경에 적응해 살아남으려면 끊임없이 혁신해야 하는 것처럼, 개인도 자신의 능력을 지속적으로 발전시켜야 한다. 특히 50~60대에 직업을 전환하려면 40대에 준비해야 한다. 40대 때 자기만이 할 수 있는 일을 만들어야 50~60대가 되어 직장에서 쫓겨나더라도 당당하게 살아갈 수 있다. 50대 때 그렇게 할 수 있어야 60대 이후에도 그와 이어진 일들을 할 수 있다.

예진에는 어느 회사의 무슨 과장이라는 명함으로 일했다면, 앞으로는 자기 분야에서 전문가가 돼야 한다. 그리고 얼마든지 그렇게 할 수 있다. 나이가 들수록 지혜는 쌓이고 종합적인 판단을 할 수 있는 능력은 커진다. 지혜와 통찰력, 전문성을 오랫동안 꾸준히 쌓아가면 젊은 사람들이 쉽게 따라올 수 없는 경쟁력이 생긴다. 노후에 하는 일이 죽지 못해 하는 일이 아니길 바란다면, 일찍부터 자기가 하고 싶은 일에서 전문적인 역량을 쌓아가야 한다.

또한 이직의 시기를 너무 늦게 잡으면 안 된다. 지금 다니는 직장에서 다른 직장으로 옮겨가야 한다면, 자신이 가장 일을 잘할 수 있을 때 옮겨가야 한다. 예전에는 한 직장에서 버틸 수 있을 때까지 있다가 이직을 했지만, 이제는 그런 마인드를 바꾸어야 한다. 여러 번 이직하라는 게 아니라, 이직 자체에 대한 거부감을 줄여야 한다는 것이다.

사실상 한국은 긴 정년이 보장된 사회가 아닐 뿐 아니라, 보통 50대 초중반이면 퇴직한다. 그런데 이제는 수명 연장으로 100세까지 사는 시대다. 55세에 퇴직해도 45년간 노후를 꾸릴 수 있어야 한다. 지금 한국은 생애소득기간도 짧고 대부분의 가계가 벌어놓은 돈도 부족하고 복지나 연금 체계도 취약해서 근로소득이 계속 발생하지 않으면 기댈 곳이 없다. 45년 동안 일하지 않고 살기가 너무 힘든 것이다. 그러니까 가능하면 일자리를 가져야 한다. 55세에도 10년간 더 일하면 소득 없는 노후 기간은 10년 더 줄어든다. 20년 더 일하면 노후 기간은 20년 더 줄어든다. 따라서 가능하면 인생의 늦은 시기까

일의 미래 :

지 일하면서 소득을 버는 것이 가장 좋은 노후 준비 방법 중 하나다. 단, 마지못해 하는 저임금 노동이 아니라 보람을 느낄 수 있는 일이어야 한다. 물론 이때의 일자리는 전성기 때만큼 돈을 못 벌어도 된다. 노후에는 자녀들을 키우거나 출가시킬 때만큼 많은 생활비가 필요하지 않다. 과거에 비해 적게 써도 되므로 소득이 전성기에 비해 다소 줄어도 큰 문제가 아니다. 물론 자금이 충분해서 은퇴 후 여유로운 여가 생활만 하며 보내고 싶은 사람도 있을 것이다. 하지만 대부분의 경우에는 젊은 시절보다 더 적게 벌고 더 적게 쓰더라도 자신이 노후에도 할 수 있는 일자리를 찾아야 한다. 이는 노년 세대의 자아실현과 심신 건강을 위해서 뿐 아니라 생애소득기간을 늘려 노후 생활비 부담을 줄이기 위해서도 필요하다. 55세에 퇴직하고 나서도 최대 20년 정도는 더 일할 수 있는 일자리를 찾는 게 좋다. 그러려면 40대에 준비해야 한다. 더랩에이치 김호 대표는 35~45세 사이에는 새로운 일을 준비해야 한다고 강조한다. 닥쳐서 준비하면 늦다는 것이다.

우리보다 앞서 고령화를 겪은 일본에서는 '40세 정년'에 관한 이야기가 나온 바 있다. 2012년 일본 국가전략회의에서 제안된 바 있는 '40세 정년제'는 40세에 정년을 맞고 일을 끝내라는 것이 아니다. 첫 직장을 40세까지 다니며 거기서 새롭게 자기 할 일을 모색하고, 여력이 있을 때 회사를 나와 그다음 일이나 직장을 찾으라는 뜻이다. 인생을 20년씩 나누어 두세 번의 전직이 당연한 사회가 되어야 100세 시대를 살 수 있다는 것이다. 이를 위해 국가가 40대의 재취업과 교

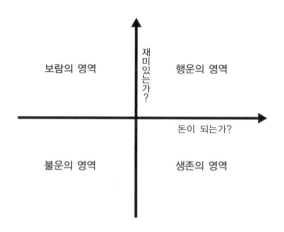

김호, 《쿨하게 생존하라》에서 인용

육에 투자하겠다는 발상이었다. 결국 40세 정년제는 무산되었지만, 이 제안이 제기한 문제의식은 개인의 차원에서 매우 중요하게 생각해볼 지점이 있다.

그렇다면 '나만의 일'을 어떻게 찾아야 할까. 어떤 것이 '나만의 일'일까. 이런 판단에 도움이 되는 기준이 있다.

앞에서 소개한 김호 대표의 말을 인용하면, 일은 크게 두 가지 기준으로 구분해볼 수 있다. '재미있는가'와 '돈이 되는가'라는 기준이다. 이 두 기준으로 보면 사분면이 생긴다.2-08 재미도 있으면서 돈이 되는 일을 하고 있으면 '행운의 영역'이다. 돈은 되지만 재미는 없으면, 생계를 위한 '생존의 영역'이다. 지금 많은 직장인이 이 생존의 영역에 속해 있다. '보람의 영역'은 돈은 별로 안 되지만 재미가 있는 일이다. 재미라고 말해서 가볍게 느껴지지만, 만족감이나 사명감 등으로 바꾸어 이해하면 된다. 예를 들어 '안정된 직장보다는 아프리카 난민을 위해 봉사하면서 살겠다'라고 생각한다면 정말 보람이 있는 일을 찾은 것이다. 인생 말년의 오드리 헵번처럼 말이다. 마지막으로 '불운의 영역'은 안타깝지만, 보람도 없고 벌이도 안 되는 경우에 해당한다.

내가 지금 하는 일이 과연 어느 영역에 속해 있는지 생각해보자. 자신이 지금 행운의 영역에 있거나 생존의 영역에 있는 직업을 갖고 있더라도, 보람의 영역에 놓인 일을 함께하는 경우가 있다. 이 보람의 영역에 있는 일의 전문성을 높이면 행운의 영역으로 이동할 수 있다.

취미로 목공 일을 열심히 배웠다고 가정해보자. 처음에는 그것으로 돈을 벌기 어렵다. 그런데 나중에 정말 잘 만들게 되면 취미를 넘어서 이 일로 일정 소득을 얻을 수 있다. 좋아하는 일을 하라는 조언은 10대 청소년에게만 해당되는 이야기가 아니다. 지금 당장 큰 수입을 얻을 수 없다 하더라도 정말 좋아하는 일을 찾아서 그 일을 더 잘하기 위한 고민을 계속하고, 꾸준히 배워서 숙련되었을 때 번듯한 직업이 될 수도 있다. 목공 일을 배워서 자기가 직접 가구를 만들 수도 있고, 가구 만드는 일을 가르칠 수도 있고, 마음이 맞는 사람들과 공동으로 공방을 운영할 수도 있다. 실제로 한 목공 스튜디오를 운영하는 분이 정확히 그런 경우였다. 과거 자신이 하던 생업이 따로 있었지만 틈틈이 목공 일을 재미로 배웠는데, 이제는 가구를 주문제작해주고 사람들을 모아 가르치는 수준이 된 것이다. 이 모든 일이 가능했던 데는 보람의 영역에 있는 일의 전문성을 높였기 때문이다.

이런 사례들은 얼마든지 찾아볼 수 있다. 이명박 정부 시절 기자협회장을 맡았다가 회사 경영진에게 부당해고된 한 방송사 기자가 그런 경우다. 그는 클래식 음악 애호가이고, 수제 스피커를 제작하는 취미를 갖고 있었다. 해고된 뒤 자신의 취미를 살려 수제 스피커를 제작했는데, 가성비가 워낙 좋아 상당수의 사람들로부터 주문을 받게 됐다. 그렇게 일정한 소득을 벌어들이자 결국 '쿠르베 스피커'라는 브랜드를 만들었고, 이제는 명품 스피커로 사랑받고 있다. 이 경우는 딱히 본인이 준비했던 상황이 아니지만, 수요가 세분화되는 시대에 자신의 취미를 직업으로까지 전환할 수 있음을 잘 보여주는 사례다.

좀 더 많이 알려진 사례로 인터넷 방송 BJ 중에 '대도서관'이라는 사람이 있다. 유튜브에서 게임을 해설하는 사람으로, 그 일이 그 사람의 직업이다. 그는 엔터테인먼트 업체에 다니면서 유튜브 같은 새로운 채널들의 감각을 익히고, 자기가 좋아하는 게임을 해설하는 콘텐츠를 올렸다. 이렇게 해서 연간 10억 원대가 넘는 소득을 올리고 많은 팬을 거느린 저명인사가 됐다. '대도서관'은 자신이 좋아하는 일을 파고들고 새로운 미디어 흐름에 올라타 자신의 일을 만들어낸 경우다. 이처럼 1인 미디어 또는 MCN^Multi Channel Network (다중 채널 네트워크)

이라는, 중소 콘텐츠 창작자들의 콘텐츠를 유통하고 관리하는 사업이 뜨고 있다. 이 과정에서 '대도서관' 같은 사람들이 등장했다. 물론 콘텐츠 창작자가 된다고 해서 모두 이처럼 성공할 수 있는 것은 아니다. 하지만 자신이 좋아하는 일에 적절한 경험들을 쌓아서 연결하면 성공의 기회가 충분히 열려 있음을 보여준다.

이처럼 자기가 좋아하며 잘할 수 있는 일을 찾을 때, 발전하는 디지털 기술을 적극적으로 활용하는 것도 중요하다. 이미 3D프린팅 기술을 이용해 소규모 공예 제품을 주문 생산하는 1인 제조업이 늘어나고 있다. 그와 같은 기업들은 별도의 유통 채널 없이도 SNS로 전 세계 소비자와 직접 연결될 수 있다. 일례로 국내의 타투이스트 한 사람은 인스타그램에 자신의 독특한 타투 디자인과 시술 사진을 올려서 유럽 사람들로부터 인기를 얻어 프랑스의 유명한 타투 스튜디오에 억대 연봉을 받고 스카우트되기도 했다. 이 외에도 새롭게 등장하는 기술들을 잘 살펴보고, 자기가 하고자 하는 일과 접목하는 방법을 생각하는 데서 미래의 일자리 기회를 찾을 수 있을 것이다.

## ■ 오로지 '나'이기에 가능한 능력 ■

미래의 일자리에서 중요한 능력은 바로 인간이기에 가능한 능력이다. 제2의 기계시대에 살아남으려면 기계와 함께 일하면서도 기계와는 차별화되는 능력이 있어야 한다. 어떤 능력을 가져야 하나? '모라벡의 역설'이라는 말이 있다. 사람이 능한 것은 기계가 능하지 못하고, 사람이 능하지 못한 건 기계가 능해서 나온 말이다. 미국의 인공지능학자인 한스 모라벡이 제시하여 모라벡의 역설이라고 한다. 예를 들면 아주 복잡한 연산은 사람에게 어렵다. 그러나 컴퓨터에게는 아주 쉽다. 반면 개와 고양이를 구별하는 것은 세 살짜리 아이도 가능한 일이다. 하지만 기계가 이것을 구분하기 위해서는 수많은 개와 고양이의 이미지를 보며 패턴 인식을 해야 했고, 컴퓨터가 이 일을 해내게 된 것은 불과 몇 년 전이다.

일반적으로 모라벡의 역설은 인간 진화와 연관돼 있다고 본다. 인간이 쉽게 하는 기본적인 동작이나 다른 사람과 교감하며 커뮤니케이션을 주고받는 능력 등은 오랜 시간에 걸친 진화의 산물이다. 반면 계산과 논리적 사고는 비교적 최근에 인간이 발전시킨 능력으로, 이런 능력은 논리적 알고리즘에 따라 컴퓨터가 따라 하기 쉽다. 물론 최근에는 인간만이 할 수 있을 것 같던 일도 기계가 상당 부분 할 수 있게 됐다. 예를 들어 음악을 작곡하고, 기사를 쓰고, 미술작품을 그리는 것과 같은 작업들이 이제 기계학습을 통해 가능해졌다. 그럼에도 아직까지는 상대적으로 인간이 잘하는 일과 인공지능이나 로봇이 잘할 수 있는 일이 다르다는 점은 분명하다.

제2의 기계시대에 전반적인 일자리가 줄어들 가능성이 높다 하더라도, 사람이 필요하거나 사람이 기계보다 잘할 수 있는 영역은 있

일의 미래 :

다. 《제2의 기계시대》 저자인 앤드루 맥아피와 에릭 브린욜프슨 교수도 영국 공영방송 BBC와 가진 인터뷰에서 "로봇이 매우 잘하는 많은 일들과 과제들이 있겠지만, 인간이 더 잘 수행할 수 있는 영역이 여전히 많다"며 "사람들은 향후 로봇이나 다른 기계에 의해 가장 대체될 것 같지 않은 직업을 전략적으로 목표로 해야 한다"고 말했다. 이들은 인터뷰에서 사람이 기계보다 뚜렷하게 장점을 가질 수 있는 세 가지 영역을 꼽아서 다음과 같이 설명했다.

먼저 창의적인 작업<sup>creative endeavors</sup> 영역이다. 이 영역은 창의적인 글쓰기나, 창업가정신, 과학적인 발견 등과 같은 작업을 바탕으로 하는 영역이다. 이 영역에 속하는 직업은 보수도 높고 보람도 있는 직업인 경우가 많다. 특히 과학기술이 창업가의 발명을 실현하는 데 지렛대가 돼줄 수 있어 통찰력 있는 창업가에게 지금보다 더 좋은 때는 없다는 것이다. 둘째는 사회적 상호작용<sup>social interactions</sup> 영역이다. 로봇은 인간과 같은 감정 지능이 없다. 다른 사람의 요구에 민감하게 반응할 줄 아는 사람들이 뛰어난 역량을 발휘할 수 있다는 것이다. 셋째는 신체적 능숙성<sup>physical dexterity and mobility</sup>의 영역이다. 예를 들어, 아이들은 땅에 떨어진 연필을 아주 쉽게 집어드는데 같은 동작을 로봇이 하는 것은 매우 서툴고 느리다. 이는 아주 오랜 진화의 과정 동안 인간이 산을 오르고, 물에서 수영하고, 춤추는 것과 같은 고도의 신체적 동작을 익혀왔기 때문이다. 정원사라든지 가정부와 같은 일은 많은 돈을 벌지는 못할지라도 여전히 한동안 로봇이 잘하기 어려운 일이다. 하지만 로봇공학이 발달하면서 세 번째 영역의 일도 점점 로봇이 잘할 수 있는 일로 바뀌어 갈 수 있다.

이런 점을 고려하면 사람들이 미래에 어떤 능력을 가져야 하는지 큰 틀에서 짐작할 수 있다. 그렇다면 실제로 향후 어떤 능력을 키워야 할까? 특정 분야의 전문성 외에 일반적으로 요구되는 스킬에는 어떤 것이 있을까? 여러 연구기관에서 이에 대해 분석한 결과가 있다. 대체로 비슷한 결론을 제시하는 이들 결과 가운데 몇 가지만 살펴보자.

먼저 2-09의 표는 옥스퍼드 대학 산하 연구기관인 옥스퍼드 이코노믹스에서 발표한 내용이다. 향후 5~10년 사이 수요가 증가하는 스킬들을 정리한 것이다. 이 내용을 보면 첫째, 디지털 스킬digital skills이 필요하다고 말한다. 디지털 스킬이란 디지털 비즈니스를 적용한다든지 또는 가상공간에서 일한다든지, IT 소프트웨어와 시스템을 이해하는 능력을 말한다. 둘째, 명민한 사고능력agile thinking skills이 있어야 한다. 혁신할 지점을 찾아내거나, 복잡한 문제를 해결한다거나, 여러 가지 다른 시나리오를 가지고 적절한 선택을 한다거나, 모호하거나 역설적인 상황에서 결정을 내리거나, 큰 흐름을 읽고 전략적인 판단을 할 수 있는 능력이 필요하다. 셋째, 대인관계 및 의사소통 능력inter-personal and communication skills이 있어야 한다. 시대가 바뀌어도 사람 간의 관계, 커뮤니케이션 스킬은 여전히 중요하다. 상호 간에 정보를 주고받으면서 협력하는 능력은 꼭 필요하다. 이 능력을 확장하면 글로벌하게

| 디지털 스킬 | 수요도 |
|---|---|
| 디지털 비즈니스 능력 | 50.6% |
| 온라인에서 일할 수 있는 능력 | 44.9% |
| IT 소프트웨어나 시스템을 이해하고 활용하는 능력 | 40.1% |
| 디지털 디자인 능력 | 35.2% |
| 소셜미디어와 웹2.0 활용 능력 | 29.3% |
| **명민한 사고력** | **수요도** |
| 여러 시나리오를 준비하고 고려하는 능력 | 54.8% |
| 혁신 | 46.0% |
| 복잡함과 모호함을 다루는 능력 | 42.9% |
| 역설적 상황을 관리하고 반대되는 입장 사이 균형을 잡는 능력 | 40.9% |
| 큰 흐름을 보는 능력 | 15.3% |
| **대인관계 및 의사소통 능력** | **수요도** |
| 공동 창조성과 브레인스토밍 | 48.3% |
| 고객과 관계 형성 | 47.4% |
| 팀 내 그룹활동 능력(가상공간 포함) | 44.9% |
| 공동작업 능력 | 30.4% |
| 커뮤니케이션 능력 | 29.0% |
| **글로벌하게 활동할 수 있는 능력** | **수요도** |
| 다양한 직원을 관리하는 능력 | 49.1% |
| 국제 시장에 대한 이해 | 45.7% |
| 다양한 해외 지역에서 일할 수 있는 능력 | 37.5% |
| 외국어 능력 | 36.1% |
| 문화적 감수성 | 31.5% |

옥스퍼드 이코노믹스 자료에서 인용

활동할 수 있는 능력<sup>global operating skills</sup>과도 연결된다. 글로벌하게 언어를 습득하고 문화적 감수성을 발휘해 다른 나라에서 활동한다거나, 글로벌한 시장을 이해할 수 있는 능력이 필요하다.

또한 최근으로 올수록 사람들이 다른 사람들과의 상호작용 과정에서 갖게 되는 능력인 소프트스킬<sup>soft skill</sup>이 강조되고 있다. 외국어 구사력, 학위나 학점, 컴퓨터 프로그래밍 수준 등 이력서 등에 주로 표시되는 하드스킬<sup>hard skill</sup>과 달리 소프트스킬은 계량화하기 힘든 주관적 스킬이다. 미국의 인재개발 회사인 워크포스 커넥션즈는 미래에 직무에 필요한 능력으로 소프트스킬이 점점 중요해지고 있다며, 핵심 소프트스킬을 크게 다섯 가지로 구분했다.

다른 사람과 원활하게 상호작용할 수 있는 소셜 스킬<sup>social skills</sup>, 정보와 감정 등을 주고받을 수 있는 커뮤니케이션<sup>communication</sup> 능력, 자기조절<sup>self-control</sup> 능력, 자신감과 자기 효능감 등을 의미하는 긍정적인 자아 관념<sup>positive self-concept</sup>, 비판 능력과 문제해결, 의사결정 등을 의미하는 고차원적인 사고능력<sup>high-order thinking skills</sup> 등이다.

이 가운데 소셜 스킬은 최근으로 올수록 직업 세계에서 더 중요한 가치를 가진다고 하버드대 교육학과 데이빗 데밍 교수는 지적한 바 있다. 그는 〈노동시장에서 커지는 소셜 스킬의 중요성<sup>The Growing Importance of Social Skills in the Labor Market</sup>〉이라는 논문에서 "1980년부터 2012년까지 분석한 결과, 높은 소셜 스킬이 필요한 직업들이 미국의 노동력에서 차지하는 비중이 거의 10%p 증가한 반면, 수학적 능력이 많이 필요한 대신 소셜 스킬이 부족해도 되는 직업은 3%p나 줄어들었다"고 설명했다. 그만큼 인간만의 원활한 상호작용이 필요한 일자리가 줄어들기는커녕 빠르게 늘어나고 있는 것이다.

지금까지 살펴본 것처럼 인간 사회가 적어도 기계에 지배당하지 않고 인간이 주도권을 행사하는 세상이라면 협업하는 능력, 다른 사람과 공감하는 능력, 그럼으로써 사람들의 마음을 이끌어 리드하는 능력이 필요할 것이다. 리더십은 높은 직책에 있는 것을 말하지 않는다. 많은 사람의 에너지와 욕구들을 원하는 목표를 이루는 방향으로 리드하는 능력이다. 그런 리더십은 협력하는 능력과 함께 인간만이 가질 수 있는 능력이며, 인간에게 필수불가결한 능력이다.

리더십 능력은 어떻게 가질 수 있을까. 리더십은 사실 나눠주는 능력이라고 할 수 있다. 어떤 조직이든 상대적으로 저평가받는 사람들은, 자신이 권한을 가지고 있음에도 동료나 부하에게 나눠주는 것이 없는 사람들인 경우가 많다. 반대로 최상층에서 성공한 사람일수록 자신이 가진 것들을 크게 키워서 크게 나눠준다. 리더십이 강한 사람일수록 기본적으로 협업 능력이 강하다.

또 하나 더 중요해지는 능력은 통찰력이다. 앞으로 수많은 데이터들이 쏟아진다. 그 데이터들 가운데 무엇을 분석하고 어떤 정보를 얻을지, 또 분석한 내용을 어떻게 이해하고 현실에 적용할지를 판단하는 통찰력은 오로지 인간만이 가진 특질이다. 이 통찰력은 간단히 얻을 수 있는 능력이 아니다. 예를 들어 빅데이터 기술을 보자. 한때는 빅데이터 분석가가 유망한 직업이라고 했지만, 벌써 빅데이터를 분석할 수 있는 사람이 많아졌고 빅데이터를 분석하는 툴도 점점 더 발달하고 있다. 그렇다면 단순히 빅데이터를 분석하는 데서 그치는 것이 아니라 무엇을 분석할 것인지, 어떤 것을 분석하면 될지를 찾는 것이 훨씬 더 중요한 작업이다. 어떤 사람이 어떤 관점을 가지고 어떤 통찰력을 발휘하느냐에 따라 동일한 데이터 더미 속에서도 보석 같은 정보를 발견해낼 수 있기 때문이다. 즉, 중요한 것은 분석한 내용이 아니라 분석한 결과 아래 숨겨진 의미를 찾아내고 읽어내는 것이다.

예를 들어 주택 구매에 대한 빅데이터를 분석한다고 가정해보자. 국토교통부가 제공하는 실거래가 데이터를 바탕으로 지하철 개통 전후의 주변 아파트 가격 변동 추이를 들여다보자는 문제의식은 사람만이 가질 수 있다. 그렇게 분석해서 어떤 패턴이 나타났다면, 그 패턴에 숨은 의미를 읽어내는 것 또한 사람의 통찰력이 있어야 한다.

실제로 선대인경제연구소가 서울 지하철 9호선 연장구간이 개통된 뒤 주변 아파트 가격이 어떻게 변화했는지, 빅데이터 분석을 해봤다. 그런데 얼핏 보면 이해하기 어려운 현상이 눈에 띄었다. 9호선 연장구간의 다른 역 주변 아파트 가격은 모두 뛰었는데, 유독 9호선 연장구간과 2호선이 만나는 종합운동장역 주변은 약세를 보였다. 종합운동장역은 9호선 연장구간 개통으로 '더블역세권'이 되었다. 이 경우 보통은 집값에 상당한 호재로 작용한다. 그런데 결과는 반대였다. 왜 이런 일이 생겼을까.

9호선 연장구간이 개통되기 전까지 교통이 상대적으로 불편했던 다른 역 주변에 비해 종합운동장역이 가졌던 이점이 개통 후 오히려 분산돼 약해졌기 때문이다. 이처럼 빅데이터를 분석해서 각 지하철역 주변의 아파트 가격 변동을 조사하고 분석하는 것은 컴퓨터 프로그래밍이나 데이터 분석을 통해 비교적 쉽게 할 수 있다. 반면 지하철 개통 이후 주변 집값이 변하는 추이를 살펴보면 의미 있는 정보를 얻을 수 있겠다는 문제의식을 갖고, 추출된 데이터들을 바탕으로 집값이 오르내리는 이유를 찾아내고 설명할 수 있는 통찰력은 기계가 갖기 어려운 능력이다. 이 같은 통찰력을 키우는 노력을 오랫동안 지속해야 한다. 이런 능력은 평소에 각종 현상에 대해 문제의식을 갖는 훈련을 계속하고, 어떤 패턴이나 흐름에서 의미를 읽어내는 작업을 꾸준히 해야 가질 수 있는 안목이다.

　빅데이터 마케팅 회사로 이름난 다음소프트의 사무실에는 인문사회 서적이 가득 차 있다. 사람들이 서가를 보고 "다음소프트의 직원들은 이런 책을 읽는군요"라고 말하면, 다음소프트 송길영 부사장은 이렇게 대답한다고 한다. "그게 아니라 우리는 이런 책을 읽는 사람들을 뽑습니다." 이미 입사한 직원에게 책을 읽혀서 문제의식이나 통찰력을 사후에 키운다는 뜻이 아니다. 애초에 그런 문제의식과 통찰력을 꾸준히 키워온 사람을 뽑는다는 뜻이다. 이 이야기가 미래 인재의 요건에 대해 중요한 사실을 말해준다고 생각한다. 물론 컴퓨터 프로그래밍과 같이 기계를 다루는 스킬을 가진 사람이 필요하지만,

데이터에 숨은 의미를 읽어내는 통찰력을 가진 사람이 앞으로는 더욱 중요해질 것이다.

## ■        자산구조와 소득구조를 바꾸고, 금융지능을 키우라        ■

앞에서 향후 벌어질 큰 흐름을 생각할 때, 우리의 일을 생존의 영역에서 보람과 행운의 영역으로 바꾸어가야 한다는 이야기를 했다. 그러나 가계의 재정 상태가 불안하기 때문에 그러기가 쉽지는 않다. 당장 오늘을 버티기 어렵기 때문에 미래를 준비할 여력이 없는 것이다. 지금 한국 가계는 일자리가 흔들리고 소득이 불안한 상황에서 복지마저 빈약해 의존할 곳 없는 현실에 처해 있다. 그런데 가만히 들여다보면 이런 상황에서도 지출을 엄청나게 하고 있다. 소득의 대부분이 고스란히 빠져나간다. 도대체 이 과도한 지출의 정체가 무엇일까.

한국의 가계들은 재무구조 측면에서 크게 두 가지 문제가 있다. 첫째, 자산구조 측면에서 자산을 너무 부동산에만 '몰빵'하고 있다. 둘째, 현금 흐름 측면에서 사교육에 너무 많은 비용을 쓰고 있다. 이 두 가지 문제가 우리 가계 재정과 또 국가 경제에 어떤 영향을 미치는지 살펴보자.

먼저 자산을 부동산에만 투입하는 문제에 대해 살펴보자. 우리는 그동안 벌어들인 소득을 부동산이라는 자산에 축적하는 게 당연한 시절을 살아왔다. 그런데 부동산에만 온갖 자원이 몰려 있으면 어떻게 될까? 당연히 생산경제에 돈이 돌지 않는다. 자금이 돌아서 기업투자에 들어가거나 사람들의 창업을 돕는 자금에 쓰여야 하는데, 부동산에 고여 있으면 꺼내 쓸 수 없다.

은퇴하는 사람이 5억 원짜리 집 한 채만 있고 현금 소득이 많지 않다면 어떻게 될까. 부동산에 돈이 묶여 있다 보니 쓸 수 있는 자금 여력이 부족해진다. 이렇게 소비 규모가 줄어드니 시장의 제품과 서비스에 대한 수요가 줄고 기업도 활발하게 성장하기 어렵다. 기업이 성장하기 어려우면 다시 일자리가 늘어나기 어렵고, 일자리가 없으면 또 가계 소득이 준다. 결국 가계가 돈을 어디에 쓰느냐에 따라 사회 전체의 일자리가 달라질 수 있다. 이 구조는 지금 당장뿐 아니라 다음 세대에게도 큰 영향을 미친다. 활발하게 성장하는 기업이 있어야 다음 세대가 사회에 진출했을 때 들어갈 수 있는 일자리도 많아지는데, 기업의 성장을 이끄는 자금이 모두 부동산에 묶여 있다. 그러니 다음 세대로 갈수록 일자리가 줄어드는 것이다. 즉, 한국의 부동산 문제는 일자리 측면에서도 매우 심각한 악영향을 미치고 있다.

과거에는 돈을 모아서 부동산 자산으로 축적하는 것이 일정하게 합리적이었다. 인구가 계속 성장했으므로 집값이 대체로 꾸준히 올랐고, 다음 세대가 계속 집을 사주어서 가지고 있던 집을 그들에게 비싸게 팔고 노후자금을 마련할 수 있었다. 그러나 이제는 그렇지 않다. 앞으로는 빚을 내서 무리하게 집을 사는 것은 낭비이고, 길게 보면 엄청난 손실이 될 수도 있다. 인구구조의 변화만 생각해도 향후 부동산 시장이 큰 흐름에서 어떻게 흘러갈지 분명하게 알 수 있다. 다만 정부의 무모한 부동산 부양책에 힘입어 아직 주택 가격이 떨어지지 않고 있을 뿐, 주택수요 인구는 분명히 줄어드는 추세임을 앞에서 설명했다. 수십 년간 주택수요 인구가 계속 줄어드는 상황을 부동산 시장이 버틸 수 있겠는가. 우리가 미래 수요인 빚을 미리 당겨와서 쌓아놓은 부동산 가격 거품은 어떤 식으로든 빠져나갈 가능성이 크다.

그런데 한국은 부동산 자산이 거의 대부분을 차지하는 실물자산의 비중이 세계에서 가장 높은 편이다. 한국 및 OECD 주요 국가의 자산 종류별 비중210을 살펴보면, 한국의 실물자산 비중이 일본이나 미국 등 다른 나라보다 상당히 높다. 부동산 거품으로 경제적 충격을 받았다고 하는 미국이나 이탈리아와 비교해서도 훨씬 더 높다. 즉 쉽게 말하면, 한국 사람들은 벌어서 쓰고 남은 대부분의 소득을 부동산으로 다 저축한 셈이다. 이러한 경향은 특히 60세 이상 인구에서 두드러진다. 한국의 부동산 자산 비중이 전체 평균 74.8%인 데 비해 60세 이상에서는 83.6%로, 무려 8.8%p 이상 높다.

반면에 금융자산 비중을 보면 한국이 다른 OECD 국가들에 비해 대부분 다 낮다. 실물자산 비중이 높으니 금융자산은 한껏 쪼그라들 수밖에 없는 것이다. 그런데 이것이 한국 가계의 자산구조에서 심각한 문제다. 부동산에 모든 재산을 투입하고 있으면 노후에 접어들어 정작 돈이 필요해서 자산을 현금화해야 할 때 문제가 생긴다. 지난 세월처

일의 미래 :

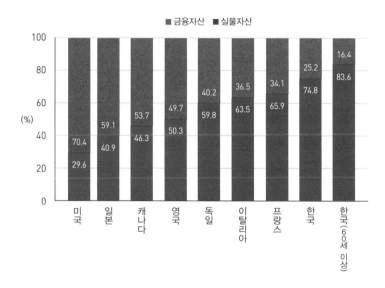

■ 금융자산  ■ 실물자산

OECD 자료와 가계금융복지조사 자료를 바탕으로 선대인경제연구소 작성

럼 큰 흐름에서 부동산 가격이 지속적으로 올라준다면 별문제가 없지만, 앞으로는 최소한 과거처럼 집값이 꾸준히 올라줄 가능성은 상당히 낮다. 부동산의 자산가치가 계속 떨어지는 흐름이거나 최소한 올라가지 않는 흐름일 것이기 때문이다. 과거에는 부동산 일변도로 자산을 축적하는 것이 어느 정도 합리적 선택이었지만, 미래에는 '위험한 상식'일 수 있다. 이러한 흐름을 생각한다면 한국 경제 전체가 부동산 거품을 빼는 것이 순리이고, 가계 자산구조 측면에서는 부채 다이어

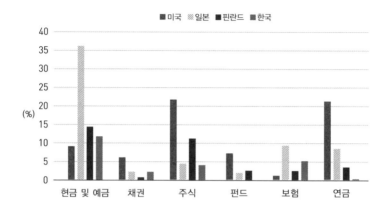

■미국 ▨일본 ■핀란드 ■한국

(%)

현금 및 예금    채권    주식    펀드    보험    연금

OECD 자료를 바탕으로 선대인경제연구소 작성

트를 하고 자산 구조조정을 해야 한다. 금융자산의 비중을 늘려야 하는 것이다.

여기서 일본의 사례를 참고할 필요가 있다. 일본이 우리에 앞서 부동산 버블, 고령화, 장기침체를 먼저 겪은 나라이기 때문이다. 일본의 부동산 버블붕괴와 장기침체는 일본 가계의 자산 흐름에 큰 변화를 초래했다. 일본 가계들도 부동산 버블기에는 부동산 자산에 대한 선호도가 높았으나, 버블 붕괴 후에는 점차 실물자산보다 금융자산을 선호하게 되었고, 특히 현금, 예금, 보험 등 안전자산에 크게 의존하게 되었다. 무엇보다 고령화가 빠르게 진행되는 가운데 금융자산을 보수적으로 운영하는 고령층 가계에 금융자산이 집중되면서 금융시장 활성화에 걸림돌이 되고 있다.

일본 가계의 주식 보유 비중은 매우 낮은 편이다. 1980년대 말 버블기에 3만 8000포인트를 넘었던 닛케이지수는 '잃어버린 20년' 동안 1만 포인트 아래로 내려간 적도 여러 번이었다. 2013년 아베노믹스가 시행된 이후 닛케이지수가 빠르게 상승해 2017년 초 기준으로는 2만 포인트 전후이지만 과거 고점에 비하면 여전히 낮은 수준이다. 게다가 2016년 이후 엔화가 다시 강세로 돌아서면서 일본 기업들의 환율 효과가 약해지고, 외국인 투자자금의 유입도 줄어들면서 주가지수는 다시 정체되고 있다.

이런 이유로 일본 가계의 주식보유 비중은 매우 낮다. 2016년 6월 기준으로 일본 가계의 금융자산 가운데 주식이 차지하는 비중은 9%에 불과하다. 미국의 34.9%는 물론 유로존의 17.1%에 비해서도 훨씬 낮은 수치다. 반면 현금 및 예금 비중은 52.4%로 월등히 높다. 여기에 29.9%를 차지하는 보험, 연금, 담보를 포함하면 일본 가계 전체 금융자산의 82.3%가 안정성을 최우선으로 하는 금융자산 구조인 것이다. 문제는 이 금융자산의 대부분을 소비성향이 낮은 고령층이 보유하고 있다는 것이다. 반면 소비를 가장 왕성하게 하는 젊은 층은 금융자산이 절대적으로 부족하다. 이 같은 자산구조가 일본의 내수 경기 침체를 더욱 악화시키고 있다.

한국도 이와 같은 어려움에 빠질 가능성이 높다. 우리도 저성장이 장기화되는 가운데 고령화가 빠르게 진행되고 있기 때문이다. 여기에 현재 가계들이 빚을 얻어서 떠받치고 있는 부동산 가격이 하락할 경우 전체 가계는 더욱 큰 타격을 입을 수밖에 없다. 한국의 경우 저출산, 고령화가 일본보다 빠르게 진행되고 있을 뿐 아니라 고령층이 일본에 비해 훨씬 더 빈곤한 상황이다. 이 때문에 우선 부동산에 집중되어 있는 가계 자산구조를 개선하지 않으면 장기적으로 큰 충격에 빠질 수 있다.

가계 재무구조 측면에서 또 하나 짚어볼 문제는 사교육비를 쓸데없이 너무 많이 쓰고 있다는 것이다. 특히 현금 흐름 측면에서 보면 사교육비가 가장 심각한 문제다. 가계가 벌어들인 소득이 부동산에 묶여 있는 가운데 그나마 있는 돈마저도 사교육에 쓰이고 있는 것이다. 아이들의 미래를 위해서 사교육에 투자하는데, 사실 그로 인해 아이들이 미래에 일할 곳들이 만들어지지 않고 있는 것이다. 무엇보다 사교육비를 줄이는 것은 부모 세대의 노후 준비를 위해서도 중요한 문제다. 과거에는 사교육의 기대 효과가 상당히 컸던 데 비해 부모세대의 일자리가 비교적 안정적이었고, 기대수명도 지금보다 짧아 노후에 큰 주름살을 안기지는 않았다. 하지만 이제는 사교육의 효과가 크게 줄어든 반면 부모들은 늘어난 노후에 대비해 더 많은 자금을 축적해야 하는 상황이다. 그러면 과거와 달리 사교육에 쓰는 비중을 크게 줄여야 정상이다. 사교육비 이야기는 단순히 가계 재정의 측면에서뿐 아니라 미래 세대에게 필요한 교육이 무엇인지에 대한 근본적인 고민과 함께 논의

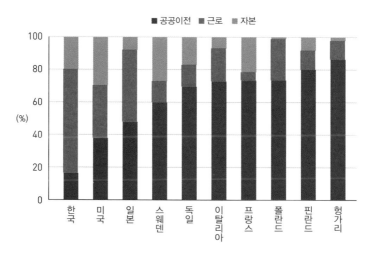

OECD 자료를 바탕으로 선대인경제연구소 작성

되어야 하는 중대한 문제이므로, 뒤에서 따로 설명하겠다.

이상으로 부동산과 사교육비로 취약해진 가계 재정 상황을 살펴보았다. 이런 상황에서 노후를 맞는다면 어떻게 될까? 한국이 노후가 불안한 이유는 부동산 문제, 사교육비 문제 등 여러 가지가 있겠지만, 다음과 같은 측면에서도 살펴볼 수 있다. OECD 국가 65세 이상 노인들의 소득 원천을 살핀 2-12그래프를 보자.

이 그래프를 보면 핀란드는 노후세대의 공공이전소득이 아주 높다. 즉 높은 수준의 복지를 통해 노후세대의 빈곤문제를 해결하고 있는 것이다. 미국은 어떤가. 복지가 상대석으로 빈약해서 공공이전소득의 비중이 작지만, 대신에 자본소득이 높다. 미국에는 401K라는 제도가 있다. 확정기여형 기업연금제도인데, 401K란 명칭은 미국의 노동자 퇴직소득보장법 401조 K항에 규정돼 있기 때문에 붙여진 것이다. 매달 일정액의 퇴직금을 회사가 적립하면 노동자가 이를 운용해 스스로의 투자 결과에 책임지는 것이다. 이 제도는 노동자와 기업주가 부담하는 적립 금액을 미리 확정 지은 다음 일정한도 내에서 소득공제 등 세제상 지원을 하게 되어 있다. 현재 미국 노동자들의 대표적인 노후 보장수단으로 정착된 제도이며, 2009년부터 오바마 정부가 노동자들이 취직할 경우 자동적으로 가입하도록 제도를 바꾸면서 가입자 수가 증가했다. 쉽게 설명하면 연금액을 각종 펀드를 통해서 주식시장에 투자하여 자본소득을 높이는 것이다. 길게 보면 미국의 주식시장은 이와 같은 제도를 통해 상승 흐름을 보일 수 있기도 했다. 이렇게 미국의 경우, 제도적 장치를 통해 젊은 시절에 일하면서 간접적으로 투자한 자본소득이 노후의 주요 소득이 되는 구조를 만들어 놓았다.

그런데 한국의 노후세대는 어떤가. 공공이전소득도 없고 자본소득도 거의 없다. 거의 대분이 근로소득이다. 현재 한국 상황에서 은퇴한 노후세대의 근로소득 비중이 높다는 건 이런 의미이다. 50대에 회사에서 쫓겨나서 자영업에 뛰어든다. 그런데 자영업 중에 상당히 많은 경우는 먹고살기 위해서 억지로 차린 생계형 자영업이고, 그마저도

3년 안에 60%가 망하고 있다. 퇴직금 등 남은 자본금을 자영업에 쏟아부었는데 그마저도 망하면 청소부나 아파트 경비원과 같은 저임금 노동을 해야 한다. 그래서 50대 초반에 은퇴하고도 70대까지 일을 하게 되는 것이다. 세계에서 가장 늦은 시기까지 저임금 노동에 시달리면서 노인빈곤율이 가장 높은 나라가 대한민국이다.

그렇다면 노후를 준비하기 위해 어느 정도의 비용이 필요할지 의문이 들 수 있다. 그 비용을 알아서 미리 준비할 수 있으면 되는 게 아니냐고 생각할 수 있다. 2002년 즈음에는 60대 노후준비 비용이 4억이라는 말이 있었다. 지금은 수명이 더 늘어났으니 대체 얼마의 노후자금이 있어야 할까 걱정될 것이다. 노후준비를 위해서는 40세부터 60세까지 최소 얼마씩 모아야 안전한 노후생활을 할 수 있을까. 생명보험사 등 금융업체들은 사람들의 노후에 대한 염려를 자극하면서 '풍요로운 노후생활'을 위해서는 11억 원이 넘는 자금이 필요하다고 주장한다. 한 달에 450만 원꼴이다. 그렇다면 실제로 노후에 필요한 최소 생활비는 얼마 정도일까? 국민연금관리공단이 2013년 조사한 바에 따르면 노후에 필요한 최소생활비는 부부 기준 160만 원, 적정생활비는 225만 원으로 나타났다. 서울만을 기준으로 하면 부부 기준 최소생활비는 189만 원, 적정생활비는 271만 원 정도로 더 올라간다.

그러면 우리에게는 노후소득을 보장하는 제도가 없는가. 국민연금이 있다. 국민연금의 운영이 불안정하다고는 하지만, 국민연금을 받고 퇴직금까지 있다면 노후 대비가 영 불가능한 건 아니다. 물론 노후를 대비하는 가장 좋은 방법은 가능한 한 일을 오래 하는 것이지만, 앞에서도 말했듯이 원하지 않는 일을 오래 하는 것은 좋은 방법이 아니다. 그렇게 길게 일하는 게 가능한 사람도 매우 적다. 한국의 경우 생애소득기간이 짧고 그때도 충분히 벌지 못하지만, 그나마도 그 돈을 부동산과 사교육비 같은 엉뚱한 데에 쓰고 있는 것이다.

부동산과 사교육비를 줄이고 그만큼 그 돈을 불리는 방법을 찾는 것도 필요하다. 섣불리 주식에 투자하거나 금융상품에 가입하라는 말이 아니다. 장기적인 관점에서 금융소득의 비중을 높일 방법을 찾아야 한다는 것이다. 예를 들어 5~6% 정도의 수익률을 내는 건실한 배당주 5~6종목을 골라 10년 정도 분산 투자를 한다면 대체로 상당히 높은 수익률을 올릴 수 있다. 매월 사교육비를 100만 원 정도 쓴다면, 초등학교 4학년부터 고등학교 3학년까지 한 아이의 사교육에 드는 이 비용을 지출하지 않고 이렇게 운용하면 9년 후에는 그 돈이 1억 4000만 원 정도 된다. 이 돈이 있으면 훨씬 노후가 든든해지고 근로소득에 대한 부담을 줄일 수 있다. 아이가 뭔가를 해보려고 할 때 뒷받침해줄 수 있는 자금원이 될 수도 있을 것이다.

이 모든 것들은 인생을 어떻게 계획하고 설계할 것인가라는 큰 틀에서 이루어져야 한다. 자기 인생 계획에 맞춰서 어떤 일자리를 갖고, 자신이 가진 자원을 활용할지를 설계하는 것이 굉장히 중요하다. 그리고 우리가 자본주의 시스템 안에서 살아가는 이상 자신만 자본을 위해 일하는 것뿐 아니라 자본이 나를 위해 일하게 하는 노력이 필요

일의 미래 :

하다. 향후 계속 성장할 것 같은 기업들을 눈여겨보고 좋은 반려자를 고르듯이 그 기업들의 주식을 산다면, 자본이 당신을 위해 일하게 할 수 있다. 앞에서 설명한 부상하는 산업을, 일자리 측면이 아닌 투자 측면에서 접근해보는 것이다. 그렇게 금융지능을 키울 필요가 있다.

예를 들어 자신이 바이오 산업을 유망하게 본다고 해도, 그 분야와 관련된 능력을 갖고 있지 않다면 직접 그 분야에 뛰어들어 일하기가 쉽지 않다. 그러나 적은 자본이라도 조금씩 투자할 수는 있다. 앞의 표현을 빌자면 부상하는 로켓에 투자하는 것이다. 그게 그 로켓에 올라타는 다른 방법이기도 하다. 물론 단타 투자 문화가 발달한 한국에서 주식에 대한 올바른 관점과 방법론을 갖추는 작업을 선행해야 하지만 말이다.

이제 누구나 일정한 수준의 금융지능을 가져야 하는 시대가 되고 있다. 미래에는 로봇과 인공지능 등 기계라는 자본을 가진 대주주와 기업들이 더욱 부유해지는 시대가 될 가능성이 높다. 반면 갈수록 일자리로 모든 소득을 충당하기 어려워지는 시대다. 이런 시대에 개인이 반드시 알아야 하는 것이 바로 금융지능이다. 물론 기본소득제나 전반적인 복지 체계 강화 등을 통해 가계의 기본적인 소득을 보장하고 사회안전망을 확충하는 노력은 별도로 진행해야 한다. 하지만 개인으로서는 자신만의 직업을 찾는 것과 함께 자본이 당신을 위해 일하게 만드는 노력도 해야 한다.

# 3

## 한국 사회가 준비해야 하는 것들

앞에서 다가오는 일의 미래에 개인이 어떤 준비를 해야 하는지에 대해서 정리했다. 하지만 개인의 노력으로 대응하는 데에는 한계가 있다. 아무리 노력한다 해도 사회 구조가 바뀌지 않는다면 개인이 성공적으로 미래 사회에 적응할 수 있는 가능성은 크게 낮아진다. 예를 들어 소득 격차뿐만 아니라 부모로부터 물려받은 자산 격차가 갈수록 커지고 있는 가운데 기술 빅뱅은 이런 격차를 더욱 벌려놓을 가능성이 높다. 이 같은 격차를 좁히고, '흙수저'들도 생존할 뿐 아니라 성장할 수 있는 발판을 우리 사회가 마련하지 않으면 안 된다. 그런 점에서 정부와 정치권을 포함해 한국 사회 전체가 함께 대응하고 노력해야 하는 몇 가지 과제를 제시해보려 한다.

일의 미래 :

미래의 일자리를 위해 공공 영역에서는 어떤 준비가 필요할까? 우선 한국은 앞으로 새롭게 성장하는 기업들이 더 많아져야 한다. 지금과 같이 대기업 위주의 경제정책이 아니라, 다양한 형태의 기업들이 성장하여 다양한 종류의 일자리를 만들어 내야 한다. 스타트업 지원 정책만이 아니라 사회적 기업이나 협동조합 같은 새로운 형태의 일자리가 만들어질 수 있도록 더 적극적으로 지원해야 한다.

　이와 같은 정책적 지원을 통해 한국의 기업 생태계가 훨씬 더 활발해져야 한다. 앞에서 진단했듯이 그동안 한국 경제는 재벌독식구조, 부동산 거품에 의존하는 경제였고, 일자리와 소득보다는 부채 주도의 성장을 해왔다. 이것들에 의존해 성장했지만, 역설적이게도 바로 이것들이 한국 경제의 상황을 갈수록 악화시킨 주요인이다.

　재벌독식 구조로 만들어놓은 결과 한국의 기업 생태계를 질식하게 만들었고, 주력산업들이 위기를 맞았을 때 이를 대체할 수 있는 다른 산업들을 키워놓지 못했다. 박근혜 정부가 경제민주화를 표방했지만 재벌구조 개혁은 정권 초기에 시늉에 그쳤고, 후반으로 갈수록 재벌 기업들의 민원을 해결해주면서 한국의 경제구조가 훨씬 더 악화되었다. 다음 정부는 이제부터라도 재벌의 과도한 경제력 지배에 고삐를 채우려는 노력이 필요하다. 우리나라의 재벌독식 구조는 오랜 기간 광범위하게 뿌리내려서 이를 해결하려면 과감하고도 단호한 개혁이 필요하다. 그간 벌어진 문제들을 한꺼번에 뒤엎을 수는 없더라도 시대착오적인 재벌 지배구조를 해소하고 미래 경제 흐름에 맞게 재편하는 과정이 있어야 한다. 그래야만 한국 경제가 그나마 숨이라도 쉴 수 있는 상황으로 회복될 것이다.

한국의 기업 생태계가 활발해지려면 어떤 전략을 써야 할까. 여러 사람들이 지적하고 있듯이, 핀란드의 사례를 눈여겨봐야 한다. 핀란드는 국민기업 노키아를 주축으로 성장해왔는데, 스마트폰의 등장으로 이 거대한 기업이 일시에 무너졌다. 그 과정에서 5000개 이상의 기업으로 해체되었다. 그런데 이 5000개의 기업들이 혁신형 벤처로 거듭났고, 소프트웨어 산업으로 성장하면서 핀란드의 경제가 회복되었다. 한국도 그와 같은 방식으로 가야 한다. 지금부터 삼성, 현대와 같은 기업이 무너진 다음을 대비해야 한다.

지금 삼성과 현대는 분명 위기에 처해 있다. 이들 거대 기업이 위기를 극복하기만을 기다리고, 한편으로는 10년 후에도 이 기업들만 쳐다봐서는 한국 경제의 미래가 더욱 암울해진다. 그동안 한국 경제는 호황기에는 '대표선수'인 대기업을 지원하고, 불황기에는 대마불사 논리로 '모로 가도 대기업' 식의 해법을 썼다. 여기에서 벗어나야 한다. 재벌과의 유착에 빠져 더 이상 어떻게 삼성을 지원하고 현대를 지원할까 하는 식의 논의를 펴서는 안 된다. 삼성의 재벌 3세 승계 과정에서 이재용 부회장의 지배력을 강화해주기 위한 삼성물산 합병에 청와대가 국민연금을 압박해 찬성해준 결과가 어떤가. 건설과 상사 부문이 주력인 삼성물산이 바이오 산업에 대한 투자를 강화해 미래 신성장동력을 확보한다는 합병의 명분을 정말 곧이곧대로 믿을 사람이 있을까. 이 부회장의 삼성그룹 지배권 강화 외에는 아무런 이유도 없는 합병이었다. 이뿐인가. 삼성전자는 삼성테크윈과 방산 부문의 사업을 모두 한화에 넘겼다. 삼성테크윈의 경우 드론과 로봇, 자율주행차 등에 활용할 수 있는 다양한 기술을 가진 회사로, 삼성의 미래성장동력 확보를 위해 중요한 기술을 축적한 회사다. 특히 삼성전자의 미래와 관련해서도 가장 연관성이 높은 사업이다. 그런데도 이 부회장의 지배권 강화에 도움이 되지 않는다는 이유로 한화에 넘겨버린 것이다. 대신 삼성은 반도체와 바이오를 선택했다. 바이오는 로봇이나 자율주행차만큼이나 커지는 분야이긴 하지만, 삼성전자가 어떤 분야와 연관성이 크고, 어떤 분야를 통해 더 경쟁력을 높일 수 있는지를 생각하면 이러한 결정에 의문이 든다. 드론이나 로봇기술 분야는 계속 혁신이 일어나고 있고, 굉장히 빠르게 커질 것이라고 다들 예측하는 시장이다. 이 분야에서 삼성전자가 쌓아온 기술을 활용할 가능성이 많기 때문에 더욱 이와 같은 의문이 드는 것이다. 삼성이 이와 같은 선택을 한 것은 결국 삼성테크윈이 이 부회장의 지배력 강화에 크게 도움이 되는 기업이 아니라고 판단했기 때문이다. 삼성이 미래 경쟁력을 생각했다면 지금과 같은 선택을 하지 않았을 것이다. 결국 잘못된 지배구조는 재벌독식 구조에 따른 산업 생태계의 질식을 논하기 전에 삼성의 미래마저 길게 보아 불투명하게 만들고 있는 셈이다.

현대사동차도 마찬가지다. 사실 현대차는 매우 위태로운 상황이다. 이미 국내 내수시장에서 소비자들의 신뢰를 잃어가고 있다. 사실상 현대차는 기아차와 함께 국내 자동차 시장에서 독과점 기업이었는데, 가격 대비 성능 측면에서 현대차 제품에 대한 소비자들의 불만이 장시간 누적돼왔다. 특히 외국산 자동차가 들어오면서 국내 소비자들의 선택 폭이 매우 넓어졌다. 이런 상황에서 현대-기아차 그룹은 매우 안이하게 대응했다. 더구나 국내 시장은 소비자들의 소득이 늘지 않고 생산가능인구, 소비가능인구가 줄어드는 장기 저성장 시대로 빠르게 접어들고 있다. 당연히 자동차 수요도 앞으로 크게 늘어나기 어렵다. 이런 시대에는 결국 해외 시장을 더 적극적으로 공략해야 하는데, 이것이 쉽지 않다. 달러 강세 기조에 따라 환율이 올라가고는 있지만 과거와 같은 환율 효과를 미국에서 누리지 못하고 있다. 유럽도 경기침체가 계속되고 있고, 일본은 전통적으로 현대차가 발을 붙이지 못한 시장이며, 중국에서도 중국 로컬업체들에 밀리는 상황이 되었다. 오히려 중국 SUV 차량이 가성비를 내세우며 국내 시장을 노리는 상황이다.

게다가 현대자동차가 미래형 자동차로 주력해온 것은 수소차다. 지금 세계 자동차 시장에서 이미 전기자동차가 대세를 형성하고 있는데, 현대차는 수소차 개발에 집중해온 것이다. 정부는 전기차 도입에 따른 타격을 우려하는 현대차 등 기존 완성차 및 자동차 부품 산업, 정유 업계의 요구에 끌려다니며 전기차 도입에 소극적으로 대응해왔다. 그 결과 이제는 전기차가 세계적인 시장 흐름을 형성해 더이상 국내에서도 그 흐름을 외면하기 어렵게 됐다. 하지만 그사이 한국의 전기차 기술과 인프라는 한참 뒤떨어지게 됐다. 특히 현대차는 전기차와 자율주행차의 확산 흐름에 따라 자동차 시장이 과거와는 차원이 다른 입체적, 전방위적 경쟁에 돌입하는 시점에도 10조 원이 훌쩍 넘는 돈을 한전 부지 매입에 사용했다. 이 또한 정상적인 지배구조를 가진 기업이라면 절대 실행하지 않았을 시도였다. 정말 중요한 고비에서 현대차 그룹은 엄청난 자원을 자사의 핵심 경쟁력과 전혀 상관없는 곳에 낭비한 것이다. 이때부터 이미 현대차의 위기는 시작됐다고 해도 과언이 아니다. 이후 투자자들의 신뢰까지 잃어 실적과 주가가 지속적으로 동반 하락하는 상황에 내몰린 것이 명확한 증거다.

삼성과 현대자동차 그룹의 최근 행태만 봐도 소수 지분을 가진 재벌일가의 독단적 결정으로 오히려 스스로 그룹 차원의 위기를 만들거나 미래를 불투명하게 만들었음을 확인할 수 있다. 과거에는 기술 변화의 속도가 느렸고, 한국의 내수 규모만으로도 두 회사를 일정하게 지탱할 수 있었지만 이제는 사정이 확연히 달라졌다. 두 회사는 이미 국내에서만 먹고 살 수 없는 덩치로 커졌고, 세계 무대에서 치열한 경쟁을 펼쳐야 한다. 그런 상황에서 재벌 3세 승계에 자원과 에너지를 쓰고, 재벌 회장의 개인적 욕심이 배어나는 엉뚱한 판단으로 시간과 에너지를 낭비할 여유가 없다. 이처럼 소수 지분을 가진 재벌일가가 그룹 전체를 좌우하지 않도록 이제라도 올바른 지배구조를 확립할 때기 됐다. 미국이나 독일, 일본 모두 과거 독점 내기업들을 제어하고 경제력 집중을 완화했을 때 중산층이 두꺼워지고 경제가 훨씬 더 빨리 성장했다는 점을 절대 잊지 말아야 한다.

재벌개혁 못지않게 신흥 성장기업들을 키우려는 노력도 서둘러야 한다. 세계적인 경기침체가 2020년경에는 어느 정도 끝날 것으로 전망된다. 아시아 경제도 그즈음에는 일정하게 충격을 겪고 이겨내거나 공급과잉을 해소한 중국을 중심으로 회복세로 돌아설 것이다. 한편 2020년 정도가 되면 바이오, 헬스, 전기차와 자율주행차, 사물인터넷, 가상현실, 3D프린터, 드론, 로봇 등의 분야에서 새로운 산업과 일자리가 쏟아질 것이다. 그렇게 글로벌 경제가 소비를 회복하고 미래형 산업으로 재편될 때, 한국도 기회를 놓치지 말고 잡아야 한다.

그러기 위해서는 지금처럼 '밑 빠진 독에 물 붓기' 식으로 조선업과 같은 곳에 70조 원씩 쏟아붓기보다는 그 기업들이 빠르게 시장에서 재편되도록 하고, 핀란드처럼 작은 기업들이 혁신기업으로 성장할 수 있도록 지원해야 한다. 조선업 등 기존 주력산업에 지원하는 노력의 절반 정도라도 이들에게 지원하면 중장기적으로는 그 효과가 훨씬 더 폭넓게 나타날 수 있다. "당신이 새로운 뭔가를 하려면, 우선 기존의 낡은 것을 중단해야 한다"는 피터 드러커의 말을 지금의 한국 경제만큼 절실히 받아들여야 할 곳은 없다. 물론 대기업은 대기업대로 혁신 노력을 해야 하지만, 국민 경제 전체를 보면 지금 한국의 중소기업, 벤처기업들이 새로운 혁신 기업으로 빠르게 전환할 수 있도록 이끌어야 한다. 급격한 기술 변화는 대기업만 위기로 몰아넣는 게 아니라, 지금 존재하는 수많은 작은 기업들도 위기에 몰아넣을 것이기 때문이다. 이들 기업이 빠르게 변화에 적응하고 신규 산업에 도전하게 함으로써 미래 산업에 맞는 일자리를 늘려야 한다. 여기에 한국 경제의 사활이 걸려 있다.

그러려면 현재 우리나라의 벤처 업계 활성화 전략에도 변화가 필요하다. 지난 몇 년간 가파르게 성장했던 벤처 업계의 성장세가 둔화되고 있다. 투자 유치에 어려움을 겪는 업종을 중심으로 인력 감축, 사무공간 축소 등 비용 절감에 나서고 있고, 그간 공격적인 투자를 감행했던 벤처캐피탈들도 몸을 사린다. 세계적인 벤처 붐과 정부의 적극적인 지원 정책에 힘입어 과열 양상을 보였던 창업 시장의 거품이 일정하게 꺼지는 한편, 성장 가능성이 확인된 벤처 기업으로 자금이 집중되는, 이른바 옥석 가리기가 본격화되고 있는 것이다.

2-13그래프의 국내 벤처캐피탈 신규 투자금액 및 투자기업 수를 살펴보면 2015년에서 2016년으로 넘어오면서 투자금액과 투자기업 수가 크게 줄어들었다. 여기에는 정부의 재정 악화로 2016년 정부의 벤처투자금인 모태펀드 예산이 2015년 대비 75% 줄어든 1010억 원에 그친 것도 일부 영향을 미쳤다. 하지만 정부 재정을 지원하여 실적 채우기식 벤처 육성정책을 펴기만 해서는 한계가 있다. 우리나라의 창업 환경이 이전에 비해 나아졌다고 하나 여러 가지 문제가 많다. 대표적으로 투자자금 중 정부 정책자금 비중이 지나치게 큰 점을

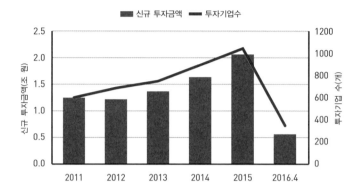

벤처기업협회 및 한국벤처캐피탈협회 자료를 바탕으로 선대인경제연구소 작성

개선해야 한다. 또한 기술혁신형보다 생계형 창업 비중이 높고, 벤처
기업 생존율도 주요국 대비 크게 낮은 등 아직도 창업을 '기회'가 아
닌 '위험'으로 인식하는 문화를 바꿔야 한다. 그러기 위해서는 우선
기업 M&A를 활성화하기 위한 전략이 필요하다. 우리나라에서는
M&A가 대기업들이 자신의 우월적 지위를 활용해 중소기업이나 벤
처기업의 기술을 뺏기 위한 수단으로 활용된다는 부정적 인식이 높
다. 실제로도 그런 측면이 강하다. 그러나 M&A는 기업의 경쟁력과
혁신 역량을 높이는 중요한 수단이다. 글로벌 시장에서도 파트너와
협력해 M&A를 성공적으로 이끄는 기업들이 업계에서 선도적인 지

일의 미래 :

위를 유지하며 성장하고 있다고 해도 과언이 아니다. 미국의 구글, 애플, 아마존, 마이크로소프트, GE 등은 말할 것도 없고, 중국의 바이두, 텐센트 등의 기업들은 최근 몇 년간 활발한 M&A를 통해 기존 산업 간 경계를 무너뜨리며 미래의 성장 동력을 마련하기 위해 치열한 경쟁을 벌이고 있다.

또 다른 중요한 과제는 설령 기업가가 실패하더라도 이를 용인하고 재기할 수 있는 기회를 주는 제도적 지원과 사회적 분위기를 마련하는 것이다. 한국의 가장 큰 장점은 고등교육을 받은 사람이 많다는 점이다. 다만 교육받은 인재들이 잘못된 시스템 속에서 제대로 역량을 발휘하지 못하고 있다. 이 인재들이 창의성을 발현할 수 있게 구조를 만들어야 한다. 대기업에 들어가 누구나 할 수 있는 일을 하면서 그 역량을 낭비하고 있는 것이 한국의 현실이다. 그 이유는 새로운 일에 도전했을 때 겪게 되는 실패 리스크가 너무 크기 때문이다. 창업해서 한 번에 성공한다는 것은 사실 말이 안 된다. 실패 없는 성공이 있을 리가 없다. 그렇다면 이와 같은 창업 리스크를 줄여주는 정책을 펴는 것이 국가 전체를 위해서 꼭 필요한 일이다. 창의적인 인재들이 자신들의 아이디어를 사업으로 마음껏 실현할 수 있게 해 줘야 새로운 기업들이 계속 생겨나고 경제 생태계의 활력도 생겨난다. 이런 점에서 정부도 직접적인 자금 지원보다는 활력이 넘치는 창업 생태계를 만들기 위한 여건 조성에 집중하는 것이 바람직하다. 결국 벤처 산업의 경쟁력은 자생적으로 기술력과 시장성을 갖출 수 있는가에 달려 있고, 정부 투자가 아닌 민간 투자가 활발할 때 성공할 수 있기 때문이다. 이를 위해 지금 필요한 것은 재벌 대기업들의 팔을 비틀어 운영하는 창조경제혁신센터와 같은 하드웨어가 아니라, 아이디어 발굴, 자금 조달, 판로 개척 등 경영 전 과정에 걸쳐 학습하고 노하우를 쌓고, 또 서로 공유할 수 있는 멘토링과 기업 커뮤니티를 조성하는 일이다.

더 나아가 지금까지 창업에 집중된 기업 투자를 중기中期 기업에 대한 투자로 확대해야 한다. 많은 기업들이 중간 성장 단계에서 좌절한다. 국내 벤처기업의 경우 창업 3년 후에 생존해 있을 확률이 41%에 불과하다. 벤처기업들이 '죽음의 계곡'을 무사히 건널 수 있는 금융 지원이 이뤄지고, 그렇게 성장한 벤처기업에 대한 투자금 회수가 용이하도록 M&A 등 회수 시장을 활성화하는 것이 중요하다.

지금 한국 정부가 쓰고 있는 R&D(연구·인력개발비) 예산도 대기업, 특히 삼성전자 등 소수 대기업만 주로 수혜를 보고 있는데, 중소기업과 스타트업들에게 퍼지도록 해줘야 한다. R&D 예산이 대기업에만 편중되어 있다는 단적인 증거가 삼성전자의 법인세 실효세율이 전체 제조업에 비해 매우 낮다는 것이다. 이유는 R&D 비용의 세액공제 혜택을 삼성전자가 거의 싹쓸이해가기 때문이다.

게다가 한국 정부의 R&D 예산은 약 16조 원 정도인데, 이 규모가 너무 클 뿐 아니라 효율성이 낮다는 지적이 지속적으로 나오고 있다. 즉, 정부가 여전히 소수 대기업이 필요로 하는 기술을 중심으로 예산

일의 미래 :

을 편성하고, 그 기업이 쓰지 않으면 사장되는 기술이 많기 때문이다. 이를 OECD 평균 수준으로 줄이면 4조 9000억 원을 확보할 수 있다. 이들 예산을 중소기업 및 자영업이 미래 산업에 도전할 수 있도록 지원하는 자금으로 써야 한다. 물론 이들 예산이 정말 생산적인 곳에 쓰이는지도 충분히 모니터링해야 한다. 창업 초기의 기업을 지나치게 정부 주도로 육성하는 것이 아니냐는 비판도 있지만, 한국에 실리콘밸리와 같은 생태계가 없는 상황에서 정부의 적극적인 지원은 매우 필요하다. 다만 정부가 지원 방식을 바꾸는 한편, 자금이 엉뚱한 곳으로 들어가지 않도록 모니터링할 필요는 있다.

### ■          불평등 사회에서는 일자리가 만들어지지 않는다          ■

한국은 경제적 양극화와 불평등 문제가 매우 심각한 수준에 도달한 상태다. 동국대 김낙년 교수가 발표하고 토마 피케티와 에마뉘엘 사에즈 교수 등이 구축해온 '세계 최상위소득 데이터베이스World Top Income Database'에도 등재된 자료에 따르면, 한국의 소득 불평등은 미국에 이어 세계 2위 수준에 이른다. 이런 심각한 불평등은 조셉 스티글리츠가 그의 책《불평등의 대가Price of Inequality》에서 지적했듯이, 오히려 경제 성장조차 지체시켜 악순환을 부를 수 있다. 그런데 향후 고령화와 기술 빅뱅 흐름은 이 같은 불평등을 더욱 가속화할 가능성이 높다. 왜 그럴까. 한국은 고령화가 굉장히 빠르게 일어나고 있는데, 세계에서 노인 빈곤율이 가장 높다고 앞서 설명했다. 그런데 노인빈곤율이 높은 가장 큰 이유가 복지 수준이 낮기 때문이다. 복지 수준을 획기적으로 향상하지 않고서 빠르게 고령화되면 노인 빈곤층이 급증하고, 이에 따라 불평등 문제가 더욱 극심해질 수 있다.

또한 기술 빅뱅과 인공지능화로 일자리가 변화 또는 감소하는 기조로 가면 자본소득과 노동소득의 격차가 더욱 벌어질 수 있다. 토마 피케티가《21세기 자본》에서 소득 불평등을 늘리는 핵심적 이유로 자본수익률$^\mathsf{r}$이 경제성장률$^\mathsf{G}$을 지속적으로 상회하는 현상을 지적한 바 있다. 그런데 기술 빅뱅에 따른 산업 재편은 인공지능이나 로봇, 컴퓨터 알고리즘 등 새로운 유무형의 자본을 가진 사람들이 과거보다 훨씬 더 높아진 생산성을 바탕으로 더 빨리 자본을 축적하고 더 높은 자본 수익률을 올리게 할 수 있다. 반면에 일자리가 줄어들거나 과거보다 안정성이 떨어지는 일자리를 갖게 되는 노동자들은 근로소득 비중이 갈수록 더 줄어들 수 있다. 그 결과 극단적 불평등이 고착화되고 경제적 양극화가 극에 이르면서 생산경제를 대표하는 경제성장률은 점점 더 떨어질 수 있다.

이런 점들을 고려할 때 한국만큼 경제적 불평등 문제에 적극적으로 대응해야 할 절박성이 강한 나라는 드물다. 우선 고령화에 따라 빠르게 늘어나는 복지 수요에 발맞춰 복지 인프라를 획기적으로 강화해갈 필요가 있다. 그렇지 않으면 저성장이 굳어지면서 계층 양극화가

일의 미래 :

굉장히 심각해져서 대다수의 사람은 생존 그 자체에 머무는 마이너스 성장의 시기에 오랫동안 갇히게 될 것이다. 이런 사회에서 새로운 성장 동력이 생겨나기 어렵다. 또한 사람들이 창의력을 발휘하기 위해서도 '비빌 언덕'을 마련해주어야 한다. 이렇게 사람들에게 희망을 주고, 무언가 새로운 시도를 해볼 수 있게 하려면 결국 복지, 문화, 교육 등에 국가 차원의 과감한 투자가 필요하다.

이를 무분별한 선심성 정책으로 받아들이면 곤란하다. 구조적인 질곡 속에서 희망의 끈을 놓아버린 사람들이 희망을 찾도록 하는 체계를 만들어야 하고, 그 과정을 통해서만 전체 경제가 활력을 찾을 수 있다. 그것이 우리가 앞으로 거쳐야 할 '눈물의 계곡'을 버티게 하는 힘이다. 또한 사람 중심의 문화와 교육, 복지 투자를 통해 더욱 창의적이고 도전적인 사회로 바꿔나가야만 새로운 미래 산업의 부상에 대응할 수 있다.

그런 점에서 나라 살림살이의 근본적인 전환이 필요하다고 본다. 오래전부터 주장해온 것이지만, 바로 세금을 제대로 걷고 제대로 쓰는 '세금 혁명'이 필요하다. 공정과세를 실현하고, 재정 지출 구조를 개혁하고, 그래도 재원이 부족하다면 사회적 합의에 따라 증세를 해야 한다.

이런 일들은 모두 정치와 밀접한 관련이 있다. 한국 정치는 지금까지 세금 문제를 다루는 데 매우 미흡했다. 사실상 조세 재정 제도는 정부에서 안을 마련하고 정치권은 자신들의 지역구 사업을 유치하거나 지지층(또는 자신들 스스로)을 위한 세금 개편에만 집착했다. 근본적인 조세 재정 구조 개혁은 소홀히 했다. 더구나 이명박 정부와 박근혜 정부 들어 정부의 조세정책은 불평등을 완화하기는커녕 오히려 강화했다. 이를 단적으로 보여주는 것이 소득계층별 조세 부담 증가율을 나타낸 2-14그래프이다. 이명박 정부에서 감세정책을 실시했던 2008년 이전 7년간 소득계층별 조세부담은 소득이 높을수록 (그래프에서 1분위에서 5분위로 올라갈수록) 증가했다. 하지만 2008년 감세정책 이후 7년 동안에는 오히려 중간소득계층인 3분위의 조세 부담이 가장 많이 늘어났고, 저소득층인 1, 2분위의 조세 부담이 크게 늘었는데, 오히려 소득 상위계층인 4, 5분위의 조세 부담 증가율이 가장 낮았다. 가뜩이나 조세제도를 통한 불평등 완화 효과가 최저인 나라에서 감세정책을 통해 그 효과가 더욱 악화했음은 두말할 나위 없다.

이제 이런 흐름을 바꿔 경제적 불평등을 완화해야 한다. 세금혁명을 통해 빈곤의 악순환을 끊고 경제적 불평등을 해소하며, 미래의 성장 동력을 만드는 데 자원이 투입되는 구조를 만들어야 한다. 또한 정치는 다가올 기술 빅뱅 흐름에 맞춰 기술 발전과 이에 따른 산업 재편이 빠르게 일어나도록 장려하면서도, 이 과정에서 발생하는 '실업 충격'을 완화하고 새로운 일자리를 만드는 데 과거와는 비교할 수 없을 정도의 관심과 노력을 기울여야 한다. 4차 산업혁명과 제2의 기계시대를 맞아 필요한 정책과 제도를 마련해야 한다. 그런 점에서 점점 더 일자리 문제에서 정치의 역할이 중요해질 것이다. 그러면 구체적으로 우리가 당장 검토해야 할 사회적인 방안들이 무엇인지 점검해보자.

일의 미래 :

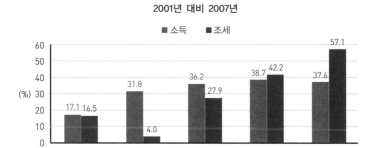

2001년 대비 2007년

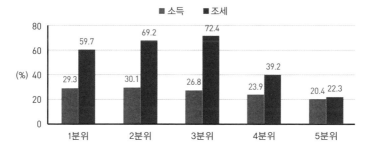

2008년 대비 2014년

통계청 가계동향조사 자료를 바탕으로 선대인경제연구소 작성

### 조세제도 개혁

한국은 소득 불평등이 매우 심각하다. OECD 국가들 가운데 조세제도를 통한 불평등 완화 효과가 압도적인 꼴찌다. 그러나 이 같은 소득 불평등을 완화할 조세제도가 거의 아무런 역할을 하지 못하고 있다. 특

히 자본을 가진 사람들에게 자본소득에 대해 과세하는 제도가 굉장히 취약하기 때문에, 이 부분을 더 강화하는 방향으로 조세제도의 근본적인 개혁이 필요하다.

한국은 근로소득에 대해서는 과세를 많이 하는 편이지만, 자본소득에 대해서는 과세를 거의 하지 않는다. 예를 들어 중앙과 지방정부의 주요 재원인 부동산 보유세(종합부동산세와 재산세 합계)만 해도 미국은 1%가 넘어가지만 한국의 실효세율은 과표 기준으로도 0.3%가 채 안 된다. 더욱 문제는 재산세 과표의 기준이 되는 공시주택가격부터 매우 낮게 잡혀 있다. 특히 상위 1% 부자들이 가진 부동산일수록 더더욱 그렇다.

국내에서 가장 비싼 집인 삼성전자 이건희 회장의 서울 용산구 이태원동 자택의 개별주택가격은 130억 원이지만 실제 시세의 3분의 1 수준에 지나지 않는다. 이 회장 자택만 그런 게 아니라 대부분 재벌가를 비롯한 고가 단독주택의 공시가격이 시세의 약 30~50%에 불과하다. 대기업들이 보유하고 있는 빌딩 등 상업용 건물의 공시가격도 대략 시세의 30~50% 수준만 반영된다. 만약 공시 주택가격의 시세 반영률과 과표 반영률을 높이고, 실효세율을 0.5% 수준까지만 높여도 20조~30조 원 가까이 세수를 더 거둘 수 있다.

주택 양도소득세에서도 기본적으로 1가구 1주택자를 비과세로 한 탓에 이를 '탈세 구멍'으로 삼아 부동산 거래의 90% 이상이 과세되지 않거나 매우 과소하게 과세되고 있다. 월세 비중이 급증하고 있지만,

일의 미래 :

월세소득을 제대로 신고하고 세금을 내는 집주인은 20~30%도 안 된다. 한국은 또 일정한 요건의 대주주를 제외한 대다수의 주식양도차익에 대해 과세하지 않는 드문 나라다. 연봉 몇천만 원만 돼도 1년에 몇백만 원씩 근로소득세와 건강보험료 등 각종 직간접 세금을 내는데, 주식으로 수천만 원을 벌고 부동산으로 양도차익을 수억 원씩 남겨도 양도소득세 등 제도상의 문제로 세금 한 푼 안 낼 수 있다.

이 밖에 재벌의 비자금과 회계조작을 동원한 탈세와 세금 없는 경영권 승계, 비양심적인 고소득 자영업자들의 탈세도 횡행한다. 또한 매년 약 30조 원 규모에 이르는 비과세 감면 혜택의 대부분은 대기업과 고소득자에게 돌아가 부익부 빈익빈을 심화시키고 조세형평성을 근본에서 무너뜨리고 있다. 이런 식으로 기득권에게 절대적으로 유리한 조세 구조를 근본적으로 바꾸면 매년 최소 수십조 원의 예산을 추가로 확보해 일반 가계와 서민들의 삶의 질을 끌어올리는 데 쓸 수 있다. 그렇게 걷은 돈을 4대강 사업 같은 대규모 토목 공사를 하는 데 낭비하는 것이 아니라, 노인들의 삶과 젊은이들의 미래를 위해서 복지, 교육 시스템을 정비하는 데에 제대로 쓰는 노력이 필요하다.

또 자본을 가진 사람들이 높아진 생산력에 따른 과실을 독점하지 않도록 하는 노력이 필요하다. 예전 같으면 기업이 제품과 서비스를 생산해서 벌어들인 수익이 노동자의 임금소득으로 상당 부분 돌아가고, 나머지가 기업에 유보되어 이익금으로 남았다. 과거에는 일자리가 꾸준히 늘어났기 때문에 기업의 이익이 근로소득을 통해 자연스럽게 배분된 것이다. 그런데 이제는 일자리가 줄어들면서 기업의 인건비 부담은 줄어드는 반면, 기술발달로 과거보다 생산성이 높아져서 자본소득의 비중이 훨씬 높아졌다. 그 과실을 기업과 기업의 지분을 많이 가진 자본가들만 독차지하고 있다. 이로써 소득불평등이 더욱 극심해지고 있다. 이 문제를 조세제도를 통해 일정 부분 해결할 수 있다. 자산소득을 중심으로 공정과세를 강화해서 일반 사람들의 복지 혜택이나 각종 공공이전소득으로 환원해야 한다.

### 공공이전소득

한국은 OECD 국가들 가운데 65세 이상 노인 빈곤율이 가장 높은 나라다. 이 현실을 바꾸지 않으면 안 된다. 그렇지 않아도 전 세계가 고령화에 접어들면서 많은 나라들에서 전체 인구소득대비 65세 이상 인구가 차지하는 소득 비율이 늘어나는 추세인데, 한국은 가뜩이나 낮은 상황에서 이 비율이 더욱 줄어들고 있다. 노인 빈곤 문제가 개선되기보다는 악화된다는 점에서 정말 심각한 문제다.

그렇다면 이 문제를 어떻게 해결해야 할까. 앞서 OECD 국가들의 노후세대의 소득 원천이 어디서 오는지 살펴본 2-12그래프를 다시 보자. 미국은 공공이전소득, 즉 정부의 복지 혜택을 받는 부분과 근로소득, 자본소득이 각각 3분의 1씩 3등분되어 있다. 일본의 경우 복지로 인한 공공이전소득이 조금 더 많고 근로소득도 일정하게 있다. 핀란드는 공공이전소득만으로 거의 다 채워져 있다. 반면 한국은 공공이전소득도 자본소득도 없어서 늦은 나이까지 장시간 노동을 하고 있다. 한국도 이제 노후세대의 소득 원천 가운데 공공이전소득과 자본소득을 늘려야 한다. 먼저 공공이전소득을 늘려야 한다. 한국은 공공이전소득을 통한 불평등 완화 효과 역시 OECD 꼴찌다. 이런 현실을 바꿔야 한다. 공공이전소득의 대표적인 것이 복지 수당이다. 복지 수당에는 아동 수당(자녀 수당), 장애인 수당 등이 해당된다. 생계 보호 대상자들에게 지급되는 지원금도 이에 속한다.

OECD 국가 간 공공복지지출과 비교해보면 더욱 분명하게 한국의 현실이 와 닿는다. 한국의 공공복지지출은 매우 적은 편이다. 그 증거로 국가가 각 분야별로 얼마나 재정을 지출하는지 비중을 보면 알 수 있다.2-15 2008년 OECD 평균을 보면 사회보호 분야의 재정 지출이 가장 높다. 33.5%에 해당한다. 그러나 한국은 12.4%에 불과하다. 반면 경제사업 분야에 대한 재정 지출은 OECD 평균과 비교해 월등히 높다. 건강보건, 교육, 국방 등보다 가장 높은 비중을 차지한다. 사회보호 분야에 지출되는 재정이 적다는 것은 그만큼 복지제도가 취약하다는 것이다. 그러니 앞에서 살펴보았듯이 한국 노인들의 공공이전소득도 적은 것이다.

복지는 분명히 더 확충되어야 한다. 복지에 흥청망청 쓰면 그리스처럼 경제가 어려워지지 않냐는 반론이 오래전부터 있었다. 그러나 그리스의 경제위기는 복지가 아니라 부패가 만연한 것이 주요 원인이다. 복지제도를 잘 설계하면, 복지 수준과 경제발전이 선순환되게

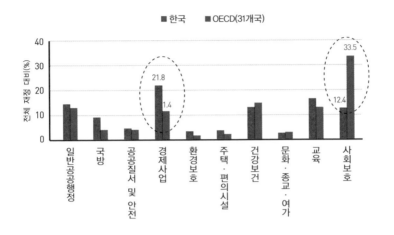

■ 한국     ■ OECD(31개국)

OECD 자료를 바탕으로 선대인경제연구소 작성

만들 수 있다. 무엇보다 분명한 것은 한국은 복지 분야의 지출에 비해 건설사업이나 기업의 연구개발 지원 규모가 엄청나게 크다는 것이다. 과거에는 그렇게 쓰는 돈들이 경제발전에 도움이 됐고, 다수 국민이 그 혜택을 누렸다. 하지만 이제는 그런 효과가 크게 줄었다. 예를 들어, 이제 전국 곳곳에 도로가 안 뚫린 데가 거의 없고, 차가 다니지 않는 한적한 시골 도로도 많다. 더 도로를 늘려봐야 큰 경제적 효과가 없다. 따라서 이제는 다른 나라보다 너무 과도하게 돈을 쓰는 분야를 줄여서 복지 쪽으로 돌릴 때가 됐다.

무엇보다 복지에 돈을 쓰는 게 경제적으로 도움이 된다. 특히 내수경기를 살리기 위해 그렇다. 지금 한국 경제가 저성장 시기를 걷고 있고 일자리 문제가 불안하니 모두가 소비를 줄인다. 미래에 대한 불안이 너무 큰 것이다. 복지제도가 확충되면 사회 전체의 안정성이 늘어나면서 소비도 늘어날 수 있다. 특히 고령화 사회에서는 노년층의 복지 확충이 중요하다. 노인들의 노후소득이 늘어나야, 노년세대의 소비가 살아나기도 하거니와, 이들을 보는 젊은 세대가 덜 불안해할 수 있다. 젊은 세대의 노후 불안감을 덜어줘야 그들이 더 활발하게 경제활동에 뛰어들 수 있다. 그렇게 경기를 자극해야 일자리도 더 늘어난다. 이미 복지나 교육 투자가 건설사업 투자보다 일자리 창출 효과가 크다는 연구 결과도 많이 나와 있다.

공공이전소득을 늘리는 것과 함께 앞에서 말한 미국의 '401K'와 같은 퇴직연금제도를 활성화해 노후세대의 자본소득을 늘리도록 유도할 필요도 있다. 참고로 퇴직연금은 크게 확정급여형 <sup>DB: Defined Benefit</sup> 과 확정기여형 <sup>DC: Defined Contribution</sup> 으로 나뉜다. 확정급여형은 나중에 받을 돈이 고정되어 있는 연금이다. 반면 확정기여형은 노동자가 각 퇴직연금 상품별로 지정할 수 있는 투자 수단 중에 어떤 것을 선택해서 기금을 운용할지를 정하는 방식이다. 확정기여형 퇴직연금은 운용 결과에 따라 퇴직급여의 규모가 달라진다.

미국에서는 퇴직연금 가운데 확정기여형이 대부분이고, 주식형, 혼합형, 채권형 펀드 등 위험자산에 투자하는 비율이 80%를 넘는다.

반면 아직 한국은 퇴직연금 가입률이 전체 사업장의 20%에 못 미치는데 가입자의 3분의 2가량이 확정급여형을 선택한다. 최근 몇 년간 국내 주식시장의 침체로 퇴직연금의 수익률이 상당히 저조한 편이기는 하다. 하지만 장기적으로 국내 주식시장이 조금씩이라도 성장한다면 확정기여형 퇴직연금은 노후 준비에 큰 도움이 될 수 있다. 실제로 미국의 경우 401K 도입 이후 주식시장이 꾸준히 상승세를 보이면서 많은 미국 가계들의 노후 준비에 큰 도움이 됐다.

물론 한국의 주력 산업과 기업들의 실적이 정체되고 있는 상황에서 국내 주식시장이 미국처럼 장기적으로 계속 상승할지 의문을 가질 수도 있다. 하지만 주식시장의 큰손인 국민연금 적립액이 2040년대 초중반까지는 계속 늘어난다는 점을 감안하고, 가입자가 향후 전망이 밝은 성장형 우량기업들에 투자하는 좋은 펀드를 선택한다면 장기적으로는 충분히 보답이 될 수 있다. 물론 이를 위해서는 퇴직연금에서 확정기여형을 선택해 자신에게 꾸준한 수익을 올려줄 펀드를 잘 선택할 수 있는 안목도 갖추어야 한다.

하지만 정부도 퇴직연금 가입이 저조한 중소기업 등에 대한 세제 혜택과 재정 지원 확대 등에 초점을 맞추고, 위험자산의 가치 하락 시 충격을 보전하는 펀드 조성 등의 해법을 모색해야 한다. 미국 정부도 401K 도입과 활성화를 위해 많은 세제 혜택을 제공했고, 많은 미국 기업들도 직원들의 퇴직연금 가입을 독려하기 위해 매칭 형식으로 퇴직연금을 추가 불입하기도 했다. 우리도 이런 모습을 본받을

일의 미래 :

필요가 있다. 이처럼 퇴직연금을 활성화하면 많은 사람들이 대부분 의무적으로 장기간 주식에 투자해 유지하게 되므로 은퇴하면서 상당한 자본소득을 누릴 가능성이 커진다. 그런 점에서 퇴직연금의 활성화와 수익률 제고를 위한 정부의 과감한 노력이 절실하다.

### 기본소득제와 로봇세 도입

핀란드 정부는 2017년 1월부터 실업자 2000명을 대상으로 기본소득을 주기로 했다. 소규모 정책 실험에 가깝지만, 유럽 국가 중 최초로 기본소득 정책을 시행하는 나라가 된 것이다. 기본소득 정책 실험은 혜택을 받는 국민들이 일자리를 구했더라도 혜택을 받기로 한 기간까지는 무조건 기본소득을 제공하기로 했다. 기본소득을 어디에 사용했는지 정부에 보고할 필요도 없다. 이는 기본소득이 기존의 실업수당과 명목이 다르다는 것을 보여주는 셈이다. 핀란드 정부는 기본소득 정책 실험의 향후 성과에 따라 지급 대상을 확대할 방침이다. 프리랜서나 영세 기업과 일용직 노동자 등 소득이 많지 않은 국민을 대상으로 기본소득을 지급할 계획이다. 핀란드 정부는 기본소득 정책 실험을 시행한 후 실업자들이 기본소득을 발판으로 구직 활동을 적극적으로 하느냐, 그렇지 않으냐를 살펴보겠다고 밝혔다. 인구 550만 명인 핀란드의 실업률은 지난해 11월 기준 8.1%를 기록하고 있다. 핀란드가 이와 같은 제도를 시행하는 이유는, 미래에 대한 불안으로 소비가 줄고 사람들이 적극적인 구직 활동이나 창업 활동을 하지 않는 것이 얼마나 위험한지 잘 알고 있기 때문이다. 핀란드와 같은 북유럽의 복지국가들은 복지제도의 확충이 곧 좋은 노동시장을 만들 수 있는 조건이라는 점을 잘 알고 있다.

2017년 프랑스의 사회당 대선 후보 경선에서 1위를 차지한 브누아 아몽 후보도 기본소득제를 공약으로 제시해 큰 반향을 일으켰다. 그는 2018년부터 18~25세의 모든 청년과 실업자들에게 월 600유로(약 75만 원 정도)를 기본소득으로 지급하고, 단계적으로 프랑스 전 국민에게 매월 700유로를 지급하는 식으로 확대해 나가겠다고 밝혔다. 이에 대해 토마 피케티 또한 "경제학적으로 실현가능하고, 사회적으로 대담한 정책"이라면서 프랑스가 더 공정한 경제구조로 재편되는 데 꼭 필요한 제도라고 옹호하기도 했다.

이런 기본소득제가 단순히 북유럽 복지국가들의 복지제도 차원에서 벗어나 새롭게 논의될 시점이다. 기본소득제는 실업이 만연하고 소득 불평등이 더욱 극심해질 수 있는 제2의 기계시대에 사회와 경제를 원활하게 유지하기 위한 기본적인 제도가 될 수 있기 때문이다.

왜 그럴까. 앞에서 본 것처럼 기술 빅뱅과 '제2의 기계시대'로 사라지는 일자리의 대부분은 중간 소득 일자리와 저소득 일자리가 될 것이다. 이런 일자리가 줄어들면 중산층과 서민 가계가 무너지고 소득 불평등이 더욱 커진다. 근로자의 소득이 줄어들면 기업의 제품과 서비스를 구매해줄 수요가 줄어든다. 길게 보면 기업에도 좋은 것만은 아니다.

또 앞으로 실업이라는 것이 생애 전체에서 잠깐 겪는 특수한 상황이 아니라, 수시로 겪게 되는 상황이 될 수 있다. 특히 한국에서는 첫 직장을 얻는 시기가 과거보다 훨씬 더 늦어졌다. 청년 실업이 심각하다는 것은, 한국 사회 구성원들의 생애소득 시기가 더욱 짧아졌다는 말이다. 이렇게 되면 경제적 불평등 구조가 점점 더 심화될 수밖에 없다. 이런 점에서 한국 사회가 기본소득제를 새로운 차원에서 논의해야 한다.

기본적으로 경제가 돌아가기 위해서는 소비와 생산의 선순환 구조가 만들어져야 한다. 일자리가 줄고 소득이 빈약해지면 소득이 위축된다. 그렇게 되면 제품과 서비스를 구입하는 사회 전체의 구매력, 즉 경제학에서 말하는 총수요 자체가 줄어들게 된다. 이처럼 만성적인 총수요 부족 현상이 고착화되면 선순환 구조로 전환하기 위한 지원과 타협이 필요하다. 기업이 기술 발전에 따라 높아진 생산력으로 훨씬 더 많이 축적한 부를 세금으로 내고, 이 세금으로 국가가 일정한 수준의 기본소득을 국민에게 지급하는 것이다. 이렇게 하여 사회가 굴러갈 수 있는 기본적인 구매력을 유지해야 한다. 그렇지 않으면 모두가 파국으로 달려가게 될 것이다. 그렇게 되면 기업이나 자본가나 슈퍼리치들이라고 좋을 게 없다.

파국으로 치닫는 상황을 막기 위해 이미 미국의 자본가와 슈퍼리치들이 뜻을 모으고 있다. 스타트업을 지원하고 멘토링하는 미국 기업 와이컴비네이터는 기본소득 연구를 지원하기로 했다. 테슬라의 CEO인 일론 머스크 같은 실리콘밸리의 기업가들도 모든 사람들에게 소득을 지급해서 경제 전체의 총수요를 일정하게 유지해야 한다고 주장한다. 우리나라에서도 인터넷 포털 다음 창업주인 이재웅 씨가 "자본주의의 붕괴를 막기 위해서라도 이 제도를 도입해야 한다"고 찬성 입장을 밝히기도 했다.

제1의 기계시대 때 인류가 어떤 선택을 했는지를 반추해보면, 제2의 기계시대를 대비하기 위해 이런 노력이 필요하다는 점을 좀 더 쉽게 이해할 수 있다. 제1의 기계시대에도 각 나라가 받았던 충격은 매우 컸다. 기존 산업에 종사하는 노동자들이 몰살당하다시피 쫓겨났고, 사회 전체가 지극히 불안해졌다. 이런 불안을 해소하기 위해 노동기준법을 마련하고 기계의 도입으로 높아진 생산력을 노동시간 단축과 임금 인상, 복지 강화로 전환해갔다. 특히 이 시기에 고소득층의 소득에 대해 최고 80~90%에 이르는 세금을 매겨가며 높은 생산력의 결과로 형성된 부를 사회로 환원하게 했다. 그 결과 다시금 사회경제적 불평등이 완화되고, 높아진 생산성을 사회 구성원 다수의 혜택으로 확대할 수 있었다.

토마 피케티의 연구에 따르면 이 같은 제도가 갖춰지기 전인 프랑스의 '벨 에포크'(자본주의 발전으로 형성된 19세기 말~20세기 초의 번영기)나 미국의 '도금시대'(미국 남북전쟁 이후 자본주의가 급속히 발전하던 시기)의 경우, 겉으로는 높아진 생산력으로 화려해 보였으나 극단적인 불평등이 만연했던 시기였다. 하지만 많은 나라들이 실제로 앞서와 같은 노력을 기울인 결과, 경제가 높은 성장을 이루면서도 소득 불평등을 완화할 수 있었다. 지금도 이처럼 복지 체계를 잘 구축하고 소득 불평등이 낮은 나라들이 국민들의 행복도가 높고 생산성과 국민소득이 높다. 덴마크나 스위스, 스웨덴, 핀란드와 같은 나라들이 대표적이다. 특히 스위스는 고졸자 비중이 대졸자 비중보다 더 높은데, 왜 1인당 국민소득이 6만 달러가 넘을까. 그 사회가 튼실한 복지제도와 노동여건을 마련했기 때문이다. 이런 안정적인 제도를 바탕으로 더욱 창의적이고 혁신적인 능력들이 잘 발휘될 수 있는 사회로 만든 결과이다.

한국은 저소득층이나 취약계층 가운데도 복지 사각지대에 놓인 사람들이 매우 많다. 따라서 이들을 위한 복지 체계를 어느 정도 마련하는 가운데, 사태의 진전에 따라 단계적으로 기본소득제를 도입하는 것이 바람직하다.

이 기본소득제 논의와 함께 최근에는 로봇세를 도입해야 한다는 주장이 다양하게 나오고 있다. 특히 세계 최고 갑부 가운데 한 사람이자 기술낙관주의자로 알려져진 빌 게이츠도 로봇세 도입을 주장하고 있다는 점이 눈에 띈다. 빌 게이츠는 미국 온라인 경제 미디어인 쿼츠와의 인터뷰에서, 로봇세를 도입해 로봇 도입으로 일자리가 대체되는 속도를 줄이는 한편 로봇에도 노동자에게 부과하는 정도의 세금을 붙여 노동자를 재훈련하는 예산으로 쓰자고 제안하고 있다. 빌 게이츠는 인터뷰에서 "5만 달러 임금을 받는 인간 노동자는 소득세와 사회보장세 등 다양한 세금을 낸다"며 "만약 로봇이 도입돼 같은 일을 하게 된다면, 인간과 비슷한 수준의 세금을 매기는 것을 생각해볼 수 있을 것이다"라고 주장했다.

빌 게이츠가 언급해 널리 알려졌지만, 사실 이에 대한 논의도 꽤 많이 이뤄졌다. 인공지능이나 로봇 도입 및 스마트공장 구축 등에 따른 실업이 광범위하게 일어난다면 실업급여나 이에 따른 재훈련 기회를 제공하는 예산을 마련해야 한다. 그 재원을 확보하는 데 직접적인 관련성이 가장 높은 것이 바로 로봇세다.

로봇세는 다양한 형태로 매길 수 있다. 지금까지 많은 부자들에게 부동산 자산이 재산 증식을 위한 중요한 자본이었다면 앞으로는 로봇이 새로운 자본이 될 가능성이 높다. 그 경우 부동산 보유세를 매기듯 로봇에도 보유세를 매길 수 있다. 또 빌 게이츠가 주장했듯이 기계가 인간 노동력을 대체해 생산한 부가가치만큼 로봇 소득세를 매길 수도 있다. 이렇게 하면 급격한 실업 증가 속도를 일정하게 제어하면서 사람들의 일자리 충격을 줄일 수 있다. 한 걸음 더 나아가, 이에 대해 적극적으로 과세하면 기본소득제를 실시하는 재원으로 삼을 수도 있을 것이다.

즉, 기계 도입에 따라 높아지는 생산력을 사회적으로 환원하는 하나의 방법으로 로봇세 도입을 충분히 검토해볼 수 있다. 결과적으로 통과되지는 못했지만, 2016년에 유럽의회가 로봇세 도입을 검토했던 것도 바로 그런 맥락이라고 볼 수 있다. 물론 한쪽에서는 로봇세 도입이 생산성 혁신을 저해해 경제 전반에 도움이 되지 않는다는 반론도 나온다. 하지만 그러한 측면을 고려하더라도 로봇 도입에 따른

일의 미래 :

실직의 문제에 대해 진지하게 고민할 시점이 됐다. 국내에서도 로봇의 개념과 역할 범위, 법적 지위 등에 대해 논의를 시작해야 한다.

### 기본자본 또는 공유자본 도입

사실 기본소득 못지않게 앞으로는 기본자본을 국가가 제공하는 것이 필요한 시기가 올 수 있다. 현재 상태로 가면 미래에는 기계의 높은 생산성을 바탕으로 생겨난 이득을 자본을 소유한 이들이 독차지하는 비율이 갈수록 높아진다. 이에 따라 일자리와 노동소득이 줄어들 것에 대비해 기본소득제의 도입 필요성을 앞에서 검토했다.

하지만 기본소득제만으로는 충분치 못할 수도 있다. 자본의 수익률이 점점 더 높아져 거기에서 발생하는 이윤의 일부를 정부가 세금으로 걷어서 기본소득으로 지급한다 해도 자본의 집중과 불평등의 가속화는 제어되지 못할 것이기 때문이다. 가상의 예를 들어 설명해보자.

지금 세계 평균 부가 연 2% 늘어날 때, 즉 평균 자본수익률이 2%일 때 상위 0.1%의 부를 가진 사람들의 자본수익률이 6%라면 30년 뒤엔 최상위 0.1%가 세계 전체 자본에서 차지하는 비중이 세 배 이상 늘어나게 된다. 현재 최상위 0.1%가 대략 세계 전체 자본의 20% 가량을 차지하고 있는 것으로 추정되는데, 30년 뒤에는 60%를 소유하게 되는 것이다. 이는 거의 대다수 소득계층이 가진 부가 최상위 부유층으로 몰리게 됨을 의미한다. 실제로 지난 수십 년 동안 최상위 부자들을 연구한 결과, 이들은 지속적으로 평균보다 훨씬 더 높은 투자수익률을 기록해왔다. '제2의 기계시대'에 생산성이 높아질수록 이 흐름은 더욱 가속화할 가능성이 높다.

이런 점을 고려할 때 소득뿐만 아니라 자본도 국민들에게 나눠서 기계의 생산성이 주는 경제적 혜택을 소수 자본가뿐만 아니라 대다수 국민들도 누리게 할 필요가 있다. 이렇게 하면 갈수록 심각해지는 자본 격차에 따라 시간이 갈수록 불평등이 확대되는 문제를 어느 정도 해결할 수 있다. 실제로 토마 피케티는 같은 소득을 버는 사람들의 소득 격차보다는 '세습 자본주의'가 고착화됨에 따라 자본을 가진 자와 그렇지 못한 자들 사이의 격차가 벌어지는 상황을 더 우려하고 있다.

예를 들어, 똑같이 연봉 5000만 원인 두 사람이 있어도, 부모에게 물려받은 재산이 10억 원인 사람과 0원인 사람의 실제 생활수준과 종합소득은 다르다. 부모에게 물려받은 재산이 하나도 없는 사람은 근로소득만이 유일한 소득원이지만, 10억 원짜리 주택을 물려받은 사람은 그 주택을 임대해 수익을 올릴 수 있다. 그런데 여기에서 끝나지 않고, 10억 원의 재산을 물려받은 사람은 벌어들인 임대수익으로 투자수익을 올릴 수 있다. 그 경우 같은 연봉을 받는 두 사람의 소득 수준은 갈수록 벌어질 수밖에 없다. 사실 '수저론' 얘기가 그렇게 회자되는 것도 이미 이런 현실을 국민 모두가 체감할 수 있을 정도이기 때문이다. 국내 재벌가들의 재산 축적 과정을 보면 길게 설명할 필요가 없을 것이다.

그러면 어떻게 모든 국민에게 기본자본을 나눠줄 수 있을까. 국가가 많은 기업들의 지분을 확보해 이 지분을 한데 섞은 거대한 기금 풀pool을 만들어 일정한 연령에 도달한 사람들에게 지분을 조금씩 나눠주는 방법을 생각해볼 수 있다. 이때 이 기금 풀을 국가공유자본이라고 부를 수 있을 것이다. 정부가 국가공유자본에 축적할 기업들의 지분을 확보하는 방법은 다양하다. 예를 들면, 정부가 스타트업을 육성할 때 자금을 지원하면서 지원에 상응하는 지분을 확보하는 방법이 있을 수 있다. 초기 스타트업 가운데 상당수가 살아남아 큰 기업으로 성장한다면 정부가 초기에 확보한 작은 지분조차도 미래에는 매우 큰 가치를 가질 수 있다. 이뿐만 아니라 기존 기업들에 지원하는 각종 연구개발 자금을 집행할 때도 기술이 상업화됐을 때 정부가 로열티를 챙기는 선에서 그치지 말고 일정한 지분을 확보하도록 하면 된다. 사실 매년 수십조 원의 관련 자금이 정부 차원에서 집행되므로 이런 식으로 매년 확보하게 되는 지분은 실로 엄청날 것이다.

사실 지금 기업에 들어가는 연구개발 예산 지원은 국민 모두가 낸 세금이다. 공공의 자금으로 자본을 가진 기업 대주주들의 이익을 더욱 키워주는 결과를 낳는 경향이 있다. 즉 소득을 역진적으로 재분배하는 효과를 낳는 것이다. 따라서 앞으로는 정부가 연구개발 예산을 지원할 때 해당 기업의 지분을 조금이라도 확보해서 이를 역시 국가공유자본 기금풀에 축적하는 것이다.

이런 식으로 국가공유자본 풀을 조성하여 국민에게 나눠주면 기술발전에 따른 생산성 혁명의 혜택을 자본가뿐만 아니라 국민 전체가 누릴 수 있다. 자본소득의 불평등도 어느 정도 해소할 수 있다. 국민 개개인은 자신이 할당받은 기본자본에 해당하는 배당금을 매년 국가로부터 받을 수 있으며, 배당금을 재투자해 필요할 경우 자신의 자본을 더 늘려갈 수도 있다. 또한 일정한 절차와 조건에 부합할 경우 기본자본을 매도해 수익을 실현하고 자신이 꼭 필요한 경우에 쓸 수 있게 하면 된다. 이 같은 제안이 현재로서는 너무 이상적인 제안처럼 들릴지 모른다. 하지만 머지 않은 미래에 기술변화에 따른 충격들이 현실화될 때 우리는 이런 제안들을 훨씬 더 진지하게 생각해야 할 것이다. 그런 충격이 닥친 뒤에 준비한다면 국가공유자본을 형성하고 기본자본을 지급하기까지 최소 10년, 20년이 걸린다. 먼 미래를 내다보고 지금부터 국가공유자본을 축적해 기본자본 지급 제도를 실시할 토대를 미리미리 만들어놓자는 것이다.


■　　　　　　**일의 미래를 바꾸려면 교육 분야에 투자하라**　　　　　　■


"전 세계 7세 아이들의 65%는 지금 없는 직업을 가질 것이다." 세계경제포럼에서 이런 주장이 나왔지만, 우리는 지금 뭘 하고 있는가.

　앞에서 여러 방식으로 미래에 사라질 직업과 생겨날 직업 등에 대한 예측이나 전망을 소개했다. 그것은 지금까지 추세를 바탕으로 최선의 예측을 해본 것이고, 더구나 인간 노동의 기술적 대체 가능성에만 초점을 맞춘 경우가 많았다. 따라서 그 리스트는 변화하는 현실에 맞춰 달라질 수 있다. 때문에 앞으로 기술변화의 방향이 어떤 식으로 진행될지 모르는 상황에서 이른바 '유망 직업 리스트'에만 매몰되면 위험하다.

그러나 거의 확정적으로 분명한 사실은, 지금의 아이들이 20여 년 뒤에 가질 직업은 지금과 매우 다를 것이라는 점이다. 미래의 직업이 달라진다면 우리 아이들을 미래에 대비하게 하는 현재의 교육 또한 크게 달라져야 한다. 특히 미래의 일자리에 꼭 필요한 능력을 키우는 교육으로 전환해야 한다. 그런 면에서 우리는 지금의 교육 체계와 방법, 내용을 근본적으로 재구성해야 한다.

지금까지 한국의 교육은 수십 년 전 개발시대에 형성된 틀 그대로 표준화된 교육, 매뉴얼화된 교육, 정답이 있는 교육이 중심을 이뤘다. 과거의 표준화된 작업 방식과 생산공정에 따라 일하던 시절에는 이것이 어느 정도 유효할 수 있었다. 물론 최근으로 올수록 교육 방법과 내용이 어느 정도 달라지고는 있지만, 정해진 답을 맞추는 표준화된 시험에서 높은 점수를 올리는 것이 지상목표인 사회 분위기는 달라지지 않았다. 미래 사회에 문제를 찾아 해결하고 다른 사람들과 원활히 소통하고 정보를 주고받고 협력하는 능력이 중요해지는 흐름과 정반대되는 교육이라고 해도 과언이 아니다. 우리 교육은 아이들이 다른 친구들과 협력하고 소통하기보다는 어떻게든 다른 경쟁자를 짓밟고 시험성적이라는 사다리를 잘 올라갈 수 있는, '시험 보는 기계'로 키우고 있다. 거의 대부분의 가정에서 막대한 사교육비를 들여 우리 아이들을 이렇게 고독하게 키우고 있다. 미래에 잘 대비하기보다는 미래에 필요한 자질을 말살시키는 교육을 경쟁적으로 하고 있는 것이다. 앨빈 토플러가 "한국 학생들은 미래에 필요하지 않은 지식과 존재하지도 않을 직업을 위해 하루에 15시간씩 공부하고 있다"고 말한 적이 있다. 이런 현실은 지금도 전혀 바뀌지 않았다.

심지어 우리 학생들은 대학에 진학해서조차 입시 시험을 준비할 때처럼 공부한다. 전 서울대 교수학습개발센터 이혜정 교수가 쓴 《서울대에서는 누가 A⁺를 받는가》라는 책을 보면, 서울대에서 좋은 점수를 잘 받는 학생들이 어떻게 공부했는지에 대한 충격적인 결과가 나온다. 이 내용은 EBS에서 〈시험〉이라는 6부작 다큐멘터리의 한 회로 방영되기도 했다.

과연 서울대에서 누가 A⁺를 받을까? 토씨 하나 틀리지 않게 교수님 말씀을 외워서 시험지에 그대로 옮겨 적는 학생들이었다. 그런 교육이 한국 최고로 꼽히는 대학에서, 이 나라에서 가장 똑똑하다는 학생들을 뽑아서 하고 있는 교육이다. 그런 방법은 학습 내용에 대한 학생들의 흥미와 비판적 사고능력을 마비시킨다. 그런 공부를 하는 학생들도 문제이지만 사실은 그런 답안에 좋은 점수를 줌으로써, 학생들이 창의적이고 비판적으로 사고하기보다 교수가 제시하는 '정답'을 수동적으로 수용하게 하는 문화도 문제다.

EBS 다큐멘터리 〈시험〉에서 미국 미시간 대학 학생들의 공부 방법과 성적평가 방식에 대해 소개한 것처럼, 미국이나 서구의 다른 선진

일의 미래 :

국이었다면 그런 식의 답안을 써낸 학생들의 성적은 오히려 점수가 낮았을 것이다. 미국 대학에서는 어떤 주제에 대한 자료들을 읽고 자신의 생각이 드러나는 에세이를 쓰라는 과제를 많이 낸다. 그 경우 한국의 유학생들 대부분은 처음에 A는 이렇게 얘기했고, B는 이렇게 얘기했고, C는 이렇게 얘기했다고 정리하는 식의 에세이를 쓴다. 고작해야 A, B, C 각각의 주장의 약점은 무엇이고 강점은 무엇이라는 평가를 간단히 덧붙이는 식이 흔하다. 그렇게 해서는 좋은 평가를 받기 어렵다. 어떤 학자나 전문가가 쓴 글은 자신의 생각을 가다듬고 정련하는 데 필요한 재료일 뿐이고, 그 내용을 소화한 결과 자신의 생각이 무엇인지를 설득력 있게 설명하거나 주장할 수 있어야 좋은 에세이로 평가받는다. 사실 이는 미래의 흐름에 대비하는 것을 떠나, 올바른 고등교육의 기본이라고 할 수 있다.

어떤 이들은 암기식 교육 시스템에 성실하게 잘 적응하는 학생들이 결국 학점도 잘 받고, 사회에서도 성공하더라고 말할지도 모르겠다. 성실성의 내용이 문제가 되기는 하겠지만, 그런 학생들이 성실할 수 있다는 점에 동의한다. 그리고 성실성은 사회적 성공의 중요한 덕목일 수 있다.

하지만 그런 식으로 명문대학에 가고 좋은 학점을 받고 좋은 스펙을 갖춰서 첫 직장을 잘 잡는다고 해도 그 안에서 성공적인 커리어를 쌓는 것은 또 다른 문제다. 유수의 대기업에서 인사담당자로 활동한 한 인사 컨설턴트는, 요즘은 대기업들도 스펙만 잘 쌓은 학생들은 잘 뽑지 않는다고 한다. 스펙을 잘 쌓은 친구들이 대체로 다른 사람들과 협력할 줄 모르고, 새로운 상황이 발생할 때 그 상황에 맞는 해법을 찾는 문제해결 능력과 창의력, 돌파력이 부족하더라는 것이다. 반면에 이른바 스펙은 좀 떨어지더라도 다양한 경험을 쌓고, 여러 활동을 해본 사람들은 오히려 입사 후 좋은 성과를 내는 경우가 많다고 한다. 그래서 이런 사례를 반복적으로 학습한 많은 기업들이 이제는 스펙 좋은 사람만 뽑지는 않는다고 한다. 물론 주요 기업들의 경우에는 지원자가 넘쳐나기에 서류전형이나 직무능력평가시험 등을 통해 일정한 스펙을 가진 지원자들을 어느 정도 걸러내기는 한다. 하지만 그 이후에 펼쳐지는 게임은 완전히 다른 얘기라는 것이다. 어쩌면 당연한 말이다. 기업들도 과거처럼 정형화된 업무보다는 시시각각 변하는 비즈니스 현장에서 새로운 문제를 정의하고 해결하는 능력을 갖춘 직원들이 점점 더 필요해진다. 그리고 미래의 흐름에 따라 앞으로 더더욱 우리 기업들이 선호하는 인재의 기준도 달라질 수밖에 없다. 그런 미래에 암기식 시험공부에 많은 시간을 투입하는 학습은 한계가 분명하다. 설사 스펙을 잘 쌓은 사람이 운 좋게 자신이 원하는 첫 직장에 들어갔다고 해도, 산업의 변화가 격심한 상황에서 늘 새로운 과제를 수행해야 할 확률이 높다. 앞에서 설명했듯이 일생 동안 여러 직장을 거치면서 자신만이 할 수 있는 직업을 개발해야 하는데, 그 과정에서 스펙 쌓기에만 치중한 공부로는 한계가 뚜렷할 것이다. 또 미래의 직업인들은 첫 직장 이후에 여러 번의 커리어 전환을 겪을 가능성이 크다. 이런 흐름에 대비하는 능력을 키우는 교육이 필요하다.

일의 미래 :

무엇보다 제2의 기계시대에서 살아남으려면 기계와 차별화되는 능력을 갖추어야 한다. 기계가 쉽게 하지 못하는 창의적인 발상, 전략적인 판단능력, 정서적인 공감능력, 사람과 협업할 수 있는 능력, 원활하게 커뮤니케이션할 수 있는 능력 등을 가져야 한다.

역시 앞에서 소개한 EBS 다큐멘터리 〈시험〉에서 수능 9등급부터 수능 만점자까지 아홉 명의 학생을 추려서, OECD에서 '미래 사회에 개인이 갖춰야 하는 핵심 역량'으로 삼은 데세코 $^{DESECO}$ 를 측정해보았다. 데세코는 '도구 활용능력 Use tools interactively', '사회적 상호작용 능력 Interact in heterogeneous groups', '자율적 행동 능력 Act autonomously'이라는 세 가지 핵심 역량 범주를 가리킨다. 이 프로그램에 참여한 아홉 명 가운데 오히려 수능 만점자의 데세코 능력은 매우 떨어지는 것으로 평가됐고, 오히려 수능 9등급 가운데 한 명이 가장 좋은 평가를 받았다. 한국의 교육이 과연 어떤 아이들을 키워내고 있는지를 단적으로 보여주는 사례가 아닐 수 없다.

게다가 이제 좋은 대학을 간다고 해서 취업이 자동으로 보장되는 시대가 아니다. 대학 졸업 후 취업률은 계속 떨어지고 있다.[2-16] 반면 고등학교 취업률은 점점 올라간다.[2-17] 마이스터고 육성 등의 정책적 효과도 있겠지만, 이미 높은 대학 등록금이라는 비용 $^{cost}$ 대비 얻게 되는 일자리나 직업의 수준이라는 편익 $^{benefit}$ 이 그다지 크지 않다는 각 가정의 경험이 반영돼 생겨난 변화라고 볼 수 있다. 학벌이나 학력이 전부가 아니라는 사실을 많은 가계가 조금씩 체감하고 있는 것이다.

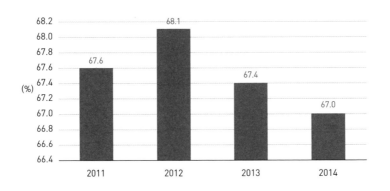

대학 졸업 후 취업률

교육부 자료를 바탕으로 선대인경제연구소 작성

 

 설사 이른바 명문대에 가서 대기업에 들어갔다고 하자. 그런데 50대가 되면 무엇을 하게 될까. 평사원에서 시작해서 임원으로 승진할 확률이 1.7% 정도다. 임원이 되어도 2~3년 안에 대부분 나오게 된다. 그리고 그 회사를 퇴직하고 나와서는 다들 생계형 창업을 고민한다. 그럴 거면 고등학교만 졸업한 뒤 처음부터 자신이 하고 싶은 일을 해서 그 분야의 달인이 되는 게 훨씬 낫지 않겠는가. 예를 들어, 수십 년 동안 맛있는 치킨을 굽는 노하우를 익힌 고졸 출신과 명문대를 거친 대기업 임원 출신이 차린 치킨집 가운데 어떤 가게가 더 경쟁력이 있을까. 다소 극단적인 비교를 했지만, 결코 가볍게 생각하고 넘어갈 일이 아니다. 우리 사회가 미래를 살아갈 아이들에게 어떤 교육을 시

일의 미래 :

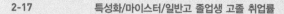

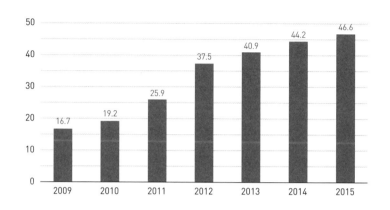

한국교육개발원(KEDI) 교육기본통계를 바탕으로 선대인경제연구소 작성

킬지 근본적으로 고민해야 하는 전환점에 서 있는 것이다.

한국 사회에서 이제 사교육은 과거처럼 효과적이지 않다. 과거에는 사교육을 해서라도 이른바 명문대학을 보내면, 이후 의사나 변호사 등 고액 전문직이 되거나 대기업에 들어가 고액 연봉자가 되면서 돌아오는 혜택이 많았다. 개인 차원에서 보자면 비용 대비 편익이 상당히 컸다. 많은 비용을 들여서 좋은 대학과 좋은 직장에 들어가는 것이 주는 보상이 워낙 컸기 때문이다. 과거 시골에서 소를 팔아 장남을 좋은 대학에 보내면 그 장남이 대학 졸업 후 자리를 잡고 일가족을 건사했던 경우를 떠올려보면 짐작할 수 있을 것이다. 물론 당시에 시골에서 사교육을 하지는 않았지만, 집안에서 교육비를 투자해 얻을 수 있는 대학 교육의 효과, 그중에서도 명문대에 진학해 얻는 '학벌 효과'가 매우 컸다. 소뼈를 쌓아 대학을 보내는 것을 의미하는 '우골 탑'이라는 표현이 괜히 나온 게 아니었다.

하지만 이제는 과거처럼 좋은 대학에 보내기 위해 들이는 비용에 비해 얻을 수 있는 편익이 대폭 줄어들었다. 우선 당시에 비해 대학 등록금이 훨씬 더 많이 올랐다. 예를 들어, 1987년에 비해 사립대 등록금은 여섯 배 이상, 국공립대 등록금은 다섯 배 이상 증가했다. 같은 시기 소비자물가 상승률보다 두 배 이상 더 올랐다. 또한 대학에 보내기 위해 각 가정에서 사교육비를 포함해 입시교육에 쓰는 비용도 크게 늘었다. 사교육비와 공교육비를 통틀어서 대학 졸업 때까지 쓰는 비용이 평생 2억 원에 가깝다고 한다. 평균이기 때문에 이 정도만 드는 것으로 나오지만, 이른바 명문대학을 보내기 위해 고액 과외를 하는 경우라면 이 비용은 훨씬 더 커진다. 하지만 그 돈을 써서 얻는 보상이 과거처럼 크지 않다.

과거에는 교육을 많이 받고 학력이 높으면 상대적으로 좋은 일자리를 가질 확률이 굉장히 높았다. 하지만 이제는 고임금 일자리들이 상대적으로 많이 늘어나지 않고 있다. 그런 일자리를 제공하는 많은 대기업들의 경우에도 치열한 사내 경쟁에 시달려야 하고, 각종 직급별 정년제도 등으로 중간에 퇴직하는 경우도 많다. 그리고 50대 초중반에 쫓겨나다시피 직장을 나와봐야 할 수 있는 일이라는 것이 음식점

일의 미래 :

같은 소규모 자영업밖에 없는 것이다. 이처럼 시간이 갈수록 자녀들이 대학에 진학하기까지 들어가는 비용은 커지는 반면 좋은 대학을 나왔을 때 얻을 수 있는 편익은 줄어들고 있다. 더욱이 앞에서 설명했지만 기술 변화에 따른 일자리의 변화 흐름을 감안하면, 지나친 사교육 투자는 아이들과 부모들의 미래를 불안하게 하는 가장 확실한 방법일 수 있다.

물론 소득계층에 따라서 여전히 고액의 사교육이 우월 전략일 수 있다. 예를 들어, 연간소득이 2억~3억 원 이상 되는 집에서 연간 몇천만 원의 사교육비를 들여서 명문대학에 보낼 수 있다면 여전히 '남는 장사'일 수 있다. 상위 몇 퍼센트 안에 드는 고소득층이 자신들 소득에 비해 크게 부담되지 않는 사교육비를 들여 명문대의 간판을 따는 건 아직도 수지맞는 투자일 수 있다. 하지만 연간소득이 5000만~6000만 원 정도인 가정에서 연간 1000만 원 이상의 사교육비를 들이는 것은 우월 전략이라고 보기 어렵다. 기본적으로 현행 제도에서 비슷한 학습능력을 가진 아이들이라면 많은 재력을 가진 부모와 그 자녀들이 사교육 경쟁에서 이길 가능성이 높기 때문이다.

따라서 대다수 중산층과 서민 계층 가정이라면 오히려 자녀가 관심 갖는 분야에서 적성과 소질을 개발할 수 있도록 돕는 것이 더 우월한 전략이라고 볼 수 있다. 물론 예외적으로 현행 입시제도에 맞춰서 공부를 잘하는 자녀를 둔 가정이라면 달리 선택할 수 있겠지만 말이다. 그런데도 지금 대부분의 한국 부모들은 엄청난 사교육비를 지출하고 생활비가 쪼들러 고통받을 뿐 아니라 이후 노후자금이 부족해 불안해하고 있다. 한창 벌 때 많은 돈을 사교육비에 쓰다 보니 자본소득을 늘릴 여유도 없다. 아이들을 위해서도 사교육비를 줄이는 것이 더 도움이 된다. 아이들이 미래에 필요로 하는 능력을 키우기 위한 첫걸음은 바로 사교육비를 줄이는 것이다. 사교육 시간을 줄여서 아이들이 다양한 경험을 쌓을 수 있도록 여행을 가고, 책을 읽게 하는 습관을 들이는 것이 더 중요하다. 이런 활동이야말로 비판적인 사고력과 판단력, 공감 능력을 키워주는 활동이다.

사교육비를 줄이고 우리 아이들이 부모에게 의존하지 않고 스스로 개척할 힘을 키워 경제적으로 10년 더 일찍 자립하면 부모들이 노후를 10년 더 일찍 준비할 수 있다. 아이들이 자신이 원하는 분야에서 생업을 찾게 하는 것이 미래의 일자리를 준비하는 기초다. 기성세대들은 모든 것이 부족하거나 빈곤한 상태에서 점차 잘살게 되는 시기를 살았다. 즉, '부의 신세계로 이민 온 사람들'이라고 표현할 수 있다. 그런데 지금 자라나는 세대들은 이미 부유하고 풍족한 상태에서 태어난 이들이다. 즉 '부유한 세계의 원주민'들이다. 그런데 안타깝게도 이들이 맞을 미래는 부모들이 경험한 것처럼 계속 좋아지기보다는 정체되거나 나빠질 가능성이 오히려 높다. 이 두 세대 중 어느 세대가 더 좋을까? 지금 자라나는 세대는 이미 풍족한 세상에서 태어났고, 이미 태어날 때부터 디지털 세대이다. 그래서 삶에 대한 기대 수준이 기성세대에 비해 굉장히 높다. 그러나 현실은 그들의 높은 기대를 충족해주지 못한다. 현실이 기대에 못 미치니 오히려 불만과 불행감이 높아지는 세대다. 기대에 비해 늘 현실이 더 개선돼 전체적으로 높은 행복감을 느낄 수 있었던 과거의 기성세대와는 정반대인 것이다.

이런 시대를 살아가려면 이른바 금수저나 다이아몬드 수저로 태어나지 않은 이상, 다른 전략을 선택해야 한다. 사교육비의 기준은 더 많은 사교육비를 쓸 수 있는 재력을 가진 사람들을 중심으로 정해진다. 하지만 한 달에 몇백만 원씩 사교육에 투자하는 이들을 일반 서민이 따라갈 수는 없다. 애초에 물량전에서 앞서나갈 수 없다면, 자기가 잘하는 것을 찾아서 선택과 집중을 하는 약자의 전략을 다시 한번 되새겨야 한다.

사실 교육은 개인의 노력만으로 바꾸기에는 매우 어려운 영역이다. 대학제도와 입시 제도를 근본적으로 바꾸지 않는 이상 각 가정의 다단계 사교육 돈 지르기 경쟁을 막기 어렵다. 이 때문에 교육이야말로 말 그대로 백년대계의 호흡으로 국가적 차원의 노력이 매우 중요하다. 더구나 미래 기술과 산업지형의 변화를 염두에 둘 때 교육 체계를 획기적으로 바꿔야 한다.

이를 위해 교육 인프라를 미래 지향적으로 바꾸고 관련 인력과 교육 내용, 방법을 혁신하는 데 국가 차원의 많은 투자를 해야 한다. 4대강 사업처럼 시대착오적인 건설사업에 막대한 예산을 쓰기보다는 노후된 학교를 수리하고 미래 교육에 필요한 각종 장비를 갖추는 데 쓰는 게 훨씬 효과적이다. 예를 들어 코딩교육을 한다고 하더라도 코딩교육을 할 수 있는 시설과 개인 컴퓨터 등이 없다면 이를 효과적으로 진행할 수 없다. 또한 그런 시설이 있다고 해도 그런 교육을 담당할 전문적 역량을 갖춘 교사들이 없다면 역시 제대로 교육이 이뤄질 수 없다. 마찬가지로 아이들에게 3D프린팅을 통한 제작 경험을 쌓게 하고 싶다면 적절한 수의 3D프린터와 관련 인력이 있어야 한다. 하지만 여전히 우리 학교에는 그런 시설과 장비가 턱없이 부족하고, 해당 수업을 진행할 교사도 턱없이 부족하다. 그런 점에서 교육 인프라를 갖추는 데 상당한 자금을 투자해야 한다. 미국의 오바마 정부가 경기 부양을 위해 펼친 일 가운데 하나도 바로 초고속 인터넷망을 깔고 코딩 교육 체계를 세우는 등 교육 인프라를 마련하는 것이었다.

또한 각급 학교 차원의 지원뿐 아니라 평생학습 인프라와 관련 교육 체계를 마련하는 일도 매우 중요하다. 앞에서 미래에는 개인이 평생에 걸쳐 여러 직업을 갖게 될 가능성이 높다고 했다. 빠른 기술 변화에 맞춰 각종 직업에 필요한 능력과 기술도 갈수록 빠르게 변화할 것이다. 그럴 때마다 개개인이 대학이나 대학원에 다시 진학할 수는 없는 노릇이다. 그래서 정부 차원에서 각 개인이 손쉽게 재교육이나 재훈련을 받을 수 있는 평생교육 인프라를 구축하는 일이 매우 중요한 과제다. 현재 정부나 지방자치단체에서 운영하는 평생교육센터 등은 대체로 단기적인 프로그램이나 낮은 기술 수준을 가르치는 데 그치고 있다. 하지만 앞으로는 평생교육의 강사진과 프로그램 수준을 높여서 일반인들이 웬만한 고등교육에 준하는 교육, 특히 기술 변화 흐름에

일의 미래 :

맞는 직무 능력을 갖추는 교육을 받을 수 있도록 해야 한다.

핀란드에서 노키아가 몰락한 이후에도 수많은 벤처 기업이 나올 수 있었던 데는 이유가 있다. 핀란드 정부가 각 기업 및 대학들과 협력해 기술 변화 흐름에 맞는 인재들을 양성하는 체계를 상시적으로 구축해왔기 때문이다. 특히 핀란드가 소프트웨어 산업에 강한 인재들을 보유하고 있는 데는 바로 이와 같은 교육 인프라가 뒷받침됐다. 이를 통해 끊임없이 미래 지향적인 교육이 이뤄지고 미래의 산업에 필요한 인력을 배출할 수 있다.

지금까지 그래온 것처럼 대규모 건설사업 등의 단기적인 일자리를 만들어봐야 이 나라의 미래를 만들 일자리를 창출하지는 못한다. 반면 교육 인프라와 관련된 일자리를 만들면 그 교육이 미래의 산업에 필요한 인재를 배출하고, 그 인재들이 다시 미래의 일자리를 만든다. 그만큼 제대로 된 교육 인프라를 구축하고 관련 인력을 양성하는 것이 큰 효과를 낼 수 있다. 앞에서 미래의 일자리 변화에 대비하기 위한 여러 방안들을 제시했지만, 결국 가장 중요한 작업은 우리 사회의 교육을 바꾸는 것이라고 생각한다. 더 좋은 교육 체계를 만들 수 있느냐 없느냐가 우리 앞에 놓인 '일의 미래'를 바꾸게 될 것이다.

## 일의 미래, 무엇이 바뀌고 무엇이 오는가

초판 1쇄  2017년 3월 13일
초판 18쇄  2022년 7월 18일

지은이 | 선대인

발행인 | 문태진
본부장 | 서금선
편집2팀 | 임은선 이보람 정희경
디자인 | ZINO DESIGN 이승욱   저자사진 | 손홍주   그래프 | 이소라

기획편집팀 | 한성수 허문선 이준환 송현경 이은지 백지윤   저작권팀 | 정선주
마케팅팀 | 김동준 이재성 문무현 김윤희 김혜민 김은지 이선호 조용환   디자인팀 | 김현철
경영지원팀 | 노강희 윤현성 정헌준 조샘 조희연 김기현 이하늘
강연팀 | 장진항 조은빛 강유정 신유리 김수연

펴낸곳 | (주)인플루엔셜
출판신고 | 2012년 5월 18일 제300-2012-1043호
주소 | (06619) 서울특별시 서초구 서초대로 398 BnK디지털타워 11층
전화 | 02)720-1034(기획편집) 02)720-1027(마케팅) 02)720-1042(강연섭외)
팩스 | 02)720-1043   전자우편 | books@influential.co.kr
홈페이지 | www.influential.co.kr

ⓒ 선대인, 2017

ISBN   979-11-86560-36-5 (03320)

# 전국 서점 경제경영 베스트셀러 1위
# KBS 〈명견만리〉를 책으로 만난다!

## 최고의 전문가들과 수많은 대중이
## 함께 만들어낸 새로운 지식 콘텐츠

"앞으로 인류는 이 책에서 제기한 문제들에 대해
지속적으로 고민하며 답을 찾아 나가게 될 것이다."

---

**명견만리** 인구 · 경제 · 북한 · 의료 편

**명견만리** 미래의 기회 편 : 윤리 · 기술 · 중국 · 교육 편

**명견만리** 새로운 사회 편 : 정치 · 생애 · 직업 · 탐구 편

---

KBS 〈명견만리〉 제작팀 지음 | 각 권 15,800원

"우리의 시야를 한 단계 높은 곳으로 끌어올린다." — **김난도**(서울대 소비자학과 교수)

"더 나은 세상을 향한 아이디어가 여기에 있다." — **송길영**(다음소프트 부사장)

"격변하는 세상을 살아가는 데 필요한 마스터키 같은 책." — **최재천**(이화여대 에코과학부 석좌교수)

# 교보문고 북모닝CEO 최다 조회 강의

## 네이버 출간 전 연재 45만 조회

### 대기업 마케터부터 창업자들까지 열광한 기적의 강의
### 그 핵심을 담은 9가지 법칙

> "사람이 '좋다'라고 느끼는 것은 오감을 통한 본능적인 판단이다.
> 그러나 그 아래에는 치밀하고 과학적인 법칙이 숨어 있다."

# 좋아 보이는 것들의 비밀
## 보는 순간 사고 싶게 만드는 9가지 법칙

이랑주 지음 | 15,000원

무릎을 치는 통렬한 깨달음과 뒤통수를 얻어맞은 듯한 색다른 관점이 곳곳에 숨어 있다. 저자의 놀라운 생각의 '발로'가 모두 '발로' 뛰어다니면서 현장에서 건져 올린 살아있는 깨달음의 보고이기 때문이다. 처음에는 '일리' 있는 이야기처럼 들리다가 결국 가슴을 파고들며 마음을 뒤흔드는 마케팅과 브랜딩에 관한 만고불변의 '진리'가 이 책에 숨어 있다. 한번 잡으면 손을 뗄 수 없는 지독한 책이다.

— 유영만(지식생태학자, 한양대 교수, 전 삼성경제연구소 책임연구원)